UM PAÍS CHAMADO BRASIL

MARCO ANTONIO VILLA

UM PAÍS CHAMADO BRASIL

A HISTÓRIA DO BRASIL
DO DESCOBRIMENTO AO
SÉCULO XXI

CRÍTICA

Copyright © Marco Antonio Villa, 2021
Copyright © Editora Planeta do Brasil, 2021
Todos os direitos reservados.

Preparação: Tiago Ferro
Revisão técnica: José Leonardo Filipo
Revisão: Paula Queiroz e Carmen T. S. Costa
Pesquisa iconográfica: Tempo Composto
Projeto gráfico e diagramação: 3Pontos Apoio Editorial Ltda
Capa: Daniel Justi

Dados Internacionais de Catalogação na Publicação (CIP)
Angélica Ilacqua CRB-8/7057

Villa, Marco
 Um país chamado Brasil: a história do Brasil do descobrimento ao século XXI /Marco Antonio Villa. – São Paulo: Planeta, 2021.
 352 p.

 ISBN 978-65-5535-547-5

 1. Brasil – História   I. Título

 21-4613   CDD 981

Índice para catálogo sistemático:
1. Brasil – História

MISTO
Papel produzido a partir de fontes responsáveis
FSC® C019498

Ao escolher este livro, você está apoiando o manejo responsável das florestas do mundo

2021
Todos os direitos desta edição reservados à
EDITORA PLANETA DO BRASIL LTDA.
Rua Bela Cintra, 986 – 4º andar
01415-002 – Consolação – São Paulo-SP
www.planetadelivros.com.br
faleconosco@editoraplaneta.com.br

Sumário

Apresentação 7

PARTE I Colônia

1. Por mares nunca dantes navegados 11
2. Terra brasilis 22
3. A ocupação territorial 29
4. A empresa açucareira e outras empresas......................37
5. Em busca do ouro 52
6. Bandeirismo, metais preciosos e resistência negra......59
7. Uma colônia insurgente 70

PARTE II Império

8. De colônia a sede do Império 77
9. A independência...89
10. Organizando um país: o Primeiro Reinado 100
11. A Regência e o Império entre Repúblicas...................111
12. Café: economia e sociedade 127
13. A interminável Guerra do Paraguai 133
14. Escravidão, abolicionismo e a queda do Império 139
15. Café, República e modernidade 153

PARTE III **A Primeira República (1889-1930)**

16. Viva a República!..161
17. A borracha...176
18. Café e indústria..182
19. Operários, camponeses, marinheiros e classes populares insurgentes. 190
20. A República Velha em crise..197

PARTE IV **A República Populista (1930-1964)**

21. A República Nova (1930-1937)...209
22. O Estado Novo (1937-1945)...223
23. De Dutra ao suicídio de Vargas..235
24. De Café Filho à euforia desenvolvimentista de JK................................246
25. De Jânio a Jango: a crise final da República Populista (1961-1964)... 255

PARTE V **A ditadura militar (1964-1985)**

26. De Castelo Branco à Junta Militar (1964-1969)...................................267
27. Do milagre econômico à distensão política (1969-1979).....................283
28. Da abertura democrática à democracia (1979-1985)............................294

PARTE VI **Da Nova República à vitória de Lula (1985-2002)**

29. O governo Sarney (1985-1990)...303
30. A presidência Fernando Collor-Itamar Franco (1990-1994)...............314
31. O octênio Fernando Henrique Cardoso (1995-2002)...........................322

Bibliografia..327

Apresentação

Este livro pretende apresentar um amplo painel da história do Brasil. Trabalhei com a cronologia clássica da nossa historiografia. Evitei anacronismos e a escrita panfletária. O texto trata fundamentalmente da história política e econômica. Tem como foco questões que considero centrais para o entendimento do nosso país.

Fiz questão de ter como fundamento analítico a bibliografia já sedimentada sobre os diversos momentos do Brasil. Isso fez com que o livro não alcance os dilemas do século XXI. Haveria, inevitavelmente, uma mudança de enfoque que prejudicaria a estrutura. Optei pela visão de totalidade do processo de constituição da nossa formação econômico-social, suas contradições e como a permanência acabou subtraindo os momentos de ruptura, de construção de uma nova ordem, como se o passado estivesse como elemento constitutivo dominante e permanente do presente e futuro.

Evitei tanto quanto possível as notas de rodapé, mas em diversos capítulos elas acabaram sendo necessárias para não interromper o texto corrido. Nesses casos, esclarecem e detalham questões que considerei úteis ao leitor.

Não é uma tarefa fácil escrever um livro que englobe mais de cinco séculos de história. É inevitável para o historiador a escolha – que não é aleatória, mas que está relacionada com a perspectiva do projeto – de momentos em que eu, como autor, considerei mais importantes para compreender o processo histórico do Brasil. E o desafio da concisão esteve presente em cada página.

A bibliografia consultada foi extensa. Pode permitir, caso assim decida o leitor, ser utilizada para conhecer melhor o momento histórico que mais o interesse, como um guia inicial de estudo.

Este livro não poderia ter sido escrito sem que eu tivesse a constante presença de Letícia.

"Non m'importa della luna
Non m'importa delle stelle
Tu per me sei luna e stelle
Tu per me sei sole e cielo
Tu per me sei tutto quanto
Tutto quanto io voglio avere"[1].

---

[1] Senza fine. Compositor: Gino Paoli. Intérprete: Gino Paoli. ©Ricordi.

PARTE I

Colônia

CAPÍTULO 1

Por mares nunca dantes navegados

A descoberta das terras americanas pelos europeus não foi resultado de uma aventura isolada. A Europa vinha explorando o oceano Atlântico desde o princípio do século XV. Devido a uma série de mudanças que ocorriam no Velho Mundo, os portugueses foram os primeiros a enfrentar o oceano, iniciando a expansão marítimo-comercial, que resultou na conquista da América pelos europeus. A "caravela, navio de vela latina e pequeno calado, constituiu a embarcação por excelência da exploração e descoberta do Atlântico. E também o navio rápido próprio para levar e trazer informações".[2]

No início do século XV, havia um importante comércio de especiarias proveniente do Oriente (canela, cravo, pimenta, gengibre, noz moscada), que era monopolizado por Gênova e Veneza através do mar Mediterrâneo. Para romper esse domínio, um caminho possível seria buscar outra via marítima, o oceano Atlântico. As informações eram muito imprecisas a respeito da costa africana e de sua cartografia desconhecida pelos europeus.

Muito cedo, Portugal reuniu as condições para se lançar a essa epopeia. O reino nasceu em 1139, separando-se do que mais tarde seria a Espanha. No século seguinte, em 1249, os muçulmanos

---

[2] Antônio Borges Coelho. "Os argonautas portugueses e o seu velo de ouro (séculos XV-XVI)". *In*: José Tengarrinha (org.). *História de Portugal*. São Paulo: Editora Unesp, 2000, p. 60.

foram expulsos de Portugal. Desde o século XII, Lisboa e Porto eram paradas obrigatórias na rota entre o norte da Europa e o Mediterrâneo, o que logo fez surgir uma influente burguesia mercantil nessas cidades. O processo se completou em 1385, quando foi reafirmada, no campo militar, a independência portuguesa em relação ao reino de Castela e o mestre de Avis (Dom João I) assumiu o trono:

> Com a revolução de 1383-1385, a grande nobreza tradicional foi, temporariamente, abatida, porque tomara o partido castelhano e fora vencida na guerra. A influência dos condes [...] foi, segundo parece, substituída pelo predomínio dos burgueses interessados numa política de paz e de expansão das atividades comerciais e de juristas, imbuídos do pensamento cesarista do direito romano, e, portanto, defensores do reforço da autoridade real.[3]

Em 1415, Portugal tinha aproximadamente 1 milhão de habitantes. Destes, não chegavam a 60 mil os que moravam em Lisboa, capital e maior cidade do reino. A maior parte dos portugueses vivia da agricultura e os litorâneos dedicavam-se à pesca e à extração de sal. Dom João I, que governou Portugal de 1385 a 1433, iniciou a expansão de seu país em 1415, conquistando Ceuta, cidade do Norte da África, onde esperava obter ouro, escravos e especiarias; e também o domínio do estratégico estreito de Gibraltar, constantemente atacado por piratas árabes. Ceuta era importante, pois de lá partiam caravanas que atravessavam o Saara chegando até o Senegal para comercializar ouro.

Porém, se a conquista de Ceuta foi um êxito militar, acabou se transformando em um desastre econômico, pois os muçulmanos desviaram as rotas comerciais para outras localidades do Mediterrâneo sob seu domínio. A solução encontrada por Portugal foi a de deslocar as suas explorações comerciais, das margens do Me-

---

[3] José Hermano Saraiva. *História concisa de Portugal*. Lisboa: Publicações Europa-América, 1983, p. 120.

diterrâneo, para o oceano Atlântico. Portanto era preciso avançar pelo oceano Atlântico em busca da "terra dos negros" – nome pelo qual era conhecida a África subsaariana.

A exploração do Atlântico, após o fracasso de Ceuta, passou a concentrar as atenções portuguesas. Papel importante nessa iniciativa teve o infante Dom Henrique, que, em 1419, foi nomeado governador perpétuo do Algarve, no Sul de Portugal. Desde 1421, por determinação do infante, uma caravela partia anualmente para as proximidades do cabo Bojador, considerado o início do chamado Mar Tenebroso, para reconhecimento do oceano Atlântico.

Em 1434, Gil Eanes conseguiu ultrapassar o cabo e, em vez de um mar repleto de monstros, como se acreditava na época, encontrou um oceano tranquilo, de fácil navegação. Dois anos depois, Afonso Gonçalves Baldaia chegou ao que se denominou Rio do Ouro, uma região próxima à Guiné, onde obteve uma pequena quantidade de ouro em pó e dez escravos negros. Era a primeira vez que a Europa recebia cativos através do Atlântico:

> Cerca de 150 mil escravos negros foram provavelmente capturados pelos portugueses no período de 1450 a 1500, e como eram frequentemente obtidos nas guerras intertribais travadas no interior, o aumento do tráfico escravista presumivelmente acentuou o estado de violência e insegurança – ou, pelo menos, não contribui para atenuá-lo. Os chefes e dirigentes africanos eram os que mais se beneficiavam do comércio com os portugueses, [...] eram quase sempre sócios condescendentes do comércio escravista.[4]

Quanto mais avançavam para o sul do Atlântico, mais se preocupavam com o controle das regiões recém-encontradas, temendo a concorrência de outros reinos europeus. O papa era então considerado no Ocidente a maior e mais poderosa autoridade do mundo, e a ele os governantes portugueses recorreram diversas ve-

---

[4] Charles R. Boxer. *O império marítimo português, 1415-1825*. São Paulo: Companhia das Letras, 2002, pp. 46-47.

zes em busca das bulas papais que confirmassem as posses de Portugal. Em 1454, o Papa Nicolau V concedeu ao reino português o direito de conquista das terras e mares da África, proibindo todos os cristãos de navegar, pescar e comerciar nessa região sem autorização da Coroa portuguesa.

Em 1443, chegaram ao arquipélago de Arguim, que se transformou em importante base de apoio à expansão. E, pela primeira vez, Portugal criou uma feitoria ultramarina, organizando o comércio, protegendo suas conquistas territoriais e impondo o monopólio real – qualquer mercadoria seria vendida ou trazida da África somente com autorização real e pagamento de imposto.

Além do reconhecimento do litoral, os portugueses iniciaram a exploração do continente utilizando-se do rio Senegal, mas encontraram a resistência dos povos nativos e tiveram de restringir seu domínio à faixa litorânea. Essas dificuldades levaram os portugueses a colonizar as ilhas atlânticas – a da Madeira e o arquipélago dos Açores –, onde iniciaram o plantio da cana-de-açúcar, além da criação de gado, e que serviram como bases para novas expedições.

A segunda fase da expansão, voltada para a busca do caminho marítimo para as Índias, foi comandada por Dom João II, chamado de Príncipe Perfeito, rei de Portugal a partir de 1481. Em 1479, negociou com o reino de Castela um acordo diplomático – o Tratado de Toledo –, obtendo a exclusividade na exploração do litoral africano em troca das ilhas Canárias.

Nesse momento, Portugal já era uma grande potência colonial, produzindo, nas ilhas atlânticas, açúcar e trigo e desenvolvendo a pecuária. O rei se transformou num grande empresário: com os lucros da expansão ampliava as explorações marítimas para além dos territórios conquistados. Portugal continuou explorando o litoral e tentando algumas incursões pelo interior do continente africano. Em 1487, partiram do reino Pero de Covilhã, em busca de um caminho terrestre para as Índias, e Bartolomeu Dias, comandando uma expedição por via marítima que, com a circum-navegação da

África, pretendia alcançar o mesmo objetivo. Covilhã, que além do português dominava o castelhano e o árabe, atingiu sua meta: foi o primeiro português a chegar à Índia. Antes, ainda no Egito, enviou dois mensageiros a Dom João II com as informações sobre sua viagem.

As informações de Covilhã sobre o caminho para as Índias chegaram a Portugal quando Bartolomeu Dias já havia regressado, após ultrapassar o cabo das Tormentas, em 1488, no extremo sul da África, que, desde então, passou a se chamar cabo da Boa Esperança. Foi uma viagem de seis meses e por mais de 2 mil quilômetros pelo litoral africano.

Portugal havia aberto o caminho para o Oriente, para as fontes produtoras de especiarias e as áreas extrativas de ouro. Acredita-se que nos anos seguintes tenham ocorrido viagens exploratórias com o objetivo de encontrar uma rota mais eficiente para dobrar o cabo da Boa Esperança do que a seguida por Bartolomeu Dias, que desceu a costa sudoeste da África lutando contra os ventos alísios de sudeste. Isso explicaria por que Vasco da Gama seguiu a rota que de fato seguiu, e que foi, de modo geral, a que os navios portugueses da Carreira da Índia com destino ao Oriente seguiram durante séculos. Consistia em cruzar o equador no meridiano de Cabo Verde e apanhar os ventos constantes de oeste depois de dobrar para o sudeste na zona dos ventos favoráveis do trópico de Capricórnio. Essa nova rota era completamente diferente do curso seguido por Bartolomeu Dias em sua viagem de ida, em 1487, e só pode ter sido desenvolvida, podemos supor, a partir da experiência adquirida em outras viagens de que não temos registro.[5]

Em 8 de julho de 1497, partiu de Lisboa uma armada de quatro navios comandados pelo almirante Vasco da Gama: era filho de "um funcionário régio que havia sido vedor da casa de Afonso V e depois alcaide de Sines. Era, portanto, um membro da pequena nobreza burocrática. É a primeira vez que um nobre é escolhido para comandar

---

[5] *Ibidem*, p. 52.

uma viagem marítima".[6] Ninguém sabia quanto tempo levaria a viagem, e muito menos se os navegadores regressariam. Os portugueses, que durante setenta anos desvendaram os segredos do Atlântico, agora iriam aventurar-se para além do cabo da Boa Esperança.

Em março de 1498, a expedição encontrava-se em Madagascar e, onze meses após deixar Lisboa, Vasco da Gama chegou a Calicute, na Índia. A cidade, então a maior da costa ocidental da Ásia, era um movimentado porto que centralizava o comércio de especiarias de toda a região. O soberano da cidade comercializava, havia décadas, com os árabes. Estes transportavam as mercadorias de Calicute para Ormuz, Áden e o mar Vermelho, até chegar aos portos do Mediterrâneo oriental, de onde eram levadas para a Europa pelos comerciantes italianos. O soberano indiano recebeu Vasco da Gama com frieza, pois os portugueses eram concorrentes dos árabes e não lhe interessava romper uma aliança longeva. Sem qualquer acordo comercial, após três meses de permanência, o almirante português partiu de Calicute levando uma pequena carga de especiarias.

Em 8 de setembro de 1499, Vasco da Gama chegava a Lisboa, sendo recebido por Dom Manuel, primo e sucessor de Dom João II. Dos 170 homens que haviam partido na expedição, apenas 55 voltaram vivos. A viagem, porém, foi considerada um sucesso, apesar do pequeno volume de especiarias que os sobreviventes trouxeram. Para estabelecer uma rota regular de comércio com Calicute, Portugal construiria, no caminho para a Índia, várias fortalezas que serviriam de pontos de apoio às expedições e à conquista das zonas fornecedoras de especiarias. Assim, no "reinado de Dom Manuel, a transformação tinha se completado. A corte era verdadeiramente uma grande casa de negócio, e a geral aspiração consistia em haver parte, maior ou menor, nos lucros da Índia".[7]

É provável que em 1484 o genovês Cristóvão Colombo tenha apresentado a Dom João II seu plano de atingir as Índias pelo

---

[6] José Hermano Saraiva. *Op. cit.*, p. 139.
[7] J. Lúcio de Azevedo. *Épocas de Portugal econômico*. Lisboa: Livraria Clássica editora, 1978, p. 83.

Ocidente – e não pela circum-navegação da África. Ficou aproximadamente um ano em Portugal, mas não obteve o apoio real. Anos depois, Colombo conseguiu, na Espanha,[8] recursos que possibilitaram a expedição para comprovar sua tese. Em 12 de outubro de 1492, comandando três navios, chegou à América, certo de que havia descoberto o caminho atlântico para as Índias. O reino de Castela já havia enviado expedições ao Atlântico entre 1402 e 1405, conquistando as ilhas Canárias, mas nenhum empreendimento marítimo importante antecedeu a viagem de Colombo. Ao regressar, Colombo aportou em Portugal, antes de chegar à Espanha, e comunicou ao rei português a sua descoberta. Dom João II alegou então que a Espanha desrespeitara o Tratado de Toledo, e passou a reivindicar para si as novas terras. Ao mesmo tempo, mobilizou seu exército para atacar o reino vizinho e preparou uma expedição com o intuito de chegar às terras encontradas por Colombo.

Diante da possibilidade de guerra, iniciaram-se as negociações diplomáticas entre os dois reinos. O Papa Alexandre VI resolveu o conflito mediante a bula *Inter Coetera*, de 3 de maio de 1493, estipulando que seriam espanholas as terras localizadas a cem léguas a oeste da ilha dos Açores ou de Cabo Verde. Embora tal divisão não afetasse o que Portugal havia conquistado, Dom João II exigiu novo acordo que garantisse a parte de sua Coroa nas terras encontradas e seu domínio sobre o Atlântico sul. Depois de nova ameaça de conflito militar na península Ibérica, Portugal e Espanha chegaram a um novo acordo, em 7 de junho de 1494, na cidade castelhana de Tordesilhas:

---

[8] "O casamento e o bom entendimento dos reis católicos [Isabel de Castela e Fernando de Aragão] asseguraram o fato fundamental: a união Aragão-Castela. Em 1492, os reis tomaram Granada. E em 1515, um ano antes da sua morte, Fernando atacou Navarra de forma repentina, mas decisiva. Daqui em diante, no estrangeiro, diz-se apenas 'o rei de Espanha'." (Pierre Vilar. *História de Espanha*. Lisboa: Livros Horizonte, s.d., p. 30.)

Determinava o Tratado de Tordesilhas que a demarcação das 370 léguas a oeste de Cabo Verde seria feita conforme resolvessem os pilotos, astrólogos e marinheiros das duas partes interessadas, que dentro dos dez meses seguintes à sua assinatura fossem àquelas ilhas, e daí partissem, em duas ou quatro caravelas, até o ponto desejado, que seria assinalado por graus de sol ou de norte, ou por singradura de léguas. Embora fossem nomeados os representantes de Portugal e Espanha que deveriam desempenhar essa missão, foi adiada a sua partida, mudado o prazo de seu cumprimento, prorrogada, e, afinal, esquecida aquela obrigação, por conveniência, sucessivamente das duas monarquias interessadas.[9]

Durante muitos anos, Portugal usou o arquipélago dos Açores como base para explorar o Atlântico sul. É provável que alguns navios tenham sido enviados ao oeste do arquipélago em missões exploratórias. Além disso, o governo português insistiu para que se ampliasse para 370 léguas o limite previsto na bula *Inter Coetera*, num claro sinal de que desconfiava da existência de terras para além daquela linha. A rota de Vasco da Gama e sua grande distância do litoral sul-africano podem ser indícios de que Portugal procurava terras a oeste da África.

Desde 1499, logo após o regresso de Vasco da Gama, Portugal começou a preparar uma grande armada – a mais poderosa desde o início da expansão marítima – com treze navios e 1.200 homens (marinheiros, soldados, padres, tradutores, médicos). Foram selecionados os navegadores mais experientes, construídos os navios mais resistentes, que suportassem o alto-mar, aproveitando a força dos ventos e transportando uma centena de homens e carga (armas, lenha, mantimentos, água) para um ano de viagem. O comando da expedição foi dado ao almirante Pedro Álvares Cabral, de origem nobre, considerado bom diplomata e valente militar.

---

[9] Hélio Vianna. *História da República e história diplomática do Brasil*. São Paulo: Melhoramentos, s.d., pp. 97-98.

Partiram em 8 de março. No dia 23, próximo ao arquipélago de Cabo Verde, um navio naufragou. Em 21 de abril, depois de quarenta e cinco dias navegando o mais distante possível do litoral africano, notaram os primeiros sinais de terra: ervas marinhas e aves aquáticas. Conta Pero Vaz de Caminha, cronista da expedição, em sua carta ao rei: "Neste dia, a horas de véspera, houvemos vista de terra! Primeiramente dum grande monte, mui alto e redondo; e doutras serras mais baixas ao sul dele; e de terra chã, com grandes arvoredos; ao monte alto o capitão pôs o nome – o Monte Pascoal, e à terra – a Terra de Santa Cruz".[10]

No dia 23, pela primeira vez, os portugueses desceram à terra. Às dez horas da manhã, segundo Caminha, avistaram homens que andavam pela praia,

> obra de sete ou oito [...]. Eram pardos, todos nus, sem coisa alguma que lhes cobrisse suas vergonhas. Nas mãos traziam arcos com suas setas. [...] Traziam os beiços de baixo furados e metidos neles seus ossos brancos e verdadeiros, do comprimento duma mão travessa, da grossura dum fuso de algodão, agudos na ponta como furador. Metem-nos pela parte de dentro do beiço; e a parte que lhes fica entre o beiço e os dentes é feita como roque de xadrez, ali encaixado de tal sorte que não os molesta, nem os estorva no falar, no comer ou no beber.[11]

O contato com os indígenas foi difícil, pois os intérpretes da expedição, especialistas em idiomas asiáticos e africanos, não compreendiam a língua dos tupiniquins.

No domingo, dia 26, Frei Henrique de Coimbra rezou a primeira missa, auxiliado por oito capelães, um vigário e oito frades franciscanos. No mesmo dia, Cabral enviou um navio a Portugal

---

[10] Jaime Cortesão. *A carta de Pero Vaz de Caminha*. Rio de Janeiro: Livros de Portugal, 1943, pp. 200-201. A carta acabou ficando esquecida nos arquivos portugueses. Só veio a lume em 1817 publicada pelo padre Aires de Casal.
[11] Jaime Cortesão. *Op. cit.*, pp. 202-205.

com a notícia de sua chegada àquelas terras, acompanhado de um indígena:

> É interessante notar que, antes mesmo da viagem de Pedro Álvares Cabral, antes, portanto, que o Brasil fosse oficialmente revelado à Europa, já os habitantes do nosso litoral eram conduzidos ao Velho Mundo. De fato, Vicente Pinzón, que tocou nas costas brasileiras em 1499, nas alturas da foz do Amazonas (que ele chamou Maranhão), levou consigo 36 índios para a Europa, dos quais chegaram, apenas vivos, vinte, tendo os outros morrido durante a travessia. Diogo de Lepe, que chega ao litoral do Brasil logo depois de Pinzón e, também, um pouco antes de Cabral, arrebanha igualmente, como escravos, vários índios e os entrega, em Sevilha, ao bispo João da Fonseca.[12]

Em 2 de maio, Cabral partiu para a Índia, chegando a Calicute em 13 de setembro. Lá permaneceu até dezembro. Teve confrontos com os habitantes da cidade. Em um deles morreu Pero Vaz Caminha. Na viagem do Brasil à Índia naufragaram outros três navios, um deles comandado por Bartolomeu Dias, justamente na passagem pelo cabo da Boa Esperança.

> A volta a Lisboa era ansiosamente esperada. Dos treze navios que partiram, sete voltaram. Cinco deles estavam carregados de especiarias; dois estavam vazios; os outros seis tinham se perdido no mar. Sinos foram tocados, e procissões foram organizadas pelo país. Dentro da corte portuguesa, os vereditos a respeito da viagem de Cabral eram ambíguos. Havia um forte grupo que acreditava que o preço fora alto demais, as distâncias, muito grandes. O rei Dom Manuel tinha investido pesadamente no empreendimento, e se os navios carregados haviam promovido um belo retorno, a perda de vidas lançava uma sombra sobre ele.

---

[12] Afonso Arinos de Melo Franco. *O índio brasileiro e a Revolução Francesa: as origens brasileiras da teoria da bondade natural*. Rio de Janeiro: José Olympio, 1976, pp. 37-38.

A descoberta de terras a oeste foi considerada interessante, mas não significativa.[13]

Portugal passava então a ter seu quinhão na América. Como designar a nova terra? Foram muitos os nomes:

> Ilha de Vera Cruz (1500), Terra Nova (1501), Terra da Vera Cruz ou do Brasil (1503), Terra de Santa Cruz (1503), Ilha da Cruz (1505), Terra dos papagaios (1501), Terra do pau-brasil (1503), Terra do Brasil (1505), Terra Santa Cruz do Brasil (1527) e, pelo imperativo do mínimo esforço, simplesmente Brasil – e os nomes que andaram a figurar em mapas, cartas e atos oficiais no primeiro quartel do século XVI.[14]

Cronistas que escreveram os primeiros livros sobre a colônia portuguesa na América preferiram outra explicação para a permanência da denominação Brasil, em substituição a Santa Cruz. Seria obra do demônio, que, segundo o Frei Vicente do Salvador, "trabalhou [para] que se esquecesse o primeiro nome e lhe ficasse o de Brasil. Por causa de um pau assim chamado de cor abrasada e vermelha com que tingem panos, que o daquele divino pau, que deu tinta e virtude a todos os sacramentos da Igreja".[15]

---

[13] Roger Crowley. *Conquistadores. Como Portugal forjou o primeiro império global.* São Paulo: Planeta, 2016, pp. 130-31.
[14] Bernardino José de Sousa. *O pau-brasil na história nacional.* São Paulo: Companhia Editora Nacional, 1978, p. 53.
[15] Frei Vicente do Salvador. *História do Brasil, 1500-1627.* Belo Horizonte: Itatiaia, 1982, p. 57.

CAPÍTULO 2

Terra brasilis

A datação da ocupação humana do continente americano é um tema controverso. Acredita-se que as primeiras levas de humanos tenham atravessado o estreito de Bering – entre os continentes da Ásia e Europa – há mais de quinze mil anos. É a hipótese mais aceita. Assim, o território foi sendo povoado no sentido norte--sul. O que chamamos hoje de Brasil foi sendo ocupado de forma muito distinta entre 11.500 e 13 mil anos atrás. Por meio da arqueologia, desde o século XIX, foram realizados estudos sobre esse processo, identificando vestígios materiais que acabaram preservados e que possibilitaram encontrar informações sobre o tipo de população, e seus hábitos alimentares e suas técnicas de cultivo e domesticação de animais. E, por meio da arte rupestre, é possível analisar formas de expressão dos primeiros habitantes do Brasil. São muito conhecidas as inscrições do sítio arqueológico de São Raimundo Nonato, na Serra da Capivara, no Piauí, motivo de intensas polêmicas sobre a datação dos vestígios.

No Sul e Sudeste do Brasil os sítios arqueológicos mais antigos são os sambaquis construídos com restos de moluscos. Desde o Rio de Janeiro até o litoral norte do Rio Grande do Sul, essas populações guardavam as valvas dos mariscos mais abundantes (ostra, mexilhão, berbigão), acumulando-as em plataformas sobre as quais se instalavam suas residências e sepultavam seus mortos.

Enquanto muitas apresentam tamanho modesto (algumas dezenas de metros de diâmetro e poucos metros de altura), outras alcançam centenas de metros de comprimento e até mais de 30 metros de altura.[16]

Do Centro-Oeste pouco se conhece. É provável que a ocupação humana tenha ocorrido há cerca de oito mil anos. No caso do Pantanal, as especificidades da região, apesar da riqueza que facilita a agricultura, caça e pesca, dificultaram a ocupação permanente. No Nordeste é possível datar a presença humana desde nove mil anos atrás: são os caçadores e coletores. E nos últimos quatro mil anos, com a fixação mais permanente em um território desenvolvendo a horticultura e a cerâmica. Na região Norte, a ocupação ocorreu por volta de dez a onze mil anos atrás de acordo com vestígios encontrados. Destacam-se a cultura marajoara e a sua cerâmica: os "marajoaras parecem ter sido um caso relativamente raro: uma sociedade complexa que quase não dependia da agricultura".[17]

Quando da chegada dos europeus, espalhava-se pelas áreas litorâneas e no interior, neste caso próximo aos rios, o grupo linguístico dominante que ficou conhecido como tupi-guarani. Desenvolviam o cultivo da terra, além da caça e pesca, utilizando-se da coivara:

> Agricultura praticada em pequenas clareiras abertas na mata; a madeira cortada e seca é queimada no final da estação seca, e as cinzas servem de adubo para os solos tropicais geralmente pobres; as maiores árvores são preservadas, proporcionando sombra às plantas jovens e diminuindo o impacto das chuvas, para evitar a erosão; [...] depois de três ou quatro anos, a terra se esgota, e a roça é abandonada por outra, aberta a certa distância; a

---

[16] André Prous. *O Brasil antes dos brasileiros: a pré-história do nosso país*. Rio de Janeiro: Zahar, 2007, pp. 34-35.
[17] Reinaldo José Lopes. *1499: o Brasil antes de Cabral*. Rio de Janeiro: Harper Collins, 2017, p. 19.

mata se recupera aos poucos nas antigas roças [...] a agricultura de coivara permite regenerar a mata dentro de trinta anos.[18]

As "sociedades do litoral, primeira a entrar em contato com os europeus, também são as primeiras a desaparecer: bem no começo do século XVIII, já não subsiste uma única tribo tupi em toda a faixa costeira".[19]

Não há consenso sobre o total da população indígena em 1500. As estimativas variam de 1 a 5 milhões de habitantes. A polêmica se estende pelo conjunto das três Américas. Com números variando desde 8,4 milhões até 112 milhões, o que parece um exagero. Nas terras baixas da América do Sul as estimativas vão desde 1 milhão até pouco mais de 11 milhões.[20] No caso do atual território do Brasil – com a possível exceção da cultura marajoara –, as diversas civilizações indígenas estavam muito distantes do desenvolvimento das forças produtivas e do aparelho estatal e seus correlatos do que os espanhóis encontraram no México e Peru. Basta recordar que a capital asteca, Tenochtitlán, em 1521, a maior cidade da América antiga, no momento da conquista corteziana, tinha uma população estimada entre 80 mil e 200 mil habitantes – sem incluir as zonas adjacentes, pois neste caso atingia 700 mil –, isto quando somente quatro cidades europeias passavam de pouco mais de 100 mil moradores, como Paris, Nápoles, Veneza e Milão, e a maior cidade espanhola, Sevilha, alcançava 45 mil habitantes.[21]

---

[18] André Prous. *Op. cit.*, p. 134.
[19] Héléne Clastres. *Terra sem mal.* São Paulo: Brasiliense, 1978, p. 9.
[20] Cf. Manuela Carneiro da Cunha. *Índios no Brasil: história, direitos e cidadania.* São Paulo: Claro Enigma, 2012, pp. 16-17.
[21] Cf. Daniel Cosio Villegas *et al. Historia mínima de México.* México: El Colegio de México, 1977, pp. 33-34; Edward E. Calnek. "El sistema de mercado en Tenochtitlan". *In*: Pedro Carrasco e Johanna Broda (ed.). *Economía política e ideología en el México Prehispánico.* México: Nueva Imagen, 1985, p. 98; Roger Bartra. "Tributo e posse da terra na sociedade asteca". *In*: Philomena Gebran (org.). *Conceito de modo de produção.* Rio de Janeiro: Paz e Terra, 1978, p. 162.

Desde 1500 é possível encontrar referências à exploração do pau-brasil, a primeira atividade econômica desenvolvida pelos europeus no território. Gaspar de Lemos, que participou da viagem de Cabral, ao retornar a Portugal noticiando a Dom Manuel a descoberta das terras na América, levou um pequeno carregamento da madeira. Chamado Ibirapitanga (madeira vermelha) pelos indígenas, o pau-brasil era usado pelos nativos para tingir penas e fazer arcos para flechas. Conhecido dos europeus desde a Idade Média, era comercializado pelos árabes, que o traziam do Oriente, e era usado no tingimento de lã, seda e algodão, já com o nome pau-brasil. O corante era extraído do pó das toras que, após ser misturado com água, ficava fermentando durante algumas semanas. Tornava possível tingir os tecidos com cores que variavam desde o marrom, púrpura e o castanho até rosa.

Na ausência de pedras e metais preciosos ou de especiarias, restou aos portugueses explorar o pau-brasil. A exploração era realizada por meio de uma concessão real. O comerciante alugava ou comprava um navio, contratava marinheiros e partia para uma viagem de vários meses. Uma vez no litoral, utilizava-se a mão de obra indígena, que, armada de machados e foices, derrubava as árvores de pau-brasil e retirava sua casca, aproveitando somente o miolo onde se concentrava o corante natural. Os índios cortavam toras de aproximadamente 2,20 metros de comprimento, as amontoavam e as transportavam para a praia, pois não havia animais de carga (bois ou cavalos). Era um processo lento. Em 1503, "Américo Vespúcio chegou até provavelmente o Cabo Frio onde foi levantada uma fortaleza, um dos primeiros estabelecimentos portugueses na Terra da Santa Cruz. Aí levaram os expedicionários cinco meses, carregando as naus de pau-brasil".[22]

A madeira era depositada nas feitorias (armazéns fortificados) que se espalharam pela costa. Em pagamento pelo trabalho, os nativos recebiam produtos europeus numa transação comercial

---

[22] Bernardino José de Sousa. *Op. cit.*, p. 67.

chamada escambo – ou seja, não se usava dinheiro, mas mercadorias para comprar outras mercadorias. É o que conta o viajante francês Jean de Léry, calvinista, que esteve por aqui no século XVI:

> Os selvagens, em troca de algumas roupas, camisas de linho, chapéus, facas, machados, cunhas de ferro e demais ferramentas trazidas por franceses e outros europeus, cortam, serram, racham, atoram e desbastam o pau-brasil, transportando-o nos ombros nus às vezes de duas ou três léguas de distância, por montes e sítios escabrosos até a costa junto aos navios ancorados, onde os marinheiros os recebem. Em verdade só cortam o pau-brasil depois que os franceses e portugueses começaram a frequentar o país.[23]

Com o tempo, os próprios nativos foram se acostumando a aceitar mercadorias europeias, muitas das quais passaram a fazer parte do seu dia a dia, não sabendo mais viver sem elas. Tanto que um viajante, ao se aproximar da costa, encontrou vários indígenas que vieram nadando até o navio perguntando se estava interessado em comprar o Ibirapitanga.

A devastação das matas de pau-brasil no litoral – entre o Rio de Janeiro e o Rio Grande do Norte – acabou obrigando os portugueses a obtê-lo no interior, fazendo com que o carregamento de um navio demorasse várias semanas ou até meses. Aproveitando essa parada, além da madeira, levavam indígenas como escravos, peles de onça e até papagaios, que os comerciantes franceses vendiam na Europa.

A procura dos europeus pelo pau-brasil se devia ao crescimento da indústria de tecidos em Flandres e na Itália, que consumia grande quantidade do corante. Como a procura era grande, outros comerciantes europeus, especialmente franceses, vieram buscar o pau-brasil na América. A intensidade do contrabando – por aqueles que não reconheciam a posse de Portugal sobre terras na

---

[23] Jean de Léry. *Viagem à terra do Brasil*. Belo Horizonte: Itatiaia, 1980, p. 168.

América – acabou levando Portugal a organizar expedições para afugentar franceses do litoral.

Em 1527, Cristóvão Jacques comandou uma expedição que aprisionou vários navios franceses e mais de trezentos marinheiros. A pressão francesa obrigou Portugal a ocupar mais firmemente o território, armando várias expedições chamadas guarda-costas. A ameaça estrangeira motivou Portugal a se preocupar com a colonização da América. Além disso, o comércio de especiarias do Oriente já não rendia o suficiente para o governo português saldar suas dívidas externas.

Pedro Álvares Cabral, ao partir para a Índia, deixou dois degredados portugueses – condenados pela justiça portuguesa – nas novas terras americanas para que aprendessem a língua dos nativos. Permaneceram por quase dois anos, sendo encontrados por Fernando de Noronha, comerciante português, que os levou de volta a Portugal. Em 1507, em Cananeia, no litoral sul do atual estado de São Paulo, apareceu um branco apelidado de Bacharel, não se sabendo se era um degredado ou um náufrago. Viveu no mínimo vinte anos na região, convivendo pacificamente com um grupo de indígenas.

Diogo Álvares, o Caramuru, apelido dado pelos indígenas e nome de um peixe muito comum no litoral, viveu mais de quarenta anos na Bahia, depois de sobreviver a um naufrágio por volta de 1510. Logo estabeleceu relações com os nativos, uniu-se com a índia Paraguaçu e terminou por se integrar aos costumes indígenas. Onde se fixou acabou por fundar um pequeno povoado. Diferentemente de outros portugueses, não tentou escravizar os indígenas, optando pela vida sedentária, junto aos seus treze filhos. Por causa do contato com os franceses que vinham em busca do pau-brasil, teria viajado à França em companhia de Jacques Cartier. Em Saint-Malo, porto da Bretanha, que comerciava com o Brasil, Paraguaçu teria sido batizada recebendo o nome cristão de Catarina, em homenagem à esposa de Cartier. Posteriormente, segundo a tradição, foi efetuado o casamento religioso.

Vale destacar que as relações da França com a terra *brasilis* foi intensa durante boa parte do século XVI. Ficou célebre a "festa brasileira", denominação pela qual ficou conhecida a celebração em Rouen, em outubro de 1550, reunindo cinquenta índios tupinambás e 250 marinheiros normandos, teatralizando cenas do cotidiano indígena e de combates.[24]

Não apenas náufragos, degredados e desertores permaneceram na nova terra, atraídos pelas mulheres indígenas e pelas lendas das cidades de ouro. Contrabandistas aprisionados pelos portugueses eram entregues aos índios antropófagos, e marinheiros que se rebelavam contra seus comandantes eram abandonados entre índios hostis. No célebre *Robinson Crusoé* de Daniel Defoe, publicado em 1719, "o Brasil ocupa a parte principal. [...] As tribos selvagens, que tão importante papel desempenham na trama do romance [são] brasileiras, com quem o herói e o seu fiel escravo Sexta-Feira lutam por diversas, e que são nossos velhos conhecidos canibais".[25]

João Ramalho foi outro português que chegou à América em data ignorada. Viveu alguns anos no litoral para depois se estabelecer no planalto de Piratininga, próximo ao rio Tietê – chamado Anhembi pelos indígenas. Do contato com os nativos, acabou por formar uma grande família. Teve dez filhos com diferentes mulheres. Adotou os costumes indígenas, viveu cerca de noventa anos – setenta deles passados na Terra de Santa Cruz – e acabou servindo como importante aliado para os portugueses nas primeiras explorações do interior. Dos náufragos, desertores e degredados, alguns voltaram à Europa, outros morreram em combates contra os indígenas e muitos ficaram sem qualquer registro histórico, desconhecendo-se seu destino.

---

[24] Cf. Ferdinand Denis. *Uma festa brasileira celebrada em Ruão em 1550*. Brasília: Senado Federal, 2011. A edição original é de 1551.
[25] Afonso Arinos de Melo Franco. *Op. cit.*, p. 182.

CAPÍTULO 3

A ocupação territorial

A Coroa portuguesa resolveu enviar à América, no final de 1530, a expedição de Martim Afonso de Sousa, com mais quatrocentas pessoas. Durante um ano ele fez o reconhecimento do litoral e combateu navios franceses, que traficavam com os indígenas havia mais de vinte anos. Em 1532, Martim Afonso fundou a vila de São Vicente, onde ficou cerca de dois anos. Nesse período, introduziu a cultura da cana-de-açúcar, até então desenvolvida pelos portugueses nas ilhas do Atlântico. O produto possibilitava, além dos lucros, a arrecadação de impostos, o que ajudou a financiar os gastos com a defesa do território e a fixar núcleos de povoamento indispensáveis para garantir a posse da nova terra. Destaca Caio Prado Júnior que,

> para os fins mercantis que se tinham em vista, a ocupação não se podia fazer com simples feitorias, com um reduzido pessoal incumbido apenas do negócio, sua administração e defesa armada; era preciso ampliar estas bases, criar um povoamento capaz de abastecer e ampliar as feitorias que se fundassem, e organizar a produção de gêneros que interessavam seu comércio. A ideia de povoar surge daí e só daí.[26]

---

[26] Caio Prado Júnior. *História econômica do Brasil*. São Paulo: Brasiliense, 1977, p. 16.

No reinado de Dom João III, Portugal dava os primeiros sinais de que o reino não tinha condições de manter o império colonial recém-conquistado. Eram imensas as quantias necessárias para manter as feitorias (e defendê-las frente às ações de rivais europeus), a construção de embarcações, o pagamento das tripulações e o financiamento de novos empreendimentos. Buscou apoio entre banqueiros estrangeiros, tendo em vista que não havia no país uma burguesia financeira que pudesse emprestar capitais em volume suficiente para manter e até ampliar os empreendimentos marítimos.

Entre 1534 e 1536, como consequência da expedição de Martim Afonso, Dom João III criou o sistema de capitanias, entregando a donatários – pessoas que recebiam as terras doadas pela Coroa, chamadas capitanias ou donatarias – faixas de trinta léguas litorâneas por cem de profundidade, que se estendiam, teoricamente, até o meridiano de Tordesilhas. Com esse sistema, a Coroa pretendia ter o mínimo possível de gastos – que seriam bancados pelos donatários – e o máximo possível de lucro, na forma de impostos. Porém, das doze capitanias criadas, que iam do atual Pará até Santa Catarina, somente quatro foram ocupadas por seus donatários, enquanto as do extremo norte jamais o foram. O próprio Martim Afonso, após receber a doação, partiu para a Índia – onde acabou enriquecendo – e nunca mais voltou a São Vicente.

A única capitania que conseguiu prosperar foi a de Pernambuco. Duarte Coelho, o donatário, fundou uma vila no litoral – onde um navio poderia se abrigar em caso de mau tempo ou quando atacado por piratas –, favorecida pela abundância de água. Construiu um pequeno forte, edifícios públicos (igreja, câmara municipal, casa de arrecadação de impostos) e residências. O donatário doava aos interessados terras nas proximidades da povoação, mas o medo de um ataque indígena impedia que as lavouras se distanciassem das cercas que protegiam os povoados. Com o passar dos anos, principalmente quando a cana-de-açúcar acabou por se transformar na principal lavoura, as plantações foram se desenvolvendo em direção ao interior (não além de dez quilômetros do litoral) e surgiram engenhos nas maiores fazendas. Nessa época, a produção anual de açúcar não excedia a 450 quilos no total.

Por outro lado, comerciantes de pau-brasil concorriam com fazendeiros por trabalhadores indígenas. Como a cada ano era necessário ir cada vez mais ao interior para obter a madeira vermelha, pois as matas próximas ao litoral já estavam devastadas, os brasileiros acabavam por ter de oferecer produtos cada vez mais atraentes aos nativos, porém perigosos para quem vivia permanentemente nas capitanias, como espadas e mosquetes. Com todos esses problemas fica claro por que os donatários não conseguiram ocupar as capitanias nem desenvolver atividades produtivas que fossem lucrativas e possibilitassem recursos para afastar os franceses. Em carta ao rei de Portugal, em 1548, Luís de Góis resumiu o problema: "Se vossa majestade não assistir logo essas capitanias, não só perderemos nossas vidas e mercadorias como também perderá vossa majestade a terra".[27]

Em 1549, a Coroa portuguesa nomeou Tomé de Sousa como primeiro governador-geral da Terra de Santa Cruz. A defesa da América portuguesa contra os ataques franceses e o combate à hostilidade indígena era a sua principal tarefa. Naquele momento, Portugal estava perdendo o controle do comércio das especiarias orientais – razão da riqueza do reino durante meio século –, atrasava pagamentos com credores estrangeiros, evacuou algumas praças na África e fechou a feitoria de Flandres; enquanto a Espanha fortalecia seu domínio na América, principalmente após a descoberta de prata em Potosí. "[...] o descobrimento [que] data de 1545 [...] não é casual. Como no México, é o momento em que os métodos remuneradores mais destrutivos chegam ao fim. Buscam verdadeiras jazidas, e as encontram."[28]

---

[27] Carta de Luís de Góis a Dom João III, citado por Alexander Marchant. *Do escambo à escravidão*. São Paulo: Companhia Editora Nacional, 1980, p. 67.
[28] Pierre Vilar. *Ouro e moeda na história, 1450-1920*. Rio de Janeiro: Paz e Terra, 1980, p. 151.

A empresa colonial é mais complexa envolvendo povoamento europeu, organização de uma economia complementar voltada para o mercado metropolitano. Em outras palavras, pode-se dizer que nos entrepostos africanos e asiáticos a atividade econômica dos europeus (pelo menos nesta primeira fase) se circunscreve nos limites da circulação das mercadorias: a colonização promoverá a intervenção direta dos empresários europeus no âmbito da produção. Contudo, se é possível e mesmo útil estabelecer a distinção, cumpre acrescentar logo em seguida que, no processo histórico concreto, as duas formas não são sucessivas, mas coexistentes; e mais, o caráter da exploração comercial não é abandonado pela empresa ultramarina europeia, quando ela se desdobra na atividade mais complexa da colonização.[29]

Com mil homens, dos quais quatrocentos eram degredados, seis missionários jesuítas da então recém-fundada Companhia de Jesus, que se destinavam a evangelizar os indígenas, além de soldados, artesãos de diferentes ofícios e funcionários reais, Tomé de Sousa chegou à baía de Todos os Santos. Fundou a cidade de Salvador, destinada a ser a sede do governo, localizada no centro da costa brasileira, área que, segundo o Tratado de Tordesilhas, pertencia a Portugal.

A consolidação do domínio de território tão amplo, com tão poucos portugueses (Salvador e arredores não possuíam mais de mil homens brancos), exigia que o governador-geral garantisse o apoio dos indígenas. Parte deles estava em conflitos com os fazendeiros que tentavam escravizá-los. Tomé de Sousa resolveu então fixar os indígenas em aldeamentos vizinhos aos povoados, doando terras em troca de apoio militar contra os índios hostis. Além disso, proibiu a escravização dos nativos que aceitassem o domínio lusitano, transformando o cacique no elo entre o governo e as aldeias indígenas. A reunião de milhares de índios em aldeamentos

---

[29] Fernando Novais. "O Brasil nos quadros do Antigo Sistema Colonial". *In*: Carlos Guilherme Mota (org.). *Brasil em perspectiva*. São Paulo: Difel, 1980, pp. 47-48.

facilitou a propagação de epidemias, como a da varíola, trazida ao continente americano pelos europeus. A combinação com períodos de fome levou à morte milhares de indígenas.

Tomé de Sousa incentivou o desenvolvimento da cana-de-açúcar e a expansão das fazendas que ainda estavam próximas a Salvador. Como persistia o problema do fornecimento de alimentos aos povoados, o governador-geral estabeleceu um dia da semana para obrigatoriamente os indígenas venderem mantimentos em troca de mercadorias. Mesmo assim, o abastecimento era irregular, pois os nativos se recusavam a manter o escambo quando tinham produtos portugueses em abundância: só voltavam a comerciar quando acabavam de consumir as mercadorias.

Na segunda metade do século XVI, consolidou-se o domínio português com a complementação do reconhecimento do litoral, a ocupação de algumas faixas de terra próximas ao oceano e o crescimento da produção de açúcar – entre 1570 e 1585 dobrou o número de engenhos, passando de 60 para 122 –, o que tornava a América portuguesa economicamente lucrativa: a "história do Brasil no século XVI elaborou-se em trechos exíguos de Itamaracá, Pernambuco, Bahia, Santo Amaro e São Vicente, situados nestas cento e noventa e cinco léguas de litoral".[30]

A expulsão dos franceses do Rio de Janeiro foi o último grande conflito militar naquele século envolvendo europeus na Terra de Santa Cruz. Até a metade do século XVI, a posse da Terra de Santa Cruz esteve indefinida entre portugueses e franceses. Como vimos, até 1555, os franceses desenvolveram intenso comércio com os indígenas, principalmente de pau-brasil, apesar dos esforços portugueses para impedir o tráfico. Contudo, os franceses não tinham se interessado em instalar feitorias e povoados.

Em 1555, o rei Henrique II da França apoiou o projeto de Nicolas Durand de Villegagnon de criar uma colônia na baía de

---

[30] Capistrano de Abreu. *Capítulos de história colonial*. Rio de Janeiro: Civilização Brasileira, 1976, p. 40.

Guanabara com o objetivo de manter uma base permanente na região. Reuniu seiscentas pessoas – boa parte libertados das cadeias – sob a condição de se instalarem no Novo Mundo com dois navios, armas e dinheiro para fundar um povoado. O desconhecimento do território, as dificuldades para manter grande número de pessoas sem que houvesse instalações suficientes, os conflitos religiosos entre católicos e protestantes e a permanente pressão dos índios hostis, logo criaram um clima de desânimo e desconfiança entre os franceses.

Durante três anos ocorreram alguns pequenos confrontos com os portugueses, mas a falta de iniciativa do segundo governador-geral, Duarte da Costa (1554-1559), favoreceu o estabelecimento dos franceses na região. Em 1559, Mem de Sá foi nomeado governador-geral com a missão de expulsar os franceses da Guanabara. Preparou uma expedição com dez embarcações, 2 mil homens armados – boa parte indígenas reunidos pelos jesuítas – e em março de 1560 atacou o povoado fundado por Villegagnon. A superioridade militar e numérica das forças sob comando dos portugueses se manifestou depois de dois dias de luta, com a ocupação e destruição do forte construído pelos franceses.

A breve ocupação francesa da baía de Guanabara acabou por se transformar em importante tema da filosofia e da política francesas, com repercussões em toda a Europa, devido aos relatos publicados no século XVI por participantes da expedição de Villegagnon. Segundo eles, a terra era bela, a natureza exuberante, o clima esplêndido, os nativos viviam numa sociedade comunitária igualitária e livre, sem chefes e reis. Homens e mulheres conviviam na inocência e na bondade, muitos vivendo até 150 anos. Era um verdadeiro paraíso, como se o Éden fosse a Terra de Santa Cruz.

Dentre a ampla literatura publicada sobre o tema destacaram-se os livros de dois franceses que viveram na Guanabara: *As singularidades da França Antártica*, de André Thevet, e *Viagem à terra do Brasil*, de Jean de Léry. Certamente essa foi a principal consequência da aventura francesa na Guanabara: a "participação decisiva do índio da Guanabara, descrito por Léry e Thevet e transformado, pelo gênio de Montaigne, em instrumento revolucionário, na concepção rousseauniana da bondade natural é, pois, absolutamente inegável".[31]

Em 1536, o rei Dom João III foi autorizado pelo papa a instalar a Inquisição em Portugal, subordinada ao soberano. Também chamada de Tribunal do Santo Ofício, a Inquisição era formada por padres encarregados de perseguir as religiões consideradas heréticas, como o judaísmo, o islamismo e o protestantismo. Com o tempo, a Inquisição obteve o direito de prender, julgar e condenar pessoas acusadas de bruxaria, homossexualidade e poligamia.

Depois de definitivamente instalada, a Inquisição portuguesa tornou-se o mais poderoso órgão do reino depois do soberano. Clérigos vindos da nobreza e da própria família real ocuparam os postos mais importantes do Tribunal. Embora tenha sido extinta oficialmente apenas em 1821, a Inquisição teve seu poder reduzido a partir do reinado de Dom José I (1750-1777): "A denúncia deixou de ser uma vileza odiosa e sórdida e foi proclamada como piedosa. Todo o país era religioso, e por isso durante dois séculos todo o país serviu a si mesmo. Foi a operação policial de maior duração e de maior envergadura que a nossa história registra".[32]

No Brasil estima-se que quinhentas pessoas foram condenadas à morte – muitas vezes após terríveis torturas – e executadas em Lisboa. A maioria era formada por aqueles (homens, principalmente) que, suposta ou realmente, mantinham-se fiéis ao judaísmo. Na verdade, com o pretexto de que perseguia hereges, a Inquisição eliminou boa parte da burguesia comercial e financeira – que não era formada apenas por judeus. Para a nobreza, o Santo Ofício serviu para manter a burguesia portuguesa política e economicamente enfraquecida. A crítica à Inquisição em Portugal (e

---

[31] Afonso Arinos de Melo Franco. *Op. cit.*, p. 183.
[32] José Hermano Saraiva. *Op. cit.*, p. 178.

na Espanha) pode ser resumida nas duras palavras de Antero de Quental:

> Com a Inquisição, um terror invisível paira sobre a sociedade: a hipocrisia torna-se um vício nacional e necessário; a delação é uma virtude religiosa; a expulsão dos judeus e mouros empobrece as duas nações, paralisa o comércio e a indústria (...) a perseguição dos cristãos-novos faz desaparecer os capitais [...] o terror religioso, finalmente, corrompe o caráter nacional, e faz de duas nações generosas, hordas de fanáticos endurecidos, o horror da civilização.[33]

---

[33] Antero de Quental. *Causas da decadência dos povos peninsulares*. Lisboa: Ulmeiro, 1996, pp. 45-46.

CAPÍTULO 4

A empresa açucareira e outras empresas

O aumento do consumo de açúcar na Europa durante o século XVI levou Portugal a iniciar a ocupação territorial, até para viabilizar os custos administrativos e militares para a manutenção da colônia. Passou a incentivar a plantação de canaviais e a construção de engenhos. Isto fez com que no início do século XVII, no Atlântico, o Brasil fosse o maior produtor de açúcar.

Ainda no século XVI, o açúcar era considerado uma especiaria, sendo vendido em pequenas quantidades e por preço extremamente alto. Em 1532, Martim Afonso de Sousa organizou o primeiro engenho em São Vicente. No entanto, a baixa produtividade da terra, a distância de Portugal e a estreita faixa para expandir as plantações entre o litoral e a Serra do Mar impediram o desenvolvimento da produção açucareira na região.

Foi no Nordeste, especialmente em Pernambuco e na Bahia, que se desenvolveu a economia do açúcar no Brasil – isso porque "a indústria do açúcar teve nas ilhas do mar das Caraíbas o seu mais antigo centro de expansão na América. As primeiras mudas de cana-de-açúcar foram trazidas nos primeiros anos do século XVI para São Domingos. Esta ilha tornou-se, então, um centro de dispersão dessa nova cultura e de seu complemento, o engenho".[34] O número de engenhos aumentou rapidamente. Se em

---

[34] Alice Piffer Canabrava. "A influência do Brasil na técnica do fabrico de açúcar nas Antilhas francesas e inglesas no meado do século XVII". *In*: Idem. *His-*

1570 eram de 60, meio século depois se aproximava de 350. Havia terra em abundância e de boa qualidade, clima úmido e quente e localização mais próxima à Europa, o que barateava os custos de transporte. Além disso, os vários rios perto do litoral forneciam água para mover as moendas – que trituravam a cana para extrair o suco a partir do qual, após longo processo, era produzido o açúcar. Esses rios também serviam para transportar em barcas a cana das plantações para o engenho.

A maneira como as terras eram distribuídas pelo rei levava à formação de grandes propriedades, os latifúndios. Estes acabaram caracterizando a economia açucareira, juntamente com a escravidão negra, que substituiu a indígena, tornando-se a forma dominante de trabalho nos engenhos:

> Em 1580, a força de trabalho açucareira em Pernambuco ainda era aproximadamente dois terços indígena, mas a transição se processava. Era mais oneroso obter trabalhadores africanos, mas, considerando-se o crescente custo da aquisição de indígenas, sua suscetibilidade às doenças, sua disposição de fugir e a percepção dos portugueses de que os africanos eram trabalhadores mais fortes e capacitados, os africanos passaram a ser cada vez mais procurados.[35]

Não estava colocado como alternativa o deslocamento de mão de obra de Portugal para a América. Não havia excedente populacional. Pelo contrário, a carência de força de trabalho no próprio reino era um de seus graves problemas, complicado ainda mais pelas expedições ao Oriente e as necessidades militares e de ocupação de tão amplo território. Vale destacar que a Europa convivia com a escravidão desde o início da era cristã. Durante a Baixa Idade Média, a escravidão esteve presente em todo o continente

---

tória econômica: estudos e pesquisas. São Paulo: Hucitec, 2005, pp. 67-8.
[35] Stuart Schwartz. "O Nordeste açucareiro no Brasil colonial", p. 365. *In*: João Luís Ribeiro Fragoso e Maria de Fátima Gouvêa (org.). *O Brasil Colonial*, vol. 2. Rio de Janeiro: Civilização Brasileira, 2018.

e nas relações com o Norte da África e o Oriente Médio. No século XIII, Gênova tinha 20 mil habitantes dos quais de 2 a 3 mil eram escravos. Nesse comércio eram negociados escravos gregos, bósnios, búlgaros, russos, armênios, circassianos, tártaros, turcos, árabes e berberes. Só entre 1414 e 1423 foram comercializados em Veneza mais de 10 mil escravos das mais diferentes procedências e etnias.[36]

No caso africano, a escravidão também foi anterior à chegada dos portugueses, inicialmente, ao litoral ocidental do continente:

> Antes da expansão do comércio atlântico, não eram muitos os que se punham, de cada vez, à venda. Seis, oito, uma dúzia, duas dezenas, na maior parte dos casos. Os números só chegavam às centenas onde o grande mercador era o rei e, em geral, nas zonas vinculadas de alguma forma ao comércio com o Mediterrâneo, o mar Vermelho e o Índico.[37]

Além do tráfico negreiro, era também por meio do comércio regular que Portugal explorava sua colônia na América, pois os colonos eram obrigados a comerciar exclusivamente com o reino. Negociantes portugueses compravam açúcar por um preço baixo nas zonas produtoras e o revendiam por valor sensivelmente superior na Europa. Em contrapartida, vendiam, por um preço muito superior ao cobrado no continente europeu, produtos manufaturados, alimentos e tudo o que a colônia necessitasse. Essa diferença representava boa parte dos lucros produzidos pelas diversas atividades econômicas coloniais.

Na maioria das vezes, a transação ocorria em Portugal, depois do transporte do açúcar pelas frotas – formadas por de quatro a cinco navios que navegavam conjuntamente, facilitando a defesa contra ataques piratas. O comércio era realizado mediante a troca

---

[36] Cf. Alberto da Costa e Silva. *A manilha e o libambo: a África e a escravidão de 1500 a 1700*. Rio de Janeiro: Nova Fronteira, 2011, pp. 140-141.
[37] *Ibidem*, pp. 118-119.

de mercadoria por mercadoria – ou seja, açúcar por produtos manufaturados, objetos de luxo ou alimentos –, pois faltava moeda.

No engenho encontravam-se todas as instalações para a transformação da cana em açúcar: a casa da moenda, as fornalhas e a casa de purgar, onde o açúcar era branqueado. Juntamente com a igreja, a casa-grande e a senzala formavam o centro da fazenda canavieira. Com o tempo, a denominação engenho passou a englobar toda a fazenda, e seus proprietários passaram a ser conhecidos como senhores de engenho.

A casa-grande era mais que a residência do senhor: representava seu poder econômico e político. Devido à falta de órgãos administrativos, o fazendeiro se transformou na maior – e algumas vezes, na única – autoridade. Julgava os escravos, aplicava-lhes penas, resolvia divergências entre os homens livres e aconselhava e batizava seus filhos, impunha hábitos e costumes, enfim, se transformava em senhor de todos aqueles que dependiam de sua propriedade, fossem livres ou escravos.

Espalhadas pela imensa propriedade, havia casas de não mais de dois cômodos, habitadas por lavradores livres que arrendavam um lote de terra em troca do pagamento de uma renda ao fazendeiro. Plantavam cana, que era moída no engenho do senhor, pagando mais uma taxa pela utilização dessas instalações (geralmente a metade do açúcar produzido) e o aluguel da terra. Além do dízimo entregue à Igreja, eram obrigados a pagar vários outros impostos e, assim, pouco restava ao lavrador no final da safra.

A capela era indispensável ao engenho, centralizando a vida religiosa com missas, batizados e novenas. Além da casa-grande e da capela, havia pequenas casas onde habitavam os trabalhadores livres, isto é, mestres de açúcar, feitores, artesãos e padres. Mas era a senzala que causava maior impacto: algumas chegavam a abrigar centenas de escravos em condições subumanas (pouco espaço, péssima circulação de ar, sem nenhuma mobília). No início do século XVIII escreveu o jesuíta João Antonio Andreoni – mais conhecido pelos historiadores como André João Antonil – que "os escravos são as mãos e os pés do senhor de engenho, porque sem eles no Brasil não é possível fazer, conservar e aumentar fazenda, nem ter engenho corrente".[38]

As instalações para a produção do açúcar eram formadas pelo engenho (a unidade que transformava a cana em açúcar) e pelas plantações de cana, que pertenciam ao senhor ou a pequenos lavradores. No processo de produção do açúcar havia uma rígida divisão e especialização do trabalho, com a participação de homens e mulheres. Os escravos ocupavam-se da derrubada, do corte e do transporte da lenha e cuidavam das caldeiras que coziam o açúcar, enquanto as escravas trabalhavam na moenda, na casa de purgar e na pesagem do produto final.

No canavial, o plantio – realizado comumente entre os meses de fevereiro e maio, após a derrubada da vegetação nativa pelo fogo – e a limpeza eram feitos tanto por homens como por mulheres. Só o corte era reservado exclusivamente aos escravos, cabendo às escravas recolher e amarrar os feixes de cana. A cana era trazida das áreas próximas em carros de bois ou barcas e levada para a moagem o mais rápido possível, pois ela devia ser processada em no máximo vinte e quatro horas para evitar que o teor de sacarose diminuísse, acarretando diminuição na extração de açúcar.

Eram utilizados moinhos movidos a água – daí, novamente, a importância dos rios –, pela força humana (escravos) e por animais. O primeiro problema era o da retirada da maior quantidade possível de caldo: estima-se que se extraía cerca de 60% do caldo da cana. Assim, ela era limpa, cortada em gomos e levada ao moinho. Lá, um escravo a colocava na máquina e outro retirava o bagaço, que era conduzido por um terceiro escravo para o lagar (tanque que armazenava os restos da cana). O caldo era levado ao cozimento sob cuidados de um mestre de açúcar, que dominava as técnicas de fabricação, escolhendo as melhores canas e

---

[38] João Antonio Andreoni (André João Antonil). *Cultura e opulência do Brasil*. São Paulo: Companhia Editora Nacional, s.d., p. 159.

controlando o tempo do cozimento, para a obtenção de um produto de qualidade.

O cozimento era feito em fornalhas a lenha, que, no século XVI, existia em abundância nas proximidades dos engenhos. No século seguinte, devido ao grande consumo de madeira, as matas da região açucareira já estavam devastadas. Durante o período da safra, entre os meses de agosto e maio, o cozimento não podia ser interrompido e as fornalhas funcionavam vinte e quatro horas por dia. As longas jornadas de trabalho, com revezamento a cada doze horas, esgotavam os escravos: uns se embriagavam para suportar tantas horas seguidas de serviço, outros não aguentavam e dormiam em pleno trabalho. Eram inevitáveis os acidentes. Muitos morriam ou ficavam seriamente feridos. Por isso, os senhores designavam para essa função, como forma de punição, os escravos rebeldes. Para o Padre Antônio Vieira:

> [...] quem via na escuridão da noite aquelas fornalhas tremendas perpetuamente ardentes [...] o ruído das rodas, das cadeias, da gente toda de cor da mesma noite, trabalhando vivamente, e gemendo tudo ao mesmo tempo, sem momento de tréguas, nem de descanso; quem vir enfim toda a máquina e aparato confuso e estrondoso daquela Babilônia, não poderá duvidar, ainda que tenha visto Etnas e Vesúvios, que é uma semelhança do inferno.[39]

A última fase da produção era a purgação do caldo já armazenado em formas. Essa etapa era reservada às escravas, que controlavam a purga, furavam, barreavam e molhavam seguidamente centenas de formas de açúcar por dia. O branqueamento processava-se com o acréscimo de água e barro durante o período de um mês. Finalmente era separada a parte branca da mascavada (mais escura) do açúcar, e então secada, pesada e embalada em caixas de madeira forradas com folhas de bananeira, cada uma pesando de

---

[39] Citado por Vera Lúcia Ferlini. *A civilização do açúcar*. São Paulo: Brasiliense, 1986, p. 45.

trezentos a quinhentos quilos de açúcar. O açúcar de diferentes tipos (mais branco, mais escuro, por exemplo) estava pronto para ser vendido ao negociante do litoral, que se encarregaria de vendê-lo no mercado europeu. O melaço era usado para fabricar a cachaça, consumida largamente na colônia e utilizada no comércio com a África em troca de escravos.

Da plantação da cana até a venda do açúcar passavam-se vários meses. Era necessária uma perfeita organização do processo produtivo, que foi se especializando ano após ano. Como coordenador da produção, o feitor determinava quantos e quais escravos deveriam se dedicar às diversas fases da produção. Ele verificava, antes de iniciar a safra, todas as necessidades do engenho – tanto de mão de obra como de máquinas e matérias-primas. Além disso, decidia a época do corte da cana, o transporte e a comercialização do açúcar, pois alguns proprietários não viviam nas fazendas, residindo nas cidades do litoral ou na Europa. Cabia também ao feitor impor a disciplina no trabalho mediante castigos e violência cotidiana.

Desde o início da cultura açucareira, os holandeses tiveram importante participação como distribuidores do produto na Europa e como fornecedores de mercadorias (produtos agrícolas e manufaturas) para os senhores de engenho. A influência holandesa era tão marcante que no final do século XVI um banqueiro de Antuérpia era proprietário de engenho na capitania de São Vicente, navios portugueses eram alugados pelos comerciantes dos Países Baixos para levar carregamentos de açúcar à Europa e dezenas de navios holandeses vinham à Bahia e a Pernambuco comerciar diretamente com os colonos. Logo Antuérpia seria suplantada por Amsterdã.

Destaca Stuart Schwartz a importância na economia açucareira dos

> judeus sefaraditas e os chamados "cristãos novos" vale dizer, os judeus-espanhóis e portugueses e seus descendentes que voluntariamente se converteram ou foram forçados a se converter.

A partir de 1595, membros dessa comunidade estabeleceram-se em Amsterdã, e embora até 1648 desempenhassem apenas um papel secundário na economia holandesa como um todo, rapidamente passaram a predominar no comércio colonial, especialmente com Portugal.[40]

Os judeus tinham importante participação no comércio de tabaco e escravos, além do açúcar. A facilidade linguística – dominavam o holandês e o português – colaborou nesse processo.

Em meio ao desenvolvimento da economia açucareira no Nordeste, ocorreu a União das Coroas Ibéricas (1580-1640), quando com a morte de Dom Sebastião I, na batalha de Alcácer-Quibir, no Marrocos, ocorreu uma crise dinástica porque o monarca não deixara herdeiro direto. Acabou assumindo provisoriamente o trono seu tio-avô, o cardeal Dom Henrique, que faleceu dois anos depois. Filipe II, rei de Espanha e imperador do Sacro Império Romano Germânico, se impôs como sucessor sob o argumento de que era neto de Dom Manuel I. Pelo Juramento de Tomar (1581), Portugal manteve relativa autonomia inclusive mantendo o comércio com suas colônias. Ocorreu uma alteração na legislação com a adoção das Ordenações Filipinas em substituição às Ordenações Manuelinas. Uma mudança significativa foi a divisão do território colonial em dois estados: o do Maranhão,[41] incluindo as capitanias do Grão-Pará, Maranhão e Ceará, e o do Brasil, com o restante da colônia.

Em 1621, logo após o restabelecimento da guerra contra a Espanha, foi criada na Holanda[42] a Companhia das Índias Ocidentais,

---

[40] Stuart Schwartz. "O Nordeste açucareiro no Brasil colonial". *In*: João Luís Ribeiro Fragoso e Maria de Fátima Gouvêa (orgs.). *Op. cit.*, p. 351.
[41] O Estado do Maranhão permaneceu até 1774 quando foi extinto pelo Marquês de Pombal.
[42] A Holanda era a mais importante entre as sete Províncias Unidas dos Países Baixos que foi formada em 1579 para enfrentar a Espanha. Além dela, a confederação era formada por Zelândia, Frísia, Guéldria, Utrecht, Groningen e Overijssel.

responsável pelo comércio com a América e parte da África. A importância do açúcar para a economia holandesa era tão grande que a Companhia resolveu invadir o Nordeste brasileiro, maior produtor do Ocidente, e que naquele momento estava sob domínio espanhol. Em 1624, Salvador foi atacada por 23 navios, armados com quinhentos canhões e 1.600 soldados, mas a ocupação não durou mais que um ano, sendo derrotada por uma grande esquadra luso-espanhola, com mais de 10 mil soldados, em abril de 1625.

Expulsos da Bahia, os holandeses dedicaram-se durante alguns anos a atacar navios que vinham da América com produtos coloniais. Em 1628, por exemplo, apresaram uma frota espanhola que se encontrava próxima a Cuba, com um grande carregamento de prata mexicana. Em 1630, holandeses atacaram Pernambuco, o maior produtor de açúcar da colônia, com cerca de 120 engenhos. Olinda e Recife estavam desequipadas para se defender do poderio naval da Companhia com 52 navios e 4 mil soldados – e, depois de vários combates, foram ocupadas.

A expansão holandesa foi se estendendo por grande parte do litoral nordestino, desde a Paraíba até o Sergipe, além do Maranhão, mas sem conseguir ocupar o interior. Como era impossível manter em funcionamento os engenhos sem o abastecimento regular de cativos, atacaram Angola, na África, centro fornecedor de escravos:

> Parece ter sido o padre Vieira, com sua tendência para as grandes generalizações, quem disse que "sem os negros Pernambuco não existiria, e sem Angola não haveria negros". Os holandeses estavam tão cientes disso quanto o perspicaz jesuíta. [...] Esse foi o motivo de ocuparem Luanda e Benguela em 1641-8. [...] A expedição partiu de Recife em 30 de maio de 1641, com destino a Angola, constava de 21 navios, levando 3 mil homens [...]. As tropas incluíam um contingente de índios tapuia.[43]

---

[43] Charles R. Boxer. *Salvador de Sá e a luta pelo Brasil e Angola, 1602-1686*. São Paulo: Companhia Editora Nacional, 1973, pp. 252-253.

Em 1637, a Companhia das Índias Ocidentais nomeou o conde Maurício de Nassau como governador das terras conquistadas no Nordeste. Além dos soldados, ele trouxe pintores e cientistas. Hábil político e administrador, vendeu engenhos abandonados, buscou e obteve apoio de fazendeiros, pacificou parte da região, garantiu aos senhores amplo fornecimento de escravos, empréstimos e bons preços para o açúcar. Garantiu a liberdade religiosa – a maioria dos holandeses era protestante – e promoveu audiências abertas à população.

Nassau reformou Recife: calçou ruas e praças, construiu pontes, drenou mangues, criou o Jardim Botânico, um zoológico e um pequeno museu de arte, aproveitando a estada de grandes pintores como Frans Post e Albert Eckhout. Apoiou diversos naturalistas e cientistas nas pesquisas (médicos, físicos, astrônomos, entre outros) realizadas na ampla área sob seu domínio. Durante a administração de Nassau, Recife acabou por se transformar em uma das localidades mais populosas do continente americano e num centro cosmopolita onde conviviam holandeses, franceses, portugueses, espanhóis, escoceses, ingleses e judeus de diversos países da Europa, estes últimos com grande presença no comércio internacional do açúcar e do tabaco, além de escravos africanos vendidos por meio do tráfico. Mas não apenas a política e a administração ocuparam a atenção de Nassau: em 1638, com uma forte esquadra, formada por 3.400 soldados e mil indígenas, comandou um ataque à Bahia. Depois de seis semanas de cerco, retirou-se derrotado para Recife.

A convivência pacífica e a coincidência de interesses entre a Companhia das Índias Ocidentais e os senhores de engenho começaram a se desgastar a partir de 1640. Os constantes empréstimos que os fazendeiros contraíram com banqueiros aumentavam a cada ano, sem que as dívidas pudessem ser quitadas. Além disso, incêndios nos canaviais, secas e epidemias entre os escravos acabaram por arruiná-los. Alguns tiveram seus engenhos penhorados pelos banqueiros. Por outro lado, em 1640

Portugal reconquistou sua independência com a aclamação de Dom João IV de Bragança. Para restabelecer as finanças do reino, era vital retomar o controle da produção açucareira na América. Um ano após o fim da União Ibérica, Portugal assinou com a Holanda um tratado de aliança militar. Entretanto, em 1644, Nassau foi chamado de volta à Holanda, e sua hábil política de conciliação foi abandonada.

Em 1645, com o apoio do governador-geral da Bahia, começou a revolta dos pernambucanos. Obtiveram várias vitórias, mas não conseguiram tomar Recife. Até 1648 a guerra permaneceu num impasse: os pernambucanos cercando Recife e os holandeses mantendo-se na defensiva, abastecidos por navios da Companhia, mas sem condições de retomar o controle da zona rural. Os prejuízos da Companhia foram se avolumando, pois de nada adiantava controlar o porto de Recife se o precioso açúcar estava nas mãos dos senhores de engenho. Em 1648, após receber reforços da Holanda, os holandeses tentaram romper o cerco, mas foram derrotados duas vezes. Em 1653, a Coroa portuguesa organizou uma expedição com o objetivo de terminar com a guerra, pois já tinha reocupado a costa da Mina e Angola e as demais áreas sob domínio holandês na América. Depois de um mês de cerco naval e terrestre a Recife, os holandeses se renderam. Terminava a mais longa guerra travada por Portugal contra uma potência europeia em sua colônia americana.

O longo período de guerra, quase vinte e cinco anos, acabou por devastar a capitania de Pernambuco. Plantações e engenhos incendiados, diminuição do número de escravos, desorganização do comércio açucareiro e senhores arruinados marcavam a paisagem da região. Os "vinte e quatro anos de domínio estrangeiro comportaram na realidade mais de dezesseis de guerra, pois da chegada de Nassau em 1637 à trégua luso-neerlandesa de 1641, o Brasil holandês conheceu apenas uma paz precária, regularmente interrompida pelas excursões de contingentes campanhistas procedentes da Bahia, que atacavam os engenhos, saqueavam as povoações e incendiavam os canaviais".[44]

Começava a decadência da cultura do açúcar, acelerada pela concorrência da produção antilhana organizada pelos próprios holandeses após sua expulsão do Nordeste, e por franceses e ingleses. Inclusive, "senhores de engenho de Barbados vieram ao Nordeste brasileiro na época da dominação holandesa para aperfeiçoar seus conhecimentos por meio da observação direta dos engenhos brasileiros. Escravos procedentes do Brasil, os negros eram vendidos nas ilhas pelos holandeses". Em Guadalupe, "escravos brasileiros eram empregados, com raro sucesso, na perseguição dos negros fugidos".[45] Dominando as rotas de comércio, estando mais perto da Europa (o que acabava por baratear os custos do frete) e tendo um solo virgem para explorar, as Antilhas se transformaram na maior produtora de açúcar do Novo Mundo.

* * *

Estreitamente ligada à cultura açucareira, desenvolveu-se a lavoura do fumo (tabaco), planta nativa do continente americano e, portanto, desconhecida na Europa. Até o século XVII, o fumo foi o segundo produto colonial no valor das exportações, sendo vendido para a Europa, mas utilizado principalmente no tráfico de escravos entre a África e a América portuguesa.

A Bahia foi o maior produtor de tabaco de todo o período colonial. A planta era cultivada tanto nas grandes propriedades como nas pequenas, pois seu beneficiamento exigia instalações modestas. Como a cultura do tabaco desgasta excessivamente o solo, era necessário, depois de alguns anos, desbravar novas terras para o plantio. A solução adotada foi a de fazer as plantações nos currais, em terrenos estrumados pelos animais, a fim de que a terra

---

[44] Evaldo Cabral de Mello. *Olinda Restaurada: guerra e açúcar no Nordeste, 1630--1654*. São Paulo: Editora 34, 2007, p. 13.
[45] Alice Piffer Canabrava. *Op. cit.*, pp. 81 e 76.

recuperasse sua produtividade. Assim, os cercados de gado deslocavam-se diariamente pela área a ser cultivada.

Para a ocupação do território, a pecuária foi a mais importante atividade econômica do período colonial, pois, numa marcha do litoral para o interior, possibilitou o desbravamento do sertão nordestino e do Sul, mais especialmente da região compreendida pelos atuais estados de Santa Catarina e Rio Grande do Sul, além da ilha de Marajó, do sul das Minas Gerais e de Campos dos Goytacazes. A atividade pecuária fornecia carne, couro – que era exportado, mas também consumido internamente – e animais de tração (para os engenhos) e transporte, exigindo pouco capital e número reduzido de trabalhadores para a manutenção da fazenda.

No Nordeste, a pecuária encontrou algumas dificuldades para se expandir devido às constantes secas, ao regime irregular das chuvas e à pobre vegetação das caatingas, que não possibilitava a alimentação adequada do gado. Mesmo assim, a pecuária permitiu a ocupação do vasto sertão nordestino, contribuindo para o povoamento da região, principalmente a partir do século XVII. Destaca Celso Furtado que a

> condição fundamental de sua existência e expansão era a disponibilidade de terras. Dada a natureza dos pastos do sertão nordestino, a carga que suportavam essas terras era extremamente baixa. Daí a rapidez com que os rebanhos penetraram no interior, cruzando o São Francisco e alcançando o Tocantins e, para o norte, o Maranhão nos começos do século XVII.[46]

A marcha para o interior ocorreu também porque Portugal não permitiu o desenvolvimento da criação de gado no litoral, pois ela ocuparia as terras destinadas à agricultura de exportação e desviaria os capitais até então concentrados exclusivamente na grande lavoura.

---

[46] Celso Furtado. *Formação econômica do Brasil*. São Paulo: Companhia Editora Nacional, 1979, p. 58.

A criação extensiva (em que o gado é criado solto nas pastagens) formou uma sociedade com características próprias. Para organizar uma fazenda bastava reunir alguns vaqueiros – índios, mulatos ou negros libertos –, que passavam a cuidar de centenas de cabeças de gado espalhadas pelo campo. Os vaqueiros recebiam um quarto das crias depois de cinco anos, o que lhes permitia, ao longo de alguns anos, ter o seu próprio rebanho. Próximos às maiores fazendas e aos entroncamentos por onde circulavam as boiadas, desenvolveram-se pequenos povoados, onde raramente havia autoridades coloniais civis e religiosas. Os grandes criadores acabaram por exercer o poder de fato, tal qual os senhores de engenho do litoral.

A expansão da religião cristã se deu pela ação de alguns missionários, que esporadicamente percorriam o sertão e, principalmente, pela ação de leigos (isto é, não religiosos) – pois o número de padres era muito pequeno na região –, que construíam capelas, pequenos santuários e instituíam devoções.

No Sul, a pecuária desenvolveu-se de forma distinta da nordestina. O clima ameno, a rica vegetação e o relevo plano permitiram o rápido crescimento do rebanho, particularmente na capitania de São Pedro (atual Rio Grande do Sul). As fazendas de gado, chamadas estâncias, no século XVII ocuparam o território que era disputado desde o século anterior pelas metrópoles ibéricas. Aí também havia as missões jesuíticas que se dedicavam à pecuária.

O trabalho nas estâncias era realizado por brancos, índios, mestiços e por escravos negros – estes últimos em muito menor escala do que no setor exportador da colônia. No início da atividade da pecuária, apenas se aproveitava o couro e abandonava-se a carne fresca, pois não havia mercado para consumi-la. No final do século XVIII surgiram as charqueadas – galpões onde a carne era limpa, salgada e depois colocada ao sol para secar. O charque, como é chamado esse tipo de carne-seca, abastecia desde o Sul até os engenhos da Bahia, passando pelas Minas Gerais, constituindo um item importante da alimentação dos escravos de quase toda a colônia. Além do couro e do charque, desenvolveu-se também a criação de muares, usados como animais de carga e indispensáveis para o comércio entre as regiões interioranas e os portos. A sociedade que se formou no Sul foi marcada pelo individualismo do vaqueiro – chamado gaúcho –, pelas guerras de fronteira e pelo estancieiro, misto de fazendeiro e chefe militar.

Na segunda metade do século XVIII, o algodão passa a ter um importante papel na pauta de exportações da colônia, estimulado pelo desenvolvimento da Revolução Industrial na Inglaterra, em especial pela indústria têxtil, e pela guerra de independência dos Estados Unidos – tradicional fornecedor dos ingleses – que gerou instabilidade na relação comercial entre as colônias do Sul e a antiga metrópole. Bahia, Rio de Janeiro e Pernambuco são, inicialmente, importantes áreas produtoras, mas a região de maior destaque era o Maranhão. Segundo Caio Prado Júnior, com o algodão "modifica-se a feição étnica da região, até então composta na sua quase totalidade, salvo a minoria dos colonos brancos, de índios e seus derivados mestiços. O algodão, apesar de branco, tornará preto o Maranhão".[47]

---

[47] Caio Prado Júnior. *Op. cit.*, p. 82.

CAPÍTULO 5

Em busca do ouro

A viagem do espanhol Vicente Yañez Pinzón, em 1500, deixou uma documentação que permite supor que tenha chegado à foz do rio Amazonas, o qual denominou Santa Maria de la Mar Dulce, em fevereiro daquele ano. No retorno à Espanha, levou trinta indígenas como escravos. Outros espanhóis e portugueses navegaram nas proximidades da foz do grande rio, mas sem tentar um reconhecimento mais efetivo da região ou sua ocupação permanente. Seguindo os mitos do País da Canela (onde haveria imensas florestas de canela, especiaria que alcançava alto preço na Europa) e da Cidade de Ouro, onde montanhas do precioso metal se acumulariam por toda parte, em 1541 Gonzalo Pizarro, irmão do conquistador do Peru, organizou uma grande expedição com duzentos espanhóis e milhares de indígenas. Saiu de Quito (hoje, capital do Equador), atravessou a cordilheira dos Andes e, depois de meses de viagem, não encontrou canela e muito menos ouro.

No meio da selva amazônica, assolado por doenças tropicais desconhecidas dos europeus, faminto e a cada dia mais desesperado para encontrar os tão sonhados tesouros, no Natal de 1541, Pizarro dividiu a expedição em dois grupos. Um deles, liderado por Francisco Orellana, partiu em busca de alimentos, avançando pelos rios no interior da floresta; outro, com Pizarro, aguardou o retorno de Orellana. Depois de vários meses de espera infrutífera,

Pizarro resolveu voltar a Quito. Orellana, na marcha à procura de provisões, alcançou o rio Marañon e daí chegou ao Amazonas, de onde, navegando durante seis meses, chegou ao oceano Atlântico, em agosto de 1542. Rumou para a Venezuela e dali para a Espanha. Na longa viagem estabeleceu contatos (nem sempre amistosos) com dezenas de tribos indígenas, conheceu novas frutas, animais e peixes.

Apesar de deslumbrados com a natureza, o grande acontecimento registrado pelos aventureiros foi um suposto combate com dezenas de guerreiras indígenas brancas. Eram fortes e viviam em aldeias onde só havia mulheres que nunca abandonavam o arco e a flecha – estes tão importantes para a comunidade que as guerreiras extirpavam um seio para melhor manejá-los; daí o nome amazona, que em grego significa "sem seios". Nunca uma amazona foi capturada, mas diferentes aventureiros também registraram o encontro com essas guerreiras. Como em outros momentos da história, a lenda perdurou por muito tempo e o grande rio, que tinha sido batizado com o nome de Orellana, acabou conhecido como rio das Amazonas.

Ainda no século XVI, mais aventureiros saíram do Peru ou da Venezuela e percorreram os rios da região amazônica, estimulados pela Coroa espanhola. Com isso a Espanha buscava ampliar seu império colonial e se livrar dos homens turbulentos que causavam transtornos nas áreas onde foram instalados os primeiros postos da administração colonial. Lope de Aguirre foi um desses homens: em 1559 participou de uma expedição que saiu de Lima em busca do Eldorado – onde, segundo se acreditava, só havia delícias e riquezas, repleto de ouro por toda parte. Depois de dezoito meses de viagem, sem encontrar nenhum vestígio de ouro, os aventureiros começaram a lutar entre si para decidir o rumo a seguir. Aguirre, por fim, assumiu o comando da expedição, proclamando-se imperador dos territórios que estava descobrindo. Percorreu o Amazonas, o Negro e o Orinoco, mas no longo caminho acabou por enlouquecer, morrendo logo após chegar à Venezuela.

Durante a segunda metade do século XVI, franceses, irlandeses, ingleses e holandeses também percorreram a região, estabelecendo contatos com indígenas e obtendo produtos amazônicos. Somente no século XVII os portugueses iniciaram o reconhecimento do litoral e de alguns rios. Em 1616 fundaram Belém (porto estratégico para a região), construíram dezenas de fortins às margens do rio Amazonas e começaram a combater ingleses, franceses e holandeses, que havia vários anos comerciavam com os indígenas. No processo de reconhecimento dos rios da região, Pedro Teixeira, em 1637, percorreu todo o Amazonas, da foz até a cordilheira dos Andes, e navegando por afluentes chegou a Quito. Sua viagem causou sérios problemas às autoridades coloniais espanholas, que passaram a temer o contato, através da bacia do Amazonas, com as ricas regiões produtoras de prata do vice-reino do Peru.

A ocupação militar da Amazônia era muito onerosa à Coroa portuguesa. Era necessário desenvolver um intercâmbio permanente com a região. Assim começou, de forma sistemática, o comércio das chamadas drogas do sertão – cravo, canela, baunilha, cacau, anil, ervas medicinais, essências aromáticas, entre outras. Essa economia, de início fundamentalmente coletora, necessitava da mão de obra indígena, a única disponível no local com conhecimento da mata e de seus produtos.

O maior problema era transformar essa atividade realizada pelos indígenas esporadicamente em fornecimento regular das mercadorias extraídas. As diversas ordens religiosas (franciscanos, jesuítas e carmelitas) usaram os indígenas como mão de obra na extração das especiarias amazônicas. Em diversos momentos, conquistadores escravizaram nativos aos milhares, o que gerou sérios conflitos entre indígenas e religiosos, particularmente com os jesuítas.

A ocupação da região serviu para Portugal ampliar seus domínios na América muito além do estabelecido pelo Tratado de Tordesilhas. Para os indígenas, a chegada do europeu significou o início de uma luta desigual que duraria séculos. Lutaram contra a ocupação, a exploração dos recursos econômicos e a escravização, como na grande revolta liderada por Ajuricaba, entre 1723 e 1727. Também se defrontaram com doenças desconhecidas e massacres cometidos pelos portugueses, chamados pelas autoridades coloniais de guerras justas.

Já a expansão portuguesa para o sul intensificou-se a partir de 1650, quando foram fundados os povoados de Paranaguá, São Francisco do Sul e Curitiba. Posteriormente, os colonos se dirigiram à ilha de Santa Catarina e de lá para o atual Rio Grande do Sul, começando a ocupar o território localizado entre a capitania de São Vicente e o rio da Prata. Os portugueses do Rio de Janeiro desejavam atacar Buenos Aires, às margens do Prata, que controlava o comércio atlântico com as minas de prata de Potosí, no Alto Peru.

> Numa época em que dominava em toda a América espanhola o regime do latifúndio e a vida econômica das colônias gravitava em torno do solo, com a mineração e com a agricultura, o desenvolvimento comercial da região platina havia tornado possível o desenvolvimento de atividades independentes da terra – as atividades comerciais – que deram à cidade de Buenos Aires, cidade plantada numa região sem recursos minerais e de incipiente desenvolvimento agrícola, um caráter essencialmente mercantil. Essa individualidade, que tão precocemente distinguiu Buenos Aires da grande maioria das cidades coloniais hispano-americanas, só tinha podido se desenvolver quando o intercâmbio clandestino, engrossando as magras correntes do comércio legal, levou o porto platino a tirar partido de sua esplêndida situação geográfica para se tornar uma cidade de trânsito, intermediária das trocas entre a região do Alto Peru e os centros exportadores de Portugal, do Brasil e da África.[48]

O governo português ficou mais seguro de suas pretensões quando o papa, ao criar o bispado do Rio de Janeiro, estabeleceu que o território da diocese se estenderia do Espírito Santo ao rio da Prata. Em 1679, após ser nomeado governador do Rio de

---

[48] Alice Piffer Canabrava. *O comércio português no Rio da Prata (1580-1640)*. Belo Horizonte; São Paulo: Itatiaia; Edusp, 1984, p. 189.

Janeiro, Manuel Lobo organizou uma armada composta de cinco navios, centenas de homens e armamentos, para fundar no rio da Prata, na margem oposta a Buenos Aires, a apenas 24 quilômetros, uma povoação e um presídio, que resultaram na formação da Colônia do Sacramento. Os espanhóis de Buenos Aires, ao saber da fundação de Sacramento, rapidamente resolveram atacá-la. Em agosto do mesmo ano, depois de um longo cerco, ocuparam a povoação, prenderam os sobreviventes e destruíram o povoado.

Envolvida em diversos conflitos na Europa, a Espanha encontrava-se enfraquecida, o que a obrigou a assinar um tratado com Portugal, em 1681, restituindo Sacramento ao domínio português. As divergências com Buenos Aires, porém, continuaram devido à insistência dos portugueses em controlar o comércio da região, onde poderiam obter prata, rompendo o lucrativo monopólio espanhol.

Desde o início do século XVII, em meio às disputas entre os países ibéricos, foram constituídas as reduções jesuítas. Inicialmente se instalaram em parte do atual estado do Paraná e do Paraguai. Reuniram em aldeias milhares de indígenas com o intuito inicial de catequizá-los. Com o passar do tempo se constituíram em núcleos com sólida organização econômica sob controle da Companhia de Jesus. Aproximou-se de um poder paralelo, como um Estado no interior de outro Estado, e teve adversários nas cortes de Portugal e da Espanha. Adversários dos jesuítas exploraram a relativa autonomia das missões como uma tentativa de edificar um império temporal. Outros, no século XX, interpretaram as missões como um experimento comunista cristão.[49] E até Voltaire – por meio do célebre

---

[49] "A República Guarani permite observar que o comunismo mais integral, mantido sem atenuação, pode acompanhar e sustentar durante século e meio um progresso constante e rápido, em todos os domínios. De uma agricultura rudimentar, passara-se à cultura industrial mais aperfeiçoada da época. O artesanato e as artes tinham florescido, pois, desde o final do século XVIII, a indústria estava em pleno apogeu no momento da agressão hispano-portuguesa. Os costumes tinham-se transformado. A vida social e religiosa atingira

personagem Cândido – tratou do tema e de forma crítica.[50] Acabou também encontrando forte oposição dos bandeirantes que se aproveitavam da concentração de indígenas para atacar as reduções e aprisionar os indígenas para vendê-los às áreas exportadoras da colônia. Em uma das operações foram mobilizados novecentos mamelucos e 2 mil indígenas liderados por 69 paulistas. As reduções acabaram se dirigindo para o sul e se fixaram em parte do território do atual Rio Grande do Sul formando os Sete Povos das Missões (1706). Acabaram extintas – apesar da resistência militar e da morte de milhares de guaranis – quando foram selados acordos fronteiriços entre as duas metrópoles ibéricas.

Portugal incentivou a imigração de famílias açorianas – as primeiras instalaram-se em Porto dos Casais, que em 1773 recebeu o nome de Porto Alegre – e iniciou a ocupação do interior de Santa Catarina e do Rio Grande do Sul, onde se desenvolveria a criação de gado. As fronteiras da região Sul foram novamente redefinidas em 1750 e 1777 pelo Tratado de Madrid (o grande artífice foi o diplomata Alexandre de Gusmão) e pelo Tratado de Santo Ildefonso, respectivamente. No caso do Tratado de Madrid, Portugal abdicou da Colônia do Sacramento:

---

uma harmonia e uma plenitude ignoradas em qualquer outra parte do mundo. A República Guarani realizava, à medida que se introduziam novos progressos técnicos e culturais, 'uma forma superior de comunismo'." (Clóvis Lugon. *A República "comunista" cristã dos guaranis, 1610-1768*. Rio de Janeiro: Paz e Terra, 1976, p. 338).

[50] "'Então você já esteve no Paraguai?', perguntou Cândido. 'Se estive!', disse Cacambo. 'Fui servente no colégio de Assunção e conheço o governo de Los Padres como conheço as ruas de Cádiz. É uma coisa admirável, esse governo. O reino já tem mãos de trezentas léguas de diâmetro e é dividido em trinta províncias. Los Padres são donos de tudo por lá, e os povos, de nada. É a obra-prima da razão e da justiça. Da minha parte, não conheço nada tão divino quanto Los Padres, que agora movem a guerra ao rei de Espanha e ao rei do Portugal e que, na Europa, são confessores desses mesmos reis; que aqui matam os Espanhóis e que em Madrid, mandam-nos para o céu: é de admirar!'." (Voltaire. *Cândido ou o otimismo*. São Paulo: Editora 34, 2016, p. 82).

Renunciar em definitivo à margem da fronteira natural no rio da Prata era sacrifício penoso somente concebível se compensado por uma somatória de vantagens. Entre elas, sobressaíam a garantia da soberania na Amazônia, a aceitação da expansão ocorrida nas regiões auríferas do extremo oeste e a consolidação da fronteira sul mediante a aquisição das missões e o reconhecimento de Rio Grande de São Pedro. O acordo assegurava adicionalmente a segurança das comunicações fluviais de Mato Grosso com o Maranhão-Pará através da navegação do Tocantins, do Tapajós e do sistema Guaporé-Mamoré-Madeira. De uma perspectiva geopolítica, o tratado estabelece um equilíbrio territorial entre as pretensões dos dois países, permanecendo Portugal com a maior parte da Amazônia e vendo a Espanha reconhecida sua indiscutível supremacia no rio da Prata.[51]

Em 1777 foram efetuadas alterações sensíveis na fronteira sul, porém no início do século seguinte retornou-se aproximadamente ao que na região tinha sido estabelecido em 1750: "Apesar de ter sido breve sua duração formal, o Tratado de Madrid acabou por prevalecer na prática, traçando o que veio a ser, em linhas gerais, o perfil territorial do Brasil, salvo alguns ajustes futuros".[52]

---

[51] Rubens Ricupero. *A diplomacia na construção do Brasil, 1750-2016*. Rio de Janeiro: Versal, 2017, pp. 60-61.
[52] *Ibidem*, p. 68.

CAPÍTULO 6

Bandeirismo, metais preciosos e resistência negra

No processo de reconhecimento e exploração do interior é que se insere o bandeirantismo. Foi de São Paulo de Piratininga que partiram as primeiras bandeiras. É provável que o nome venha do costume tupiniquim de levantar uma bandeira em sinal de guerra. Na busca de metais preciosos e na caça aos indígenas, as bandeiras acabaram por reconhecer grande parte do território da América portuguesa. Devido ao solo pobre da capitania não foi possível desenvolver nela uma agricultura próspera. Isso levou os paulistas a penetrar no sertão em busca de mercadorias que garantissem a sobrevivência.

Desde o início, os rios da região foram vitais para a economia paulista. A serra do Mar foi a primeira barreira a ser vencida entre o litoral e o planalto. De São Paulo, os portugueses iniciaram, pelo rio Tietê, a expansão para o oeste. As dificuldades de contato com o litoral e a falta de produtos coloniais de exportação geraram uma cultura específica, em que a influência portuguesa foi sendo superada pela indígena na organização da família, na alimentação, na língua e nos hábitos.

Desde o século XVI, a economia paulista organizou-se fundamentalmente em torno da caça ao índio. Houve vários conflitos com as autoridades reais e eclesiásticas. Mas as imposições do meio e a escassez de mão de obra – o negro custava quatro vezes mais que o índio – transformaram o apresamento e a venda de indígenas em atividades rotineiras.

Havia bandeiras de centenas de integrantes – poucos brancos, uma ampla maioria de mestiços e milhares de indígenas.

> Nesse processo de adaptação, o indígena se torna seu principal iniciador e guia. [...] Os bandeirantes levavam somente o indispensável: munição, machados, cordas para amarrar os cativos, um pouco de sal e mantimentos. Sobreviviam caçando, a capacidade de resistir longamente à fome, à sede, ao cansaço; o senso topográfico levado a extremos; a familiaridade quase instintiva com a natureza agreste, sobretudo com seus produtos medicinais ou comestíveis, são algumas das imposições feitas aos caminhantes, nessas veredas estreitas e rudimentares. Delas aprende o sertanista a abandonar o uso de calçados, a caminhar em "fila indiana", a só contar com as próprias forças, durante o trajeto.[53]

O cultivo do milho – em vez da mandioca – foi fundamental para essas longas expedições:

> Seria de todo impossível o transporte das ramas de mandioca necessárias ao plantio nos arraiais situados onde já não existissem tribos de lavradores. Primeiro porque, além de serem de condução difícil, pois ocupariam demasiado espaço nas bagagens, é notório que essas ramas perdem muito rapidamente o poder germinativo. E depois, porque, feito com bom êxito o plantio, seria preciso esperar, no mínimo, um ano, geralmente muito mais, para a obtenção de colheitas satisfatórias. O milho, por outro lado, além de poder ser transportado a distâncias consideráveis, em grãos, que tomavam pouco espaço para o transporte, oferecia a vantagem de já começar a produzir cinco e seis meses ou menos depois da sementeira.[54]

---

[53] Sérgio Buarque de Holanda. *Monções*. São Paulo: Brasiliense, 1990, pp. 16-17.
[54] *Idem. Caminhos e fronteiras*. São Paulo: Companhia das Letras, 1994, p. 186.

A fonte de riqueza para o bandeirante era o sertão, o desconhecido. A produção açucareira estava voltada para Portugal, de onde os colonos recebiam mercadorias indispensáveis em troca do precioso açúcar. Na capitania de São Vicente só era possível a sobrevivência graças aos produtos obtidos no sertão. As diversas medidas reais, visando disciplinar a capitania, não chegaram a ser colocadas em prática devido à distância da metrópole e a dificuldade de impor punições. Muitos se ausentavam durante anos pelo interior da colônia e a maior (e única) riqueza que possuíam eram os indígenas apresados pelas bandeiras. As expedições se deslocavam cada vez mais para o interior, pois os nativos foram se afastando do litoral em busca de regiões onde pudessem se defender dos bandeirantes.

Ficou célebre a "bandeira de limites" capitaneada por Antonio Raposo Tavares entre 1648 e 1651. Era uma missão oficial:

> Foi a primeira expedição de reconhecimento geográfico que abrangeu todo o espaço continental da América do Sul. [...] Tornou-se, por isso mesmo, a maior e mais árdua de quantas expedições de descobrimento se realizaram em toda a América. [...] Pondo de parte o trajeto andino e considerando apenas o percurso fluvial, do Tietê ao Paraguai, e daí por terra ao Guapaí, e, baixando por ele, o Mamoré, o Madeira e o Amazonas até Belém, esse vasto périplo mede 10 mil quilômetros, números redondos. Se lhe acrescentarmos a travessia do Chaco, as explorações desde os morros chiquitanos para oriente e os desvios e flutuações da grande aventura na região andina, ela terá excedido, por certo e de muito os 12 mil quilômetros.[55]

O alvo predileto dos bandeirantes eram as missões jesuíticas, onde se concentravam centenas de indígenas, o que acabava por facilitar o trabalho de apresamento. Primeiramente, atacaram aquelas localizadas ao sul do rio Paranapanema e depois as mis-

---

[55] Jaime Cortesão. *Raposo Tavares e a formação territorial do Brasil*. Rio de Janeiro: MEC, 1958, p. 400.

sões da região de Itatim e dos Tapes. Os indígenas eram vendidos para o Rio de Janeiro, Mato Grosso e, durante a ocupação holandesa, para o Nordeste açucareiro, devido à escassez de escravos negros. No final do século XVII assistiu-se ao declínio do bandeirismo devido ao distanciamento progressivo dos nativos da capitania de São Vicente, ao restabelecimento do tráfico negreiro para a zona açucareira e aos primeiros descobrimentos de ouro e pedras preciosas, feitos pelos próprios bandeirantes, nas Minas Gerais.

As monções, assim como as bandeiras, serviram para fixar alguns núcleos de povoamento na região central da América portuguesa, permitindo estabelecer contato fluvial regular com o Mato Grosso e o Pará. No início do século XVIII, a penetração para o interior em direção às minas de ouro de Cuiabá desenvolveu um comércio permanente com São Paulo. Enquanto para as bandeiras os rios eram obstáculos à marcha e as embarcações não passavam de simples canoas ou jangadas, nas monções era a navegação o principal meio de transporte.

Partindo do porto fluvial de Porto Feliz, às margens do rio Tietê, entre os meses de março e abril, quando os rios estavam cheios, as expedições iniciavam uma longa viagem de seis meses, repleta de dificuldades, até chegar a Cuiabá (na época, viajava-se de Lisboa a Calicute, na Índia, em cinco meses). Navegavam o Tietê até o rio Paraná, desciam em direção ao rio Pardo e depois ao Anhanduí-Guaçu, Paraguai, São Lourenço, até chegar ao rio Cuiabá, a região do ouro. Lá, diziam, com certo exagero, que havia tanto ouro que ao arrancar capim do solo as raízes vinham com o pó do precioso metal.

Na busca do ouro, eram abertos caminhos no sertão, que apenas se tornaram conhecidos pelos europeus dois séculos após a chegada de Pedro Álvares Cabral ao litoral baiano. A ligação com Cuiabá se regularizou somente a partir de 1725. As viagens esporádicas de algumas canoas com mantimentos, armas e outras mercadorias foram substituídas pelos comboios fluviais – alguns com mais de cem canoas –, que permitiram manter um comércio regular e, principalmente, facilitar a resistência aos constantes ataques indígenas.

O crescimento do número de forasteiros que se dirigiam àquela região tornou necessária a construção de grandes canoas, que seguiram o modelo indígena: escolhiam, de preferência, a peroba, que suportava a umidade e tinha diâmetro maior. Cada canoa media aproximadamente treze metros de comprimento por 1,5 metro de largura e era coberta por uma lona colocada sobre uma estrutura de madeira que recobria a embarcação. A parte central era reservada à carga e na frente iam os remadores, o piloto e o guia. Viajavam no máximo trinta pessoas, que, nas cachoeiras ou passagens mais rasas, eram obrigadas a caminhar por terra até que o obstáculo fosse superado. Na viagem, alimentavam-se de farinha de milho ou mandioca, feijão, frutos, da caça e pesca.

Ao chegarem a Cuiabá descarregavam a carga, que incluía desde produtos de luxo até sal, pois lá pouco se produzia além do ouro. Aos poucos iniciaram o plantio da cana-de-açúcar, do milho, além da caça e pesca. Animais como porcos, galinhas, bois e cavalos eram raros, pois era muito difícil transportá-los desde Porto Feliz, durante meses, numa canoa.

As grandes descobertas auríferas ocorreram em Minas Gerais, no final do século XVII.[56] Até então, a mineração ocorrera em pequena escala, apesar das inúmeras tentativas de se encontrar metais preciosos. O ouro foi explorado sob rígido controle da metrópole e com a cobrança de diversos impostos, entre outros o quinto, referente à quinta parte do ouro extraído. Quando foi divulgada a notícia do metal "iniciou-se uma verdadeira corrida do ouro. De todos os pontos da colônia e do reino chegavam indivíduos ávidos de riqueza. Formava-se, pela primeira vez, um intenso fluxo de portugueses para as terras do Brasil".[57] Isto terá conse-

---

[56] A expansão aurífera levou a Coroa portuguesa em 1720 a criar a capitania das Minas Gerais separando-a de São Paulo.
[57] Francisco Vidal Luna e Iraci Del Nero da Costa. *Minas colonial: economia & sociedade*. São Paulo: Pioneira, 1982, p. 33.

quências imediatas. Não havia nenhuma infraestrutura na região e a dificuldade de abastecimento produziu uma cruel contradição entre ouro e fome como nas crises de 1697-1698 e 1700-1701.

Em meio aos primeiros tempos da exploração aurífera ocorreu um conflito, na primeira década do século XVIII, entre os descobridores das minas, conhecidos como "paulistas", e os recém-chegados à região, parte deles portugueses, chamados de "emboabas", que só foi resolvido após a Coroa portuguesa organizar o poder estatal na região, regularizando a distribuição das áreas auríferas e a criação de três vilas: Ribeirão do Carmo (Mariana), Vila Rica (Ouro Preto) e Sabará.

As jazidas eram consideradas propriedade real. Depois de descobertas eram leiloadas pela Fazenda Real. O número de escravos determinava também a extensão da área a ser explorada. Diferentemente da cultura açucareira, na mineração, devido às particularidades da extração do ouro, o escravo tinha possibilidade de comprar a própria liberdade, o que não significava que as condições de trabalho fossem muito distintas do Nordeste açucareiro. A organização da exploração aurífera dava-se por meio das lavras, jazidas, onde era possível obter, inicialmente, grandes quantidades de ouro, e que necessitavam de altos investimentos, e de pequenas explorações, as chamadas faisqueiras, onde até apenas um minerador poderia procurar ouro. A peculiaridade da atividade extrativa permitiu o surgimento de núcleos urbanos no interior do país, onde estavam as autoridades do reino e um conjunto de profissionais de diferentes saberes. A sociedade colonial, nessa região, adquiriu nova conformação, com reflexos inclusive no mundo da cultura, especialmente na literatura.

O contrabando e diversas formas de burlar o pagamento de impostos tensionaram a relação entre funcionários da Coroa e mineradores. Como um dos meios para evitar a fraude fiscal, a metrópole estabeleceu um recolhimento mínimo de impostos estabelecida em cem arroubas. Caso não fosse atingido, era estabelecido a derrama, ou seja, o pagamento forçado do imposto onde ocorriam abusos. Quando isso ocorria, a tensão aumentava e a violência ficava na ordem do dia. A partir de 1760 não foi mais possível atingir as cem arroubas.

Rapidamente as jazidas se esgotam – isto, principalmente, se compararmos com a exploração da prata no México e no Peru. A maior parte da exploração foi do ouro de aluvião no leito e nas margens dos rios. As minas exigiam alto investimento e conhecimento técnico afastando os mineradores que, em sua maioria, estavam à procura do lucro rápido e fácil, além das dificuldades para atingir a região transportando por precárias estradas equipamentos de grande porte – a viagem entre São Paulo e a região não levava menos de um mês. A decadência da produção aurífera foi rápida. Em apenas três décadas a produção decaiu sensivelmente, mesmo com a extensão da exploração para o Mato Grosso e Goiás.

Houve também na região a exploração de diamantes. O "Brasil foi o primeiro grande produtor desta pedra, que antes provinha apenas, e em pequenas quantidades, da Índia; e somente no último quartel do século passado [XIX] se descobrirão as jazidas da África do Sul. O Brasil teve assim, no século XVIII, o monopólio da produção".[58] Como de costume, a Coroa buscou uma forma de cobrar tributo e estabeleceu o Distrito Diamantino tendo como centro a vila de Diamantina. Mas a decadência veio mais rápida do que na exploração aurífera.

A mineração permitiu a ocupação das áreas mais distantes do litoral. Em 1763, levou também à transferência da capital colonial de Salvador para o Rio de Janeiro. Estabeleceu – até por necessidade de sobrevivência alimentar – uma circulação de mercadorias que estimulou o desenvolvimento de áreas produtoras no Nordeste, no sul da colônia e até na própria capitania das Minas Gerais, para abastecer as áreas mineradoras, bem como estabeleceu rotas de circulação de mercadorias e pessoas por uma ampla região.

---

[58] Caio Prado Júnior. *Op. cit.*, p. 62.

Tendo em vista a especificidade da atividade exploradora e a curta duração temporal, poucos elementos permaneceram na região que poderiam funcionar como propulsores de um novo ciclo econômico. Muito menos o desenvolvimento de uma atividade manufatureira, mesmo que em escala incipiente.

A causa principal possivelmente foi a própria incapacidade técnica dos imigrantes para iniciar atividades manufatureiras numa escala ponderável. O pequeno desenvolvimento manufatureiro que tivera Portugal a fins do século anterior [XVII] resulta de uma política ativa que compreendera a importação de mão de obra especializada. O acordo de 1703 com a Inglaterra (Tratado de Methuen) destruiu esse começo de indústria e foi de consequências profundas tanto para Portugal como para sua colônia. Houvessem chegado ao Brasil imigrantes com alguma experiência manufatureira, e o mais provável é que as iniciativas surgissem no momento adequado, desenvolvendo-se uma capacidade de organização e técnica que a colônia não chegou a conhecer. [...] A primeira condição para que o Brasil tivesse algum desenvolvimento manufatureiro, na segunda metade do século XVIII, teria de ser o próprio desenvolvimento manufatureiro de Portugal.[59]

---

[59] Celso Furtado. *Op. cit.*, pp. 79-80. Ressalta Furtado que o tratado "foi celebrado ao término de um período de grandes dificuldades econômicas para Portugal, coetâneas da decadência das exportações açucareiras do Brasil. Ao prolongar-se essa decadência e ao reduzir-se tão persistentemente a capacidade para importar, começou a prevalecer em Portugal o ponto de vista de que era necessário produzir internamente aquilo que o açúcar permitira antes importar em abundância. Tem início assim um período de fomento direto e indireto da instalação de manufaturas. Durante dois decênios, a partir de 1684, o país conseguiu praticamente abolir as importações de tecidos. Essa política estava perfeitamente dentro do espírito da época, pois seis anos antes a Inglaterra proibira todo comércio com a França para evitar a entrada de manufaturas francesas. Contudo, é provável que fosse grande a reação dentro de Portugal, particularmente dos poderosos produtores e exportadores de vinhos, grupo dominante no país. Os ingleses trataram de aliar-se a esse grupo para derrogar a política protecionista portuguesa. Com efeito, o acordo de 1703 concede aos

A exploração mineradora desencadeou o processo de efetiva ocupação territorial com a criação de diversos núcleos de povoamento, a maior parte se mantendo mesmo após a decadência da mineração:

> colonização costeira, que fora a grande aventura dos dois séculos anteriores [XVI e XVII], espraiou-se no século XVIII para o sul, para o centro, para o oeste e para o norte. São Paulo, que fora a grande fronteira até o século precedente, encontra-se agora no coração da colônia. Sacramento ao sul, Mato Grosso a oeste, Manaus a noroeste e Belém ao norte balizavam então o Império português na América.[60]

* * *

Desde o momento que a escravidão negra se transformou na relação de produção dominante na colônia foram se constituindo os primeiros quilombos, formações de negros fugitivos que buscavam as matas onde se refugiavam e construíam – em alguns deles – formas permanentes de ocupação e organização. O mais célebre foi o de Palmares, na serra da Barriga, em Alagoas. As primeiras notícias dão conta que desde o início do século XVII o quilombo já existia com número ainda reduzido de negros. Mesmo assim, estão registradas as primeiras expedições para destruí-lo. Durante o domínio holandês, em que se fragilizou as formas de controle do trabalho escravo, o quilombo foi ampliando em extensão e população.

Em Palmares, inicialmente, era a floresta o principal meio de defesa. Com o tempo foram estabelecidas fortificações e uma organização entre os nove mocambos, cidadelas que reuniam cen-

---

vinhos portugueses, no mercado inglês, uma redução de um terço do imposto pago pelos vinhos franceses. Em contrapartida, Portugal retirava o embargo às importações de tecidos ingleses" (pp. 80-81).
[60] Virgílio Noya Pinto. *O ouro brasileiro e o comércio anglo-português*. São Paulo; Brasília: Nacional; INL, 1979, p. 325.

tenas de habitantes. A capital quilombola era formada por 1.500 casas. Os negros lançavam mão, quando atacados, de táticas de guerrilha e de guerra de posição. Construíram, nos estertores do quilombo, uma cerca defensiva de mais de 5 mil metros, entremeada com a vegetação e com postos de controle.

Estima-se que, por volta de 1675, contava com uma população de 20 a 30 mil pessoas. Para manter esse número foi necessário edificar um sistema produtivo que combinava caça, pesca, coleta de frutos e agricultura – neste último caso, favorecida pela fertilidade das terras. Plantavam milho, feijão, mandioca, cana-de-açúcar, amendoim, entre outros. Parte da produção era intercambiada com comunidades coloniais próximas ao quilombo – sua longevidade, além da população, explicam essa necessidade. Esse intercâmbio era necessário aos quilombolas para adquirir armas e utensílios.

Internamente, a organização do quilombo tinha como referência a África. A documentação é exígua, porém é possível afirmar que o comandante do quilombo era Ganga-Zumba, considerado rei – pelos documentos coloniais – e que tinha três esposas. A vida religiosa, supõe-se, era marcada pelo sincretismo entre o cristianismo e as religiões africanas.

Foram realizadas ao menos dezessete expedições contra Palmares. O atrativo de terras e privilégios oferecidos pela Coroa portuguesa estimulavam os ataques. Contudo, a resistência dos negros e a realocação dos mocambo, permitiram, mesmo quando perderam muitos homens – mortos ou capturados e reconduzidos à escravidão –, a permanência do quilombo. Em 1678 houve, fato único na história da escravidão no Brasil, uma proposta de acordo de paz entre autoridades coloniais de Pernambuco e rebeldes negros. Ganga-Zumba foi favorável, pois as últimas expedições contra o quilombo tinham enfraquecido suas defesas. Uma delegação dos quilombolas chegou a ser recebida em Recife para estabelecer um tratado de paz, que encontrou resistência por parte do sobrinho do rei, Zumbi.

Apenas em 1694, quinze anos depois, que os quilombolas acabaram derrotados, após um cerco de quarenta e dois dias, por uma força liderada pelo bandeirante Domingos Jorge Velho – que chamava Palmares de "covil de negros fugidos" – com 6 mil homens. Mesmo assim, restou um último foco de resistência liderado por Zumbi, que morreu em 20 de novembro de 1695.

A destruição de Palmares foi comemorada em Pernambuco efusivamente com missas e procissões. Em Salvador, sede do governo geral, a Câmara "mandou apregoar a boa-nova e ordenou que 'se fizessem luminárias e se dessem graças a Deus pelo feliz sucesso das nossas armas vencedoras contra os negros dos Palmares', com os oficiais 'que de presente servem com o senhor governador e a nobreza da cidade indo 'incorporados' até a Sé para agradecer 'tão particular mercê e benefício'".[61]

O quilombo foi "um acontecimento singular na vida nacional, seja qual for o ângulo por que o encaremos. Como forma de luta contra a escravidão, como estabelecimento humano, como organização social, como reafirmação dos valores das culturas africanas, sob todos estes aspectos o quilombo revela-se como fato novo, único, peculiar".[62]

---

[61] Sílvia Hunold Lara. "Do singular ao plural – Palmares, capitães do mato e o governo dos escravos." *In*: João José Reis e Flávio dos Santos Gomes (org.). *Liberdade por um fio: história dos quilombos no Brasil*. São Paulo: Companhia das Letras, 1996, pp. 98-99.

[62] Edison Carneiro. *O quilombo dos Palmares*. São Paulo: Nacional, 1988, p. 24.

CAPÍTULO 7

Uma colônia insurgente

O atraso português acabou conduzindo ao que ficou conhecido como as reformas pombalinas. A ascensão de Dom José I ao trono, em 1750, trouxe para o governo Sebastião José de Carvalho e Melo (o futuro marquês de Pombal). Durante vinte e sete anos, até 1777, efetuou inúmeras reformas e ações para fortalecer a autoridade real em Portugal, eliminando privilégios do clero e da nobreza; e nas colônias, em especial no Brasil, aumentou a opressão metropolitana. Criou duas companhias monopolistas para incentivar o comércio: a do Grão-Pará e Maranhão e a de Pernambuco e Paraíba. Sempre com o objetivo de racionalizar a exploração colonial, o que nem sempre agradou os brasileiros. Liderou a reconstrução de Lisboa após o terremoto de 1755. Aumentou os impostos, tentou controlar a exploração aurífera e de diamantes (em Diamantina e Minas Gerais), transformou o Rio de Janeiro em capital colonial exclusiva, em 1763, pois, onze anos depois, extinguiu o Estado do Grão-Pará e Maranhão. Permitiu (e incentivou) casamentos mistos entre índios e brancos com o intuito de, especialmente na Amazônia, incentivar a ocupação territorial. Em 1759 expulsou a Companhia de Jesus de Portugal e de suas colônias identificando nos jesuítas adversários ao processo de reforço da autoridade real e de modernização estatal. Com a morte de Dom José I, em 1777, ocorre a "viradeira", quando Dona

Maria I assume o trono, demite Pombal e dá uma guinada, relativa, na política reformista. De fato, muito da política pombalina teve continuidade no novo reinado.

No final do século XVIII, em plena crise do sistema colonial e de profundas mudanças econômicas e políticas na Europa, como a Revolução Industrial inglesa e a Revolução Francesa, e na América, a independência dos Estados Unidos, são registrados dois movimentos de confrontação ao domínio português no Brasil.[63] São tentativas de rebelião, abortadas antes da eclosão. Uma em Minas Gerais e outra na Bahia. A primeira ficou conhecida como Inconfidência Mineira, em 1789. Tinha por fundamento razões econômicas – a dificuldade em pagar os impostos atrasados à Coroa. A rebelião foi arquitetada pela elite provincial. Assim, as propostas dos inconfidentes foram marcadas pela omissão das questões sociais mais profundas, como a abolição da escravidão. Poucos lutavam pelo fim do cativeiro, a maioria defendia vagamente a libertação somente dos escravos nascidos no Brasil. De resto, suas reivindicações restringiam-se à criação de uma casa da moeda; uma universidade; a transferência da capital para São João del-Rei; a adoção de um regime republicano e o perdão dos devedores da Fazenda Real. O pagamento forçado dos impostos – a derrama – seria a senha para o início do movimento. O governador seria preso e executado. Um dos líderes era o alferes Joaquim José da Silva Xavier, o Tiradentes:

> Nascera em São João d'El Rei onde seu pai fora conselheiro municipal. Tinha seis irmãos [...]. Silva Xavier perdera suas propriedades por dívidas e depois tentara, sem êxito, exercer o

---

[63] Nos séculos XVII e XVIII ocorreram tentativas de sedição em oposição a alguma medida da metrópole, como a revolta de Manuel Beckman (1684), no Maranhão, a de Filipe dos Santos (1720), em Minas Gerais, ou a Guerra dos Mascates (1710), em Pernambuco. Contudo, não só tiveram pouca expressão, como não podem ser consideradas "rebeliões nativistas", isto porque a construção da nacionalidade é um processo iniciado no século XIX, após o processo independentista.

comércio varejista. Ingressara nos Dragões em 1775, com o posto de alferes – a posição inicial do oficialato. [...] não progredira em posto nem remuneração até 1788.[64]

A derrama foi suspensa. E os conspiradores foram presos, inclusive Tiradentes. Dias depois Cláudio Manoel da Costa – "advogado ilustre, ex-secretário de governadores de Minas, tão conhecido no Brasil quanto em Portugal. [...] Era o mais ilustre e famoso dos prisioneiros, profundamente versado nos assuntos da capitania e um de seus homens mais ricos e importantes"[65] – foi encontrado morto em sua cela. Teria se enforcado. Além de prisão dos conspiradores e a transferência para o Rio de Janeiro, tropas portuguesas foram enviadas para Vila Rica e região.

O processo ("devassa") se estendeu por meses. A sentença foi lida a 18 de abril de 1792, no Rio de Janeiro. Sete foram condenados ao degredo perpétuo. Quatorze condenados à forca, mas apenas um não teve a pena comutada: Tiradentes. Três dias depois foi enforcado. Por que só ele?

> Era muito conhecido em Minas e no Rio [...]. Branco, ambicioso, sem propriedades [...]. Era particularmente amargurado pelo fato de ter perdido status – pois seu pai fora um homem de posição e de propriedades. [...] Além do mais, ele se apresentara para o martírio ao proclamar a sua responsabilidade exclusiva pela Inconfidência. Era óbvia a sedução que o enforcamento do alferes representava para o governo português: pouca gente levaria a sério um movimento chefiado por um simples Tiradentes (e as autoridades lusas, depois de outubro de 1790, invariavelmente se referiam ao alferes por seu apelido de Tiradentes).[66]

O outro movimento foi a Inconfidência Baiana de 1798, que propunha uma revolução social fortemente influenciada

---

[64] Kenneth Maxwell. *A devassa da devassa:* a Inconfidência Mineira: Brasil e Portugal, 1750-1808. Rio de Janeiro: Paz e Terra, 1977, p. 144.
[65] *Ibidem*, pp. 182-183.
[66] *Ibidem*, p. 216.

pela Revolução Francesa de 1789 ("os abomináveis princípios franceses", de acordo com as autoridades metropolitanas) e com ecos da rebelião antiescravista no Haiti liderada por Toussaint Louverture. A capitania da Bahia passava por um momento de dificuldade econômica e havia insatisfação em relação ao pagamento dos impostos determinados pela metrópole. Salvador rivalizava com o Rio de Janeiro como a segunda cidade em população do Império português com cerca de 60 mil habitantes. No interior ocorreram levantes em Rio de Contas e Jacobina onde eram explorados metais preciosos. Seus líderes, mulatos e brancos pobres, deixaram claro o caráter de classe do movimento, explícito no manifesto ao povo baiano: "Animai-vos, povo baianense, que está para chegar o tempo feliz da nossa liberdade: o tempo em que seremos irmãos, o tempo em que seremos iguais".[67]

Os conspiradores lutavam por igualdade social, democracia, república e pelo fim das diferenças sociais. João de Deus, uma das lideranças do movimento, escreveu que

> se fizessem franceses para viverem em igualdade e abundância, [...] destruir ao mesmo tempo todas as pessoas públicas, atacar os mosteiros, franquear as portas aos que quisessem sair [...] reduzindo tudo a uma inteira revolução que todos ficariam ricos, tirados da miséria em que se achavam, extinta a diferença da cor branca, preta e parda, porque uns e outros seriam sem diferenças chamados e admitidos a todos os ministérios e cargos.[68]

Em agosto do mesmo ano, após a divulgação de manifestos pela cidade de Salvador, foram presas 47 pessoas, a maioria mulatos e nove escravos. No ano seguinte foram condenados à forca quatro líderes, todos mulatos. Outros foram condenados a viver fora do território português: acabaram abandonados na costa

---

[67] Affonso Ruy. *A primeira revolução social brasileira*. Rio de Janeiro: Laemmert, 1970, p. 67.
[68] Citado por Kenneth Maxwell. *Op. cit.*, p. 245. Ortografia atualizada nesta edição.

africana. E alguns cumpriram penas consideradas leves em Salvador. Em resumo, o "movimento sedicioso baiano de 1798 configurou no plano da luta política, a forma extremada de rejeição do arbítrio colonial nos quadros do Antigo Regime".[69]

---

[69] István Jancsó. *Na Bahia, contra o Império:* história do ensaio de sedição de 1798. São Paulo: Hucitec, 1996, p. 201.

PARTE II

Império

CAPÍTULO 8

De colônia a sede do Império

A transferência da família real portuguesa para a América portuguesa está diretamente vinculada à expansão napoleônica. Guerras agitavam a Europa desde a última década do século XVIII, após a deflagração da Revolução Francesa (1789). Napoleão Bonaparte, que chefiava o governo desde 1799, vinha expandindo os domínios franceses, transformando o país em um império.[70] Tinha como principal adversário a Grã-Bretanha. Em 1806, decretou o Bloqueio Continental, proibindo que qualquer país aliado ou ocupado pelas forças francesas estabelecesse relações comerciais com os ingleses.

Vale destacar que a Europa continental, em 1807, estava sob forte influência napoleônica:

> O rei da Espanha mendigando em solo francês a proteção de Napoleão; o rei da Prússia foragido da sua capital ocupada pelos soldados franceses; o Stathouder, quase rei da Holanda, refugiado em Londres; o rei das Duas Sicílias exilado da sua linda Nápoles [...]; o czar celebrando entrevistas e jurando amizade para se segurar em Petersburgo; a Escandinávia prestes a implorar um herdeiro dentre os marechais de Bonaparte; o imperador

---

[70] Em 1804, Napoleão Bonaparte foi coroado imperador de França. Teve início o Primeiro Império (1804-1815).

do Sacro Império e o próprio pontífice romano obrigados de quando em vez a desamparar seus tronos que se diziam eternos e intangíveis.[71]

Até esse momento, Portugal manteve-se neutro, o que favorecia as exportações, pois os conflitos desorganizaram o comércio internacional. A poderosa Espanha sucumbira a Napoleão, inclusive com a renúncia ao trono de Carlos IV e do sucessor Fernando VII. Portugal estava numa encruzilhada histórica:

> Rendendo-se às exigências do imperador, Portugal poderia ser salvo, mas ao preço de perder as colônias, pois a frota britânica poderia facilmente cortar as ligações que uniam as possessões portuguesas à metrópole. Por outro lado, cedendo às exigências inglesas, só as colônias poderiam ser salvas, pois não havia esperança de resistência aos exércitos de Napoleão.[72]

Entretanto, sem uma alternativa, o governo português permaneceu fiel à velha aliança que mantinha com a Inglaterra desde o século XVII, o que levou a França a invadir o reino luso em novembro de 1807. Apesar de forçada, a partida da família real, no final do mesmo mês, não foi imprevista. Dom João pensava nessa possibilidade desde 1803 – e já tinha sido aventada em momentos mais longínquos, como em 1580, pouco antes da unificação das coroas ibéricas. A demora em tomar uma decisão foi uma consequência das tentativas de manter a neutralidade lusa. Graças a ela, entre 1796 e 1807, os comerciantes e os donos de manufaturas do reino enriqueceram com a exportação de produtos coloniais (algodão, açúcar, tabaco e couro).

Em 29 de novembro de 1807, partiram de Lisboa, em 36 navios, cerca de 15 mil pessoas, entre nobres, soldados e funcionários

---

[71] Manuel de Oliveira Lima. *D. João VI no Brasil*. Rio de Janeiro: Topbooks, 2006, p. 49.
[72] Allan K. Manchester. *Preeminência inglesa no Brasil*. São Paulo: Brasiliense, 1973, p. 69.

da Coroa, levando tudo o que fosse possível transportar: móveis, joias, livros, documentos públicos, roupas, metade do dinheiro em circulação no reino e todo o tesouro real. Entre os passageiros estava a família real completa, com o príncipe Dom João à frente. Ele havia sido aclamado regente em 1792, pois sua mãe, Dona Maria I, enlouquecera. Depois de quase dois meses de viagem, com várias tempestades no percurso, chegou a Salvador. Pela primeira vez na história, um soberano europeu pisava no continente americano.

E já no dia 28 de janeiro de 1808, o príncipe regente assinava um decreto permitindo o comércio da colônia com países em paz com Portugal. O Brasil ganhava liberdade para comprar e vender produtos diretamente de qualquer nação, embora, naquele momento, isso fosse possível apenas com a Inglaterra. Agora sede de uma corte real, instalada no Rio de Janeiro, o Brasil já não tinha mais o status de colônia. Esse acontecimento

> seria o precursor imediato da independência do Brasil. [...] Deixando o reino europeu ocupado pelos franceses, e fixando-se na colônia, o soberano rompia efetivamente todos os laços que ligavam o Brasil à sua metrópole. [...] Destruía-se assim, de um golpe, a base essencial em que se assentava o domínio colonial português. Medida de tamanho alcance, tomada assim de afogadilho, explica-se pelas circunstâncias do momento, pois o comércio português ultramarino achava-se virtualmente interrompido pela ocupação inimiga do território metropolitano. [...] Manter-se-á em vigor mesmo depois que os exércitos napoleônicos são definitivamente expulsos do território português (1809); mas isto é porque já não era mais possível voltar atrás.[73]

A chegada de Dom João ao Rio de Janeiro, no dia 7 de março do mesmo ano, foi um grande acontecimento. Porém, criou também vários problemas devido à insuficiência de casas e palácios para abrigar a comitiva. Vários edifícios da cidade foram

---

[73] Caio Prado Júnior. *Op. cit.*, p. 127.

desocupados, entre eles, a casa da moeda, a cadeia e o convento do Carmo: e ainda dezenas de casas particulares foram requisitadas pelo governo.

O Rio de Janeiro viu-se tomado por inúmeras construções e novos hábitos sociais: as mulheres já não ficavam reclusas e passaram a frequentar as festas, o teatro, faziam passeios e iam às missas. A cidade foi invadida por mercadorias importadas, assim como por viajantes e comerciantes de várias nacionalidades. Da noite para o dia tornou-se centro da administração colonial. Ganhou uma biblioteca com mais de 14 mil volumes e 6 mil manuscritos trazidos de Portugal, um jardim botânico, a imprensa régia, o Banco do Brasil e uma escola médica. Em dez anos passou de 50 mil para 110 mil habitantes. No olhar de Robert Southey, no século XIX, achava-se a grande massa do povo no mesmo estado como se nunca se houvesse inventado a imprensa. Havia muitos comerciantes abastados que não sabiam ler, e difícil era achar jovens habilitados para caixeiros e guarda-livros. [...] Os que tinham aprendido a ler poucas ocasiões encontravam de satisfazer o desejo de alargar seus conhecimentos (se acaso o possuíam) tão raros eram os livros. Desde a expulsão dos jesuítas, [...] as livrarias deixadas por aqueles padres tinham quase inteiramente desaparecido, num país onde, não sendo conservados com cuidado, depressa são os livros destruídos pelos insetos.

Houve reações de comerciantes do Rio de Janeiro e de Lisboa contra o decreto de Dom João. Os protestos levaram o príncipe, em junho de 1808, a limitar a entrada de navios estrangeiros nos portos de Belém, São Luís, Recife, Salvador e Rio de Janeiro. O comércio de cabotagem foi reservado aos navios lusos. Nenhuma dessas medidas, no entanto, prejudicava os negócios ingleses. O único privilégio obtido pelos comerciantes portugueses foi a redução do imposto sobre produtos importados por embarcações do reino, que caiu de 24% para 16%. Ainda assim essa vantagem durou pouco tempo.

Em 1810, Grã-Bretanha e Portugal assinavam o Tratado de Navegação e Comércio, que baixou para 15% o imposto sobre mercadorias inglesas.[74] Pouco depois, comerciantes portugueses conseguiram a mesma tarifa. Mas Portugal não tinha condições de concorrer com o preço e a variedade dos produtos britânicos. Além disso, o tratado concedia uma série de privilégios aos súditos ingleses – como a liberdade de culto (a maioria era protestante) e o direito de serem julgados por juízes britânicos instalados na colônia (a extraterritorialidade). O Brasil era o principal pilar da economia metropolitana. A exportação portuguesa "era quase toda (excetuando o Vinho do Porto) canalizada para os portos brasileiros; a nossa importação vinha quase toda do Brasil, as matérias-primas tropicais faziam escala em Lisboa e daqui eram reexportadas para o exterior".[75]

Num outro acordo, o Tratado de Aliança e Amizade, assinado juntamente com o anterior, o governo português prometia, de forma vaga, acabar com o tráfico de escravos para a América:

> Convencido da "injustiça e inutilidade" do tráfico e principalmente das desvantagens decorrentes de "introduzir e renovar continuamente uma população estranha e artificial" no Brasil, o príncipe regente concordava em cooperar com a Grã-Bretanha, "adotando medidas mais eficazes para propiciar a abolição gradual do tráfico de escravos em todos os seus domínios" [...]. Os súditos portugueses, porém, conservavam o direito de traficar com escravos dentro dos domínios africanos da Coroa de Portugal.[76]

---

[74] "A região platina abre-se ao comércio inglês em 1809, o Chile, em 1818, Lima, em 1821, mesmo ano da independência final do México. [...] O comércio inglês irá firmar-se em Montevidéu, Buenos Aires e Valparaíso, de onde reexpede mercadorias para todo o litoral do Pacífico." (Rubens Ricupero. *Op. cit.*, p. 97).

[75] José Hermano Saraiva. *Op. cit.*, p. 269.

[76] Leslie Bethell. *A abolição do tráfico de escravos no Brasil*. Rio de Janeiro: Expressão e Cultura, 1976, pp. 22-23.

Na verdade, a partir de então e cada vez mais, a Grã-Bretanha combateria o tráfico internacional de escravos. Diversos políticos do país vinham exigindo essa atitude do governo britânico por considerarem a escravidão desumana. Mas havia também forte motivo econômico. A Inglaterra abolira o tráfico para as Antilhas, possessões britânicas que viviam da produção de açúcar. O fim do tráfico encareceria o produto, pois os fazendeiros teriam de contratar trabalhadores assalariados. Já o açúcar poderia ser vendido mais barato na Europa, pois os senhores de engenho empregavam apenas escravos. Plantadores, exportadores e donos de navios da Grã-Bretanha – todos muito influentes no governo – teriam enormes prejuízos com a concorrência da América portuguesa. Por isso também passaram a exigir que a Coroa britânica levasse Portugal a extinguir o tráfico de escravos, para que a produção portuguesa de açúcar se desse nas mesmas condições da antilhana.

Dom João não tinha outra escolha além de assinar o tratado, apesar de extremamente favorável à Grã-Bretanha. Em agosto de 1808, uma tropa inglesa de 10 mil homens expulsou os franceses de Portugal e defendeu o reino contra outras duas invasões napoleônicas, em 1809 e 1810. Enquanto isso, a marinha britânica protegia as possessões lusas. Essa dependência da Inglaterra levaria Dom João a assinar novo acordo, em 1815, quando Napoleão já havia sido derrotado pelas potências europeias, após os "cem dias". Por esse acordo ficou proibido o tráfico negreiro da costa da Mina para a América portuguesa. O governo britânico obteve também o direito de inspecionar navios suspeitos de transportar escravos. Entretanto, a importação de cativos africanos cresceria nos anos seguintes, com o aumento da produção de café, além da de algodão. A partir de então cresceria também a oposição entre os plantadores escravistas e o governo britânico.

O único país que poderia ter condição de desafiar a Inglaterra em termos de influência na América Latina nessa época eram os

Estados Unidos. Livre dos envolvimentos ou compromissos com a Europa, ligada pela proximidade e pelos nascentes sentimentos de pan-americanismo e tendo como instrumento informal de política uma frota mercante empreendedora, a jovem federação tinha, aparentemente, em 1808, boas condições de tirar proveito do enfraquecimento dos laços imperiais. Mas a verdade é que, no início do século XIX, os Estados Unidos continuaram, em grande parte, a integrar o sistema político-econômico atlântico e foram afetados profundamente pelas guerras napoleônicas. [...] Os Estados Unidos tiveram de subordinar as possíveis vantagens de uma política ativa na América Latina à necessidade de evitar qualquer hostilidade com a Espanha, com quem tinham pendentes uma série de questões de fronteira, ou de provocar a Inglaterra que continuava sendo a sua principal parceira comercial. Finalmente, a guerra anglo-americana de 1812-1815 afastou as energias dos Estados Unidos do sul do continente.[77]

Quanto às relações externas, o período em que Dom João permaneceu na América (1808-1821) foi marcado pela invasão da Guiana Francesa em 1809, com apoio inglês, em retaliação à ocupação de Portugal pelas tropas napoleônicas. A delimitação da fronteira na região Norte desde o século XVII esbarrou no interesse francês em expandir seu império colonial na América do Sul. A França se interessava em ocupar uma região desprovida de recursos para usá-la como base para o ataque ao Norte do Brasil, particularmente Belém do Pará, de onde se exportavam as drogas do sertão e era possível controlar a foz do rio Amazonas, porta de entrada da região amazônica. Para Portugal, Caiena era uma área estratégica, pois impedia que os franceses atravessassem o rio

---

[77] D. A. G. Waddell. "A política internacional e a independência da América Latina". *In*: Leslie Bethell (org.). *História da América Latina: da Independência a 1870*, v. III. São Paulo: Edusp, 2001, p. 239. Na década seguinte, em 1823, o presidente James Monroe expôs a doutrina, que acabou levando o seu nome. O lema era "a América para os americanos". Naquela conjuntura, foi mais uma demonstração de intenção do que uma possibilidade de ação prática contra ações militares europeias no continente americano.

Oiapoque, considerado pelos portugueses o limite fronteiriço, e ameaçassem a Amazônia.

Portugal construiu em Macapá a maior praça-forte de toda a colônia com mais de cem canhões. Com a Revolução Francesa e o afrouxamento do controle colonial na região, ocorreram levantes escravos – como no Haiti, colônia francesa do mar do Caribe –, o que acabou por levar a Coroa portuguesa a pensar em ocupar também a Guiana para evitar a expansão das rebeliões escravas, além de afastar a presença francesa da vizinhança da Amazônia.

No final de 1808 foi organizada uma expedição militar, que tomou facilmente Caiena. Em 1814, com a derrota de Napoleão Bonaparte na batalha de Leipzig, o primeiro exílio do imperador e o retorno da dinastia Bourbon ao governo, a França exigiu a devolução do território, o que só aconteceu em 1817. A Inglaterra não tinha interesse em uma nova guerra entre os dois países, após vinte anos de sucessivos conflitos na Europa.

Em 1811 e de 1816 a 1821, as forças da Coroa lusitana atacaram a Banda Oriental (atual Uruguai), que pertencia à Espanha, até incorporá-la aos seus domínios. Portugal sempre desejou expandir a fronteira do sul. Desde o século XVII, metrópoles ibéricas disputavam o controle da foz do rio da Prata. Quando a família real chegou à América, logo se interessou em ocupar a região, aproveitando-se da presença francesa na Espanha. Sob o artifício de proteger os interesses espanhóis, Dom João enviou uma mensagem a Buenos Aires sugerindo sua adesão ao reino português e ameaçando uma conquista militar. A proposta foi prontamente recusada.

A situação ficou mais acirrada pelo desejo da esposa de Dom João, Dona Carlota Joaquina, filha do rei Carlos IV e irmã do sucessor do trono, Fernando VII, de se tornar a legítima representante do poder espanhol na América, fato que acabou por influenciar a política do Prata e aumentar o sentimento antiportuguês na região. Ressalte-se que, naquele momento, tinha sido destronado Carlos IV e Napoleão impôs seu irmão, José Bonaparte, como rei dos espanhóis.

Em 1810, começou em Buenos Aires o movimento independentista. Ao mesmo tempo, na Banda Oriental teve início uma guerra civil contra o governador espanhol recém-nomeado, já que os franceses haviam sido expulsos da Espanha. Liderados por José Artigas, os orientais marcharam em direção a Montevidéu. Dom João, sob o pretexto de proteger o representante da Coroa espanhola, ordenou a invasão, que foi contida por um acordo entre as facções rivais, impedindo a ocupação de Montevidéu.

Em 1817, foi reiniciada a guerra civil. Portugal voltou a intervir na Banda Oriental. Uma expedição tomou Montevidéu apesar dos protestos da Espanha, que, naquele momento, enfrentava rebeliões contra o seu domínio, em várias regiões da América, do México ao Chile. Artigas, sem forças suficientes para enfrentar o exército português, optou por se exilar no Paraguai – que tinha iniciado seu processo independentista em 1811 sob a liderança de Jose Gaspar Rodriguez de Francia. Portugal permaneceu na Banda Oriental, que, em 1821, foi denominada Província Cisplatina.

A instalação da corte no Rio de Janeiro fez a população da cidade passar de aproximadamente 50 mil habitantes, em 1808, para cerca de 100 mil, em 1821. Além de mais importante porto e de maior cidade – suplantando Salvador –, a capital transformou-se também no principal mercado da América portuguesa – o que ampliou a demanda de mercadorias produzidas sobretudo em Minas Gerais, São Paulo, Mato Grosso e Goiás. Centro de escravidão,

> parecia por esse lado o Rio de Janeiro uma cidade africana, com negros a fervilharem em todos os cantos – negros de ganho, carregando toda espécie de fardos, desde os mais leves até os mais pesados; negros do serviço doméstico, as negras de carapinha comprida e alta formando cilindros, denotando escravas de estimação, ao lado das outras de carapinha curta; negros nas fileiras dos regimentos; negros remando nas catraias, puxando

carroças de mão, transportando cadeirinhas metidos nos varais, de grilheta aos pés cumprindo sentenças e executando serviços da edilidade; negros barbeiros ambulantes, operando ao ar livre [...], negros dentistas, de condição livre, ao passo que os barbeiros entregavam ou repartiam os lucros com o senhor.[78]

Sede de uma monarquia, o Brasil foi elevado, em 1815, à condição de reino unido a Portugal. As capitanias passaram a ser denominadas províncias. Em 1816, com a morte de Dona Maria I, o príncipe regente foi coroado e aclamado dois anos depois como rei Dom João VI, fato único na história monárquica portuguesa.

Ainda em 1808, no Rio de Janeiro, surgiu o primeiro jornal publicado na colônia. A vida cultural da corte agitou-se com a abertura de teatros, bibliotecas, associações literárias e científicas. Além de portugueses, a cidade recebeu numerosos imigrantes espanhóis, franceses e ingleses, muitos dos quais eram artesãos e profissionais especializados. Em 1816, com a vinda da Missão Artística Francesa, chegaram ao Rio de Janeiro os pintores Nicolas Antoine Taunay e Jean-Baptiste Debret e o arquiteto Grandjean de Montigny, que elaborou importantes projetos para a cidade.

Do ponto de vista político e administrativo, entretanto, a transferência da corte para o Rio de Janeiro não trouxe grandes benefícios para o restante da América portuguesa. Dom João VI havia transferido tropas de Portugal para proteger as principais cidades do Brasil, nomeando nobres portugueses para os melhores postos. Para cobrir as despesas da corte e os gastos militares, o soberano aumentou impostos.

No Nordeste, particularmente, essas medidas não foram bem recebidas. Em março de 1817, estourou uma revolta em Pernambuco – que logo se espalhou por Alagoas, Ceará, Paraíba e Rio Grande do Norte. A rebelião foi deflagrada quando decaía o preço do açúcar e do algodão no mercado internacional, combinado com

---

[78] Manuel de Oliveira Lima. *O movimento da Independência (1821-1822)*. São Paulo: Melhoramentos, 1972, pp. 37-38.

um período de secas e elevação do preço do escravo, provocando grandes perdas para os senhores de terra e de escravos.

Além disso, Dom João VI mantinha privilégios como o monopólio comercial do algodão. Fazendeiros e comerciantes pretendiam implantar a liberdade de comércio e abolir os privilégios mercantis. Liderada pelos homens mais ricos, a Revolução de 1817, como ficou conhecida, contou também com a participação de vários padres, que se sentiam prejudicados pelo controle do rei português sobre a Igreja – o direito do padroado. Para os líderes do movimento, o apoio do clero era importante também para conseguir a adesão da camada pobre da população, que compunha a maioria.

Todavia, os líderes revolucionários não admitiram a abolição da escravatura. Pelo contrário, quando ocuparam o governo local, divulgaram um manifesto declarando que a escravidão seria mantida.

> Na rebelião de 1817 nenhuma alteração essencial foi notada no nível das relações de produção: pelo contrário, a independentização relativa dos setores ligados à grande propriedade pressupunha como requisito básico a manutenção da ordem escravocrata. [...] A revolução possível pressupunha a permanência da escravidão. E nem poderiam as coisas se passar diferentemente, uma vez que os setores ligados à grande lavoura e ao comércio eram os únicos que dispunham de recursos mínimos para elaborar diagnóstico da situação e criar uma concepção de mundo minimamente integrada para opor às estruturas do sistema colonial absolutista. O mundo do trabalho, por seu lado, pulverizado entre as grandes propriedades e sem nenhum tipo de organização suprarregional, mal poderia reagir aos estímulos externos, dentre os quais se destacava o exemplo de São Domingos.[79]

---

[79] Carlos Guilherme Mota. *Nordeste 1817: estruturas e argumentos*. São Paulo: Perspectiva, 1972, p. 286.

Os proprietários temiam que negros e mestiços – tal qual os da Bahia, em 1798 – se rebelassem contra a minoria branca, interessada apenas na liberdade de comércio, na redução de impostos e no fim de privilégios e monopólios. Mas foi justamente esse medo do povo o principal responsável pela fraqueza do movimento, que não conseguiu mobilizar forças contra as tropas do governo. Mal organizados e com frágil apoio popular, os revolucionários foram derrotados já em maio de 1817. Seus líderes foram presos, sendo doze deles executados: em Pernambuco, Paraíba e Bahia. Encerrava-se assim a maior e mais importante revolta anticolonial da América portuguesa. Deve ser, enfim, destacado que

> não se pode reivindicar para o movimento uma inspiração de unidade brasileira de que ele manifestamente careceu. Por outro lado, é inegável que Dezessete não pode ser acoimado de separatista, pois o separatismo pressupõe a constituição prévia de uma nação brasileira, e esta não existia àquela altura, a monarquia portuguesa sendo a forma vigente do Estado, de que o Rio era a capital.[80]

Mas não terminava assim a oposição entre Coroa e proprietários rurais. Em Portugal, com uma revolução ocorrida em agosto de 1820, as diversas frações da classe dominante exigiam o retorno de Dom João VI, que para lá partiu em 1821. Reivindicavam principalmente a recuperação dos monopólios do reino, além de outras medidas que fizessem o Brasil regressar à condição de simples colônia. Ou seja, um retorno ao status pré-1808. Mas as condições históricas eram outras, radicalmente distintas daquelas quando da chegada do então príncipe regente à América, tanto no Brasil, como na América Latina e, inclusive, na Europa.

---

[80] Evaldo Cabral de Mello. *A outra Independência: o federalismo pernambucano de 1817 a 1824*. São Paulo: Editora 34, 2004, p. 44.

CAPÍTULO 9

A independência

A chegada da família real ao Brasil, em janeiro de 1808, trouxe profundas mudanças ao país. A abertura dos portos, decretada por Dom João VI nesse mesmo ano, pôs fim ao monopólio comercial português e liberou o Brasil para o comércio com as nações amigas, em particular a Inglaterra. A elevação do Brasil a categoria de reino unido a Portugal, em 1815, na prática representou o fim da condição de colônia e mais um passo rumo a uma futura independência.

Se as medidas liberais adotadas pelo governo joanino contentaram setores da classe dominante brasileira, interessados em eliminar as restrições coloniais para comerciar diretamente com o exterior, para a economia portuguesa, porém, abalada pela ocupação francesa, "à fome generalizada, à carência de gêneros alimentícios, à desorganização da produção de vinho e azeite somava-se a paralisação dos portos, de início fechados por Junot [general francês que comandou a invasão de Portugal em 1807] e depois desvitalizados e sem movimento por causa do tratado de 1810".[81] Além das três invasões francesas em Portugal (1807, 1808 e 1810), a

---

[81] Maria Odila Silva Dias. "A interiorização da Metrópole (1808-1853)" *In*: Carlos Guilherme Mota (org.). *1822: dimensões*. São Paulo: Perspectiva, 1986, p. 186.

perda do lucrativo comércio com o Brasil e a tutela britânica humilhavam os portugueses.

Enquanto em Portugal havia profunda insatisfação com a política de Dom João VI para parte considerável dos portugueses residentes no Brasil, o seu futuro não estava mais na Europa. Assim, passaram não só a construir casas de luxo no Rio de Janeiro, como também a comprar terras e a desenvolver novos negócios. Esse enraizamento dos interesses portugueses na antiga colônia não era novidade. Em 1811, o cônsul austríaco relatou a um ministro de Dom João suas preocupações com o abandono a que o governo estava relegando Portugal, pois isso poderia acabar em separação. Do rei recebeu como resposta que de bom grado renunciaria à Europa e tornar-se-ia americano.

A Revolução do Porto cumpriu papel decisivo na preparação da independência do Brasil. O movimento começou em 24 de agosto de 1820, na cidade do Porto, no norte de Portugal, com uma rebelião contra o governo, exigindo o retorno de Dom João VI a Portugal (o que ocorreu em abril do ano seguinte), e a promulgação de uma Constituição. Os acontecimentos foram recebidos com entusiasmo no Brasil:

> Os naturais viam na gente da corte uma presença incômoda e forasteira. Muitos comerciantes eram portugueses e viam na revolução a oportunidade de restabelecer os antigos privilégios do comércio português, sem os quais aguentavam mal a concorrência das firmas estrangeiras instaladas a partir de 1808 em grande número. Brasileiros e portugueses acharam-se assim reunidos no apoio à revolução liberal.[82]

Em março de 1821 foram convocadas eleições de deputados para compor as Cortes. Ficou estabelecido que seria eleito um deputado para cada grupo de 30 mil cidadãos. Como o Brasil possuía 2,3 milhões de habitantes, tinha direito a setenta deputados,

---

[82] José Hermano Saraiva. *Op. cit.*, p. 273.

contra 130 de Portugal. Apesar de os escravos representarem a maioria da população e contarem para efeito do quórum eleitoral, não eram considerados cidadãos e, portanto, não votavam. Assim, participava das eleições um número muito pequeno de eleitores, pois, além dos escravos, foram excluídos os brancos pobres – além das mulheres.[83]

Os representantes do Brasil nas Cortes encontraram um clima bastante hostil, radicalmente contrário à manutenção das medidas adotadas por Dom João durante sua permanência no Rio de Janeiro, principalmente no que se referia à autonomia política e administrativa.

> A contradição entre o interesse dos grupos metropolitanos e coloniais permanecia subjacente, mas não tardaria muito a se manifestar. Realizada em nome dos princípios liberais, insurgindo-se contra o absolutismo real, manifestando-se em favor da forma constitucional de governo, a revolução assumiria em Portugal um sentido antiliberal, na medida em que um dos seus principais objetivos era destruir as concessões liberais feitas por Dom João VI ao Brasil.[84]

Os deputados brasileiros insistiram na igualdade política e administrativa: "Desta exigência de paridade política decorreu a posição intransigente do Brasil perante Portugal, posição que suas deputações mais atuantes – São Paulo, Bahia e Pernambuco – persistentemente defenderam: a rejeição ao colonialismo".[85]

Em abril de 1821, as Cortes aprovaram uma lei que subordinava os governos provinciais a Lisboa, não mais ao Rio de Janeiro,

---

[83] É difícil estabelecer com relativa precisão a população do Brasil nesse período. Em 1818, estimava-se o número de escravos em 1.930.000 e de habitantes livres 1.887.900 dos quais 259.400 indígenas. Cf. Robert Conrad. *Op. cit.*, p. 344.
[84] Emília Viotti da Costa. *Da Monarquia à República: momentos decisivos.* São Paulo: Ciências Humanas, 1979, p. 38.
[85] Fernando Tomás. "Brasileiros nas Cortes Constituintes" In: Carlos Guilherme Mota. *1822: dimensões.* p. 81.

rompendo com a unidade territorial do Brasil. Vários dispositivos do tratado de 1810, assinado entre Portugal e a Inglaterra, foram revogados, prejudicando o comércio brasileiro. As Cortes aprovaram também o deslocamento de novos contingentes militares para o Rio de Janeiro e Pernambuco. Essas medidas demonstravam claramente a intenção das Cortes de recolonizar o Brasil, destruindo as iniciativas liberais adotadas pelo governo joanino e restaurando o monopólio comercial português. Ainda em abril, Dom João teve, a contragosto, de voltar a Portugal:

> Adivinhava que deixar o Brasil seria perdê-lo, se bem que em provável benefício da sua própria dinastia. Não ir, porém, a Portugal, era perder completamente o reino dos seus antepassados, permitindo à revolução constitucional que degenerasse em republicana, a não consentir numa reação absolutista, sanguinolenta como muitos a preconizavam.[86]

A intransigência das Cortes estava unindo os deputados da colônia, que tinham sérias divergências: os baianos não aceitavam a primazia do Rio de Janeiro e desejavam retornar ao período em que Salvador era a capital; o Pará e o Maranhão, muito mais vinculados a Lisboa do que ao Rio de Janeiro, temiam que os sulistas assumissem a liderança política do novo país que poderia surgir. O padre Diogo Antônio Feijó, representante paulista nas Cortes, resume a questão: "Nós ainda não somos deputados da nação, a qual cessou de existir desde o momento que rompeu o antigo pacto social [...]. Não somos deputados do Brasil [...] porque cada província se governa hoje independente. Cada um é hoje deputado da província que o elegeu".[87]

Ainda não havia a noção de uma identidade nacional. Os deputados brasileiros resolveram abandonar o plenário das Cortes. Seis não assinaram a Constituição, sendo quatro de São Paulo e

---

[86] Manuel de Oliveira Lima. *Op. cit.*, p. 672.
[87] Citado por Márcia Regina Berbel. *A nação como artefato: deputados do Brasil nas cortes portuguesas, 1821-1822*. São Paulo: Hucitec, 1999, p. 155.

dois da Bahia.[88] Dias depois, quando estavam na Inglaterra, a caminho do Brasil, justificaram a medida extrema:

> O ódio e a indignação [...] cresceram a ponto que seria a maior das imprudências, e mesmo uma criminosa temeridade, deixarem-se permanecer em Lisboa. [Dessa forma] não podiam, sem merecer a execração de seus concidadãos, sem ser atormentados dos eternos aguilhões da consciência, sem sujeitar-se à maldição da posteridade, subscrever, e muito menos jurar, uma tal Constituição, feita como de propósito para exaltar e engrandecer Portugal à custa do Brasil; recusaram, portanto, fazê-lo.[89]

A pressão de Portugal crescia. No dia 9 de dezembro de 1821, chegaram ao Rio de Janeiro os últimos decretos que determinavam o seguinte: extinção definitiva do governo geral de Dom Pedro; subordinação automática das juntas provinciais a Lisboa. Decidiram também ainda pelo imediato regresso de Dom Pedro a Portugal nos seguintes termos:

> As Cortes Gerais Extraordinárias e Constituintes da Nação Portuguesa, havendo decretado, em data de hoje, a forma de governo e administração pública das províncias do Brasil, de maneira que a continuação da residência do príncipe real, no Rio de Janeiro, se torna não só desnecessária, mas até indecorosa à sua alta hierarquia; e considerando juntamente quanto convém aos interesses da nação que sua alteza real viaje por alguns países ilustrados, a fim de obter aqueles conhecimentos necessários, para, um dia, ocupar dignamente o Trono português: mandam, respeitosamente, participar a El-Rei que tem resolvido o seguinte: que o príncipe real regresse o quanto antes a Portugal; 2º. – Que sua alteza real, logo que chegue a Portugal, passe a viajar

---

[88] "Apenas seis não a subscreveram: Antônio Carlos, Feijó, Costa Aguiar e Vergueiro, de São Paulo, e Agostinho Gomes e Cipriano Barata, da Bahia." (Márcia Regina Berbel. *Op. cit.*, p. 193).

[89] Citado por Alfredo Ellis Júnior. *Feijó e a primeira metade do século XIX*. São Paulo: Companhia Editora Nacional, 1980, p. 62.

incógnito às Cortes e reinos de Espanha, França e Inglaterra, sendo acompanhado de pessoas dotadas de luzes, virtudes e adesão ao sistema constitucional, que, para esse fim, sua majestade houver por bem nomear.[90]

Dom Pedro havia, até o fim de 1821, tentado se manter em posição equidistante: resguardando seus direitos ao trono português, mas também sem perder a possibilidade de vir a ser rei do Brasil. Em outubro escreveu ao pai lembrando que:

> A independência (do Brasil) tem-se querido cobrir comigo e com a tropa; como nenhum conseguiu, nem conseguirá, porque a minha honra e a dela é maior que todo o Brasil; queriam-me e dizem que me querem aclamar imperador; protesto a vossa majestade que nunca serei perjuro, que nunca lhe serei falso e que eles farão esta loucura, mas será depois de eu e todos os portugueses estarem feitos em postas; é o que juro a vossa majestade, escrevendo neste, com o meu sangue, estas seguintes palavras: juro sempre ser fiel a vossa majestade, à Nação e à Constituição portuguesa.[91]

"O ano de 1822 abria-se com um grande ponto de interrogação: obedeceria afinal ao príncipe regente [Dom Pedro] à intimidação vinda de Portugal, quando fosse reiterada, ou permaneceria de todo no Brasil?"[92] Em 9 de janeiro, após novas pressões das Cortes, Dom Pedro decidiu desobedecer às ordens de Lisboa e optou por permanecer no Brasil. A declaração não significava ruptura com Portugal, mas a negativa em aceitar a política das Cortes. Dias depois, em carta ao pai, Dom Pedro afirmou que pela força era impossível manter a união entre Brasil e Portugal. O caminho seria uma mudança no relacionamento que permitiria manter a união, pois era Portugal que dependia do Brasil, e não o contrário.

---

[90] Octávio Tarquínio de Souza. *A vida de D. Pedro I*. Rio de Janeiro: José Olympio, 1972, p. 279. (História dos fundadores do Império do Brasil, v. II, t. I).
[91] *Ibidem*, p. 270.
[92] Manuel de Oliveira Lima. *O movimento da Independência*, op. cit., p. 127.

No Brasil havia concordância em resistir às medidas recolonizadoras das Cortes, mas não se sabia como fazê-lo. Mesmo entre os que defendiam a independência existiam divergências. Uns, favoráveis à ruptura com a metrópole, queriam que Dom Pedro a comandasse. Outros, influenciados pelas revoltas, como a de 1817, em Pernambuco, desejavam a separação, mas com a adoção do regime republicano, seguindo o que estava se desenrolando na América espanhola. Havia ainda os defensores de uma monarquia dual, com dois reis e sede em Lisboa e no Rio de Janeiro: Dom Pedro na América e Dom João em Portugal.

Grande parte dos líderes políticos independentistas desejavam a separação de Portugal desde que não ocorressem alterações econômicas ou sociais, isto é, mantendo intocados o latifúndio e a escravidão. Esse era o desejo da ampla maioria da classe dominante – grandes proprietários de terra, comerciantes, mineradores e altos funcionários do Estado e da Igreja. Temiam que se repetisse no Brasil o que estava ocorrendo na América espanhola. Lá, do México ao Chile, diversas revoluções, combinadas com rebeliões indígenas e antiescravistas em algumas regiões, colocaram em risco os privilégios das diferentes frações da classe dominante. Era a tão temida convulsão social. No México, a

> guerra começa como um protesto contra os abusos da metrópole e da alta burocracia espanhola, sim, mas também, e principalmente, contra os grandes latifundiários nativos. Não é uma rebelião da aristocracia local contra a metrópole, mas do povo contra a primeira. Por isso os revolucionários deram mais importância a determinadas reformas sociais que à própria independência: Hidalgo decreta a abolição da escravatura; Morelos, a divisão dos latifúndios. A guerra da independência foi uma guerra de classes, e não entenderemos bem o seu caráter se ignorarmos que, ao contrário do que aconteceu na América do Sul, foi uma revolução agrária em gestação.[93]

---

[93] Octávio Paz. *O labirinto da solidão*. São Paulo: Cosac Naify, 2014, p. 122.

E nos países dependentes da mão de obra escrava negra, como o Brasil, rondava o fantasma do Haiti:

> A vitoriosa revolta de escravos em São Domingos foi um marco na história da escravidão no Novo Mundo, e depois de 1804, quando a república independente do Haiti foi fundada, todo senhor de escravos na Jamaica, em Cuba ou no Texas, vivia temeroso de outro Toussaint L'Ouverture. [...] Mas a tensão estava crescendo rapidamente. A Guiana inglesa em 1808, Barbados em 1816. Em 1823, a Guiana inglesa pegou fogo pela segunda vez.[94]

O imenso Império espanhol se fracionou em duas dezenas de países, que acabaram por adotar o regime republicano – excetuando o breve período monárquico no México (1821-1823). Em maio, Dom Pedro decretou que qualquer lei portuguesa somente entraria em vigor na América com o seu "cumpra-se", isto é, desde que concordasse com seu conteúdo. No mesmo mês, recebeu o título de Defensor Perpétuo do Brasil; em junho, convocou uma Assembleia Constituinte – "era praticamente uma declaração de independência"[95] –, em junho foi estabelecido que para ser admitido no serviço público o funcionário deveria prestar juramento prévio à independência do Brasil, dois meses depois, funcionários ou tropas vindas de Portugal deveriam ser consideradas inimigas.

Entre os mais próximos e mais influentes ministros de Dom Pedro, estava o paulista José Bonifácio de Andrada e Silva, que, em 1819, havia regressado ao Brasil depois de, a serviço da Coroa, ter permanecido por trinta e seis anos na Europa. Durante esse longo período, dedicou-se aos estudos de mineralogia e metalurgia, participou de diversas sociedades científicas europeias e foi o primeiro brasileiro a ser nomeado ministro. Em setembro, Dom Pedro estava viajando para São Paulo quando as Cortes novamente

---

[94] Eric Williams. *Capitalismo e escravidão*. Rio de Janeiro: CEA, 1975, pp. 224 e 227.
[95] Emília Viotti da Costa. *Op. cit.*, p. 45.

ordenaram seu retorno imediato a Portugal. José Bonifácio escreveu ao príncipe notificando-o dos fatos: "O dado está lançado e de Portugal não temos a esperar senão escravidão e horrores. Venha Vossa Alteza quanto antes e decida-se porque irresoluções e medidas água morna à vista desse contrário que não nos poupa, para nada servem e um momento perdido é uma desgraça".[96]

A rainha Carlota Joaquina queria fazer de Dom Miguel, irmão de Dom Pedro, o sucessor do trono português. Dom Pedro, temeroso frente a essa manobra e às pressões das Cortes, tentou afastá-lo de Portugal, convidando-o a retornar ao Brasil para se casar com sua filha, Dona Maria da Glória, que, à época, era uma criança de apenas 3 anos. Contando com o apoio dos adversários da independência do Brasil em Portugal, e dos saudosos do absolutismo monárquico, Dom Miguel aguardava o desgaste político do irmão para viabilizar suas pretensões reais e não aceita retornar ao Rio de Janeiro.

A independência era um fato inevitável. Em 26 de julho de 1822, Dom Pedro escreve ao pai: "Não sou rebelde [...] são as circunstâncias".[97] Nas Cortes, era dominante a tendência de que o Brasil deveria ser governado de Portugal e de que os decretos firmados por Dom João, quando da sua estadia no Rio de Janeiro, deveriam ser revogados. Já não era possível qualquer negociação no Parlamento português: de um lado, a intransigência da metrópole; e de outro, a diminuta bancada de deputados brasileiros inviabilizava qualquer interferência nas discussões sobre o destino do Brasil.

Em meio a essa conjuntura política, a princesa Leopoldina exerceu influência sobre o marido frente aos desafios das Cortes, apoiou a política de José Bonifácio e assumiu a direção das reuniões do ministério quando da ausência do príncipe. A princesa

---
[96] Octávio Tarquínio de Souza. *Op. cit.*, vol. III, tomo II (A vida de D. Pedro I), p. 28.
[97] *Ibidem*, p. 8.

buscou o apoio do pai, o imperador Francisco I da Áustria, uma das principais lideranças da Santa Aliança:

> A nossa viagem para a Europa torna-se impossível porque excitaria o nobre espírito do povo brasileiro e seria a maior ingratidão e o mais grosseiro erro político se todos os nossos esforços não tendessem a garantirmos uma justa liberdade, consciente da força e grandeza deste belo e florescente Império. [...] Estou certa, meu digno pai, de que vós me desejais o que é bom e nobre e não deixareis de dar-nos auxílio do vosso poder e força nesta emergência.[98]

Em quase todo o continente americano explodiam rebeliões, que poderiam levar à intervenção militar da Santa Aliança[99] na América, pois as metrópoles ibéricas não dispunham de meios militares e financeiros para contê-las. Por essa razão, nesse momento, o apoio da Áustria era tão importante para o Brasil. Mesmo não garantindo esse apoio, as articulações feitas pela princesa pelo menos impediram possíveis pressões por parte das monarquias europeias.

O conflito político com Portugal aproximava-se do fim. Por decreto, Dom Pedro passou a considerar as tropas portuguesas estacionadas no Brasil como inimigas. O movimento de independência não teria mais retrocesso: "Vejo o Brasil reunido todo em torno de mim, requerendo-me a defesa de seus direitos e a manutenção de sua liberdade e independência. [...] Brasileiros em geral! Amigos, reunamo-nos: sou vosso Compatriota, sou vosso Defensor [...] ver-me-eis à vossa frente e no lugar do maior perigo [...] serei digno de vós".[100]

---

[98] *Ibidem*, p. 35.

[99] A Santa Aliança foi o instrumento militar do Congresso de Viena (1814-
-1815) que redefiniu o mapa político da Europa e recolocou nos tronos os monarcas depostos pela expansão napoleônica.

[100] Octávio Tarquínio de Souza. *Op. cit.*, p. 13.

O príncipe estava viajando para São Paulo quando as Cortes ordenaram, mais uma vez, o seu retorno imediato a Portugal. José Bonifácio, como já foi observado, escreveu ao príncipe sustentando que "de Portugal, não temos a esperar senão a escravidão".[101]

Dom Pedro recebeu a correspondência às quatro e meia da tarde do dia 7 de setembro de 1822, junto ao riacho do Ipiranga, em São Paulo. Após a leitura, segundo contam testemunhas, teria bradado: "É tempo! Independência ou morte! Estamos separados de Portugal!". A formalização da independência ocorreu em 12 de outubro, quando Dom Pedro recebeu o título de imperador constitucional do Brasil, no Rio de Janeiro.

A tarefa que se colocava era iniciar a organização do novo país. Isso não seria nada fácil, como, em linguagem de mineralogista, já tinha previsto José Bonifácio: "Amalgação muito difícil será a liga de tanto metal heterogêneo, como brancos, mulatos, pretos livres e escravos, índios etc., em um corpo sólido e político".[102] Para os pobres – e o retrato foi anotado pelo naturalista francês Auguste de Saint-Hilaire em viagem pelo vale do Paraíba paulista, em 1822 – era distinto: "A massa popular a tudo ficou indiferente, parecendo perguntar como o burro da fábula: 'Não terei a vida toda de carregar a albarda?'".[103]

---

[101] *Ibidem*, p. 28.
[102] Citado por Maria Odila Silva Dias. *Op. cit.*, p. 174.
[103] Auguste de Saint-Hilaire. *Segunda viagem do Rio de Janeiro a Minas Gerais e a São Paulo, 1822*. Belo Horizonte: Itatiaia, 1974, p. 84.

CAPÍTULO 10

Organizando um país: o Primeiro Reinado

A independência do Brasil, assim como as dos países da América espanhola, deve ser compreendida, no campo econômico, como parte do processo de transformação

> do capitalismo industrial na segunda metade do século XVIII. [...] Os impérios coloniais ibéricos, fundados puramente no monopólio, achavam-se por isso condenados. [...] Sua indústria não se desenvolvera, suas atividades giravam exclusivamente em torno do comércio colonial. Não podiam abrir mão de um privilégio que representava sua própria razão de ser, constituía o cimento aglutinador de seus vastos domínios. E assim, quando em fins do século XVIII os conflitos internacionais se agravam, arrastando as monarquias ibéricas, elas não resistirão ao choque, e seu império se desagrega. [...] Desta desagregação sairá a independência das colônias americanas; e para o mundo em geral, uma nova ordem. Teria sido removido afinal este obstáculo de dois impérios imensos que fechados hermeticamente dentro de um conservantismo colonial obsoleto, estavam obstruindo a marchados acontecimentos mundiais. Aos estanques impérios ibéricos substituir-se-ão as livres nações ibero-americanas, abertas ao comércio e intercurso do universo.[104]

---

[104] Caio Prado Júnior. *Op. cit.*, pp. 124-125.

A questão central colocada após o 7 de setembro foi a forma de organização do Estado brasileiro. Os atritos entre Dom Pedro e as Cortes portuguesas culminaram com a convocação da Assembleia Constituinte, em 3 de junho de 1822. Após a independência, a reunião dos constituintes tornou-se, então, a primeira tarefa para a organização política do Brasil. O imperador, apesar de sempre ter se declarado um liberal, desejava uma Constituição que preservasse seus poderes, dando ao Legislativo um papel mais consultivo que deliberativo. À época, as referências eram a Constituição norte-americana de 1787, as diversas constituições da França após a Revolução de 1789 (1791, 1793, 1795, 1799 e 1814), além dos modelos propostos por filósofos políticos, como Benjamin Constant.

Os integrantes da Assembleia Constituinte brasileira foram eleitos em todas as províncias e deveriam discutir os diversos projetos para a organização do Estado. As propostas apresentadas eram conflitantes, pois defendiam interesses de grupos e expunham as diversas correntes políticas em um momento em que não estava claro que a independência se consolidaria. Uma parte dos constituintes era formada por portugueses que permaneceram no Brasil. Tinham forte presença no comércio de exportação e importação e nos altos cargos do Estado – desses, muito haviam acompanhado a transmigração da família real para o Brasil. Entre os brasileiros o quadro era complexo. Um grupo advogava uma monarquia forte, constitucional, centralista e que mantivesse o status quo. Outro simpatizava com ideias democráticas, com a organização federalista, concedendo maior autonomia para as províncias[105]

---

[105] O "conceito federalismo contém dois significados historicamente distintos. No seu sentido original, ele é a reunião de unidades políticas autônomas visando à criação, por motivos de defesa principalmente, de uma entidade maior. Esta é a acepção aplicável à criação das Províncias Unidas dos Países Baixos no século XVI na sua luta para se tornarem independentes da Espanha, e ao estabelecimento da Confederação das treze colônias inglesas da costa oriental da América do Norte (1776) na sua guerra contra a Grã-Bretanha, a qual se transformou em República federal em 1787. Mas federalismo veio a adquirir uma segunda significação, etimologicamente bastarda, a da transformação de

e entre esses havia ainda alguns mais radicais que sonhavam com a república.[106]

A partir do início dos trabalhos da Constituinte,[107] a 3 de maio, começaram os conflitos políticos entre o imperador, que, após sua aclamação, acreditava encarnar a soberania popular, e os constituintes eleitos, que se consideravam com poder superior ao de Dom Pedro.

> A soberania popular não será entregue à Assembleia Constituinte. Uma decisão, o próprio fundamento da autoridade, subtrai-se à vontade dos deputados: o imperador desfruta de um título independente da "perigosa dependência" dos representantes do povo, título que emana da "vontade direta do povo", de acordo com o pensamento constitucional de José Bonifácio. [...] Dom Pedro proclamara a doutrina na própria fala de abertura da constituinte, ao prometer guardar a Constituição, se fosse digna do Brasil e dele, expressão literalmente copiada do preâmbulo da Carta de 4 de junho de 1814, por meio da qual Luís XVIII pretende reatar o seu governo à convulsionada tradição monárquica francesa. Palavras só na aparência ambíguas – a

---

um estado unitário preexistente em Estado federal. Foi este o caso do Brasil." (Evaldo Cabral de Mello. *A outra Independência. O federalismo pernambucano de 1817 a 1824*. São Paulo: Editora 34, 2004, pp. 14-15).

[106] Na conjuntura independentista, "as palavras 'brasiliense', 'brasileiro' e 'brasiliano' possuíam sentidos diferentes. 'Brasilienses' eram os indivíduos nascidos nas províncias do Brasil, 'brasilianos' eram os indígenas e 'brasileiros' eram os portugueses europeus radicados no Brasil e estabelecidos no Reino com suas famílias e empreendimentos". (Cecília Helena de Salles Oliveira. *A astúcia liberal: relações de mercado e projetos políticos no Rio de Janeiro (1820-1824)*. São Paulo; Bragança Paulista: Ícone; Editora USF, 1999, p. 371).

[107] Enquanto a Constituinte iniciava seus trabalhos, na Bahia eram intensos os conflitos entre a tropa portuguesa lá estacionada sob o comando de Madeira de Melo e as milícias patrióticas, que chegaram a reunir 11 mil homens. O cerco a Salvador, a retirada das tropas portuguesas da cidade e a ocupação da capital baiana pelos patriotas, a 2 de julho de 1823, encerra a luta independentista.

constituinte funcionaria, não por direito próprio, mas enquanto fiel ao sistema monárquico.[108]

A situação ficou ainda mais complicada devido à retirada de José Bonifácio do ministério, em julho. O conflito ficou patente no momento da apresentação do projeto de Constituição por Antônio Carlos, irmão de José Bonifácio, relator da comissão responsável pelo texto constitucional, em setembro. Tinha 272 artigos. Era inspirado em Montesquieu. Previa a existência de três poderes, a limitação do poder do imperador em relação à dissolução da Câmara e do controle das Forças Armadas.

Os choques entre brasileiros e portugueses eram cada vez mais frequentes. Em 5 de novembro, militares portugueses espancaram Davi Pamplona acreditando que fosse autor de um artigo de jornal considerado ofensivo.[109] O fato foi levado à Constituinte. A tensão aumentou com a reação dos parlamentares. Após o episódio, a Assembleia entrou em sessão permanente por iniciativa do mesmo Antônio Carlos, que solicitou do imperador as razões de as tropas estarem cercando o prédio onde estavam sendo realizadas as sessões da Constituinte. O padre José Martiniano de Alencar, pai do escritor José de Alencar, deputado pela província do Ceará e participante da Revolução de 1817, previu forte resistência nas províncias, caso fosse dissolvida a Constituinte: "Que fariam as províncias, se ela se dissolvesse? [...] Se tal desgraça se sucedesse, desmembravam-se as províncias, o Império não era mais império, e o imperador deixava de ser imperador. Pela sua própria glória, pelo seu amor-próprio, não pode tal desejar".[110]

---

[108] Raymundo Faoro. *Os donos do poder: formação do patronato político brasileiro*, v. I. Porto Alegre: Globo, 1979, pp. 283-284.

[109] Muitos jornais foram publicados nesse período. A maioria acabou tendo uma curta vida. A linguagem era violenta. Para uma análise de alguns desses períodos na Independência e na Regência, ver Matias M. Molina. *História dos jornais no Brasil: da era colonial à Regência (1500-1840)*, v. 1. São Paulo: Companhia das Letras, 2015, pp. 185-340.

[110] Citado por José Honório Rodrigues. *A Assembleia Constituinte de 1823*. Petrópolis: Vozes, 1974, pp. 208-209.

Em 11 de novembro, os constituintes se declararam em sessão permanente. No dia seguinte, a Assembleia foi cercada pela tropa e acabou dissolvida. Parlamentares foram presos. Seis constituintes foram deportados, entre eles os três Andradas. Dom Pedro justificou que o ato de dissolução da Constituinte foi realizado "a fim de salvar o Brasil dos perigos que lhe estavam iminentes; e havendo esta Assembleia perjurado ao tão solene juramento que prestou à Nação de defender a integridade do Império, sua independência e a minha dinastia".[111] Dom Pedro "não esperou pela deliberação da Assembleia Constituinte para aceitar o cetro de imperador: sua qualidade deriva do ato do Ipiranga. Entre o rei e o povo não houve um pacto, discutido e concedido, mas a adesão ao líder e chefe, com o carisma sobreposto ao vínculo tradicional legado pela dinastia de Bragança".[112]

Em 26 de novembro foi criada, por decreto do imperador, uma comissão formada por dez membros para elaborar a Constituição – Dom Pedro ignorou que nove dias antes havia prometido convocar eleições para uma nova Constituinte. A comissão trabalhou rápido. Em duas semanas o texto estava pronto. Parte dele fora inspirado no próprio projeto de Antônio Carlos. Em 25 de março de 1824, o imperador, em uma cerimônia na catedral do Rio de Janeiro, jurou à Constituição encomendada que lhe dava o direito de dissolver a Câmara, nomear e demitir ministros e juízes. Foi adotado o voto censitário – segundo a renda, excluindo a ampla maioria da população do processo eleitoral. O Parlamento seria bicameral, mas os senadores tinham mandato vitalício e seriam escolhidos pelo imperador por meio de lista tríplice. No artigo 179 – o mais longo da Constituição –, inciso XIX, reza que: "ficam abolidos os açoites, a tortura, a marca de ferro quente e todas as demais penas cruéis". Contudo, o Código Criminal do Império, artigo 60, permitia aplicar a pena de açoites aos escravos, numa

---

[111] Citado por José Honório Rodrigues. *Op. cit.*, pp. 216, 222 e 305.
[112] Raymundo Faoro. *Op. cit.*, p. 364.

clara demonstração da dissociação entre a Constituição e o Brasil real.

A Carta dedicou onze artigos para "a família imperial e sua dotação" e apenas quatorze para o poder Judiciário. Foi criado um poder especial para o imperador, inspirado no filósofo suíço Benjamin Constant, o Poder Moderador – quatro artigos foram dedicados a ele –, que se sobrepunha aos três poderes: Executivo (que também era chefiado pelo imperador), Legislativo e Judiciário. O artigo 98 rezava que o "Poder Moderador é a chave de toda a organização política, e é delegada privativamente ao Imperador, como Chefe Supremo da Nação, e seu Primeiro Representante, para que incessantemente vele sobre a manutenção da independência, equilíbrio e harmonia dos mais poderes políticos". O artigo 99 determinava que a "pessoa do Imperador é inviolável e sagrada; ele não está sujeito a responsabilidade alguma".

Começavam a surgir, nas províncias, manifestações de oposição ao fechamento da Constituinte e à outorga da Constituição, confirmando os temores do deputado Alencar. Do Nordeste surgiu a reação mais violenta; afinal, desde 1817 estava claro que a região não aceitaria uma nova organização política que mantivesse o centralismo português e que tornasse o Rio de Janeiro uma nova Lisboa. O manifesto de repúdio ao fechamento da Assembleia, em Recife, assinado pelos constituintes pernambucanos, cearenses e paraibanos, de 13 de dezembro de 1823, agitou o panorama político pernambucano – e regional, como no Ceará e Paraíba e Rio Grande do Norte – e ampliou ainda mais o movimento. Frei Caneca, frade carmelita que havia participado da rebelião de 1817, foi um dos mais ativos propagandistas das ideias libertárias e defendeu a resistência à Constituição de 1824. Para ele, o Poder Moderador "é a chave mestra da opressão da nação brasileira e o garrote mais forte da liberdade dos povos. Por ele, o imperador pode dissolver a Câmara dos Deputados, que é a representante do povo, ficando sempre no gozo de seus direitos o Senado, que é o representante dos apaniguados do imperador".[113]

No mesmo dia da divulgação do manifesto, o presidente da província de Pernambuco renunciou ao cargo e, por indicação das Câmaras Municipais, foi eleito um novo presidente. O imperador, apoiado na Constituição outorgada, que previa que qualquer nomeação deveria ter seu aval, recusou o nome proposto. O impasse estava criado.

A revolução havia começado. Dom Pedro tentou reagir e enviou dois navios a Pernambuco para garantir a posse do presidente da província, que tinha se refugiado em Barra Grande, próximo a Recife. A ameaça de um ataque das forças navais portuguesas ao Rio de Janeiro, no entanto, obrigou o imperador a deslocar os navios para a corte. Sem oposição militar do governo central, os revolucionários proclamaram, em 2 de julho de 1824, a Confederação do Equador.

Dois fatos levaram o imperador a se sentir com força para intervir na região e enviar tropas a Pernambuco: o fim da ameaça de um ataque português ao Rio de Janeiro e o enfraquecimento do movimento revolucionário, provocado pelo afastamento dos latifundiários que temiam uma rebelião dos escravos e passaram a apoiar o imperador. A cidade de Recife foi retomada. Alguns líderes rebeldes fugiram para o sertão; outros para a Inglaterra; no Ceará, no sul da província, morreu um dos principais líderes revolucionários: Tristão de Alencar Araripe; Frei Caneca foi preso e levado para o Recife para ser julgado por um tribunal militar, que o condenou à morte, assim como a sete rebeldes; outros três foram executados no Rio de Janeiro.

O desfecho da Confederação do Equador guarda similitude com a Revolução de 1817:

> Como a reação do seu pai em 17, a de Dom Pedro I foi imediata: além de suspender as garantias constitucionais na província,

---

[113] Marco Antonio Villa. *A história em discursos. 50 discursos que mudaram o Brasil e o mundo*. São Paulo: Crítica, 2018, p. 79.

ele a puniu territorialmente, amputando-lhe a comarca de São Francisco, que constituía a margem esquerda do São Francisco, hoje incorporada ao território da Bahia, da mesma forma como Dom João VI a havia castigado, mediante o desmembramento de Alagoas. Em 24, como em 17, o Recife foi submetido ao bloqueio naval, desta vez pela esquadra do almirante Cochrane, que canhoneou o Recife, ao mesmo tempo em que Pernambuco era invadido pelo sul pelas tropas sob o comando do brigadeiro Lima e Silva, como outrora o fora pelo exército expedido de Salvador pelo conde dos Arcos. Como em 17, a mata sul canavieira permaneceu indiferente, quando não cooperou com as forças do Rio.[114]

No ano seguinte, em 1825, foi assinado o Tratado de Paz e Amizade com Portugal em 29 de agosto. Por ele era reconhecida a independência do Brasil e a antiga metrópole receberia uma indenização de 2 milhões de libras esterlinas. Foi motivo de muita polêmica na imprensa e no Parlamento. É preciso entender que se trata de um negócio entre pai e filho, com a Casa de Bragança mantendo o domínio de dois reinos em dois continentes distintos. A "compra da independência por 2 milhões esterlinos, depois de ela ser um fato consumado e irrevogável, foi um estigma de que a monarquia justa ou injustamente nunca pode livrar-se no Brasil e cuja recordação pairou sobre o trono até os últimos dias".[115]

Também acabou gerando tensão o tratado assinado com a Inglaterra em 1826; esta insistiu em vincular questões econômicas, o tráfico de escravos e o reconhecimento diplomático da independência do Brasil. Sabia que a elite escravocrata apoiou o processo independentista como "um meio de escapar à pressão britânica sobre Portugal para a completa e imediata abolição do tráfico de

---

[114] Frei Joaquim do Amor Divino Caneca. *Frei Joaquim do Amor Divino Caneca*. São Paulo: Editora 34, 2001, p. 46. A citação é da apresentação de Evaldo Cabral de Mello, que também é o organizador do volume.
[115] Manuel de Oliveira Lima. *O reconhecimento do Império*. Rio de Janeiro: Garnier, 1901, p. 254.

escravos". A Inglaterra tinha ficado satisfeita com a aceitação por parte do imperador de que o Brasil não se uniria com alguma outra colônia portuguesa. A preocupação era com uma possível associação com Angola, principal fornecedora de escravos para o Brasil. No acordo, segundo o artigo 1º, ao "fim de três anos, a contar da troca de ratificações do presente tratado, será considerado ilegal, para os súditos do Imperador do Brasil, dedicar-se ao tráfico de escravos africanos sob qualquer pretexto ou maneira, e o exercício desse tráfico por qualquer pessoa, súdito de Sua Majestade Imperial, após esse prazo, será julgado e tratado como pirataria".[116]

Foi renovado o tratado comercial de 1810, mantendo privilégios econômicos: os produtos britânicos só poderiam ser taxados em até 15% e os súditos ingleses mantinham o privilégio da extraterritorialidade. O mercado brasileiro era muito importante para a Inglaterra: "Em 1825, as exportações para a América portuguesa igualavam quase a metade do valor das mercadorias embarcadas para os Estados Unidos [...]. Nesse ano, somente o Brasil absorveu quase metade do valor total das mercadorias exportadas para a América do Sul e México juntos".[117]

A morte de Dom João VI (1826), em Portugal, complicou mais ainda a situação do imperador, pois era o primeiro na linha sucessória do trono de um reino em que era considerado traidor por ter liderado a independência do Brasil. Dona Carlota Joaquina apoiou abertamente Dom Miguel para a sucessão do trono. Dom Pedro abdicou do trono português em favor de sua filha, Dona Maria da Glória. Pela Constituição de 1824, o imperador não poderia acumular duas coroas. Estava criado um outro problema: a herdeira tinha 7 anos e não poderia assumir o governo. Buscando conciliar as divergências, Dom Pedro propôs o casamento entre Miguel e Dona Maria da Glória, que acabou se realizando em Viena, Áustria. Dom Miguel, no entanto, não aceitou a posição

---

[116] Leslie Bethell. *Op. cit.*, pp. 53 e 69.
[117] Alan K. Manchester. *Op. cit.*, p. 181.

de inferioridade em relação à rainha: desejava assumir o governo e de forma absoluta, sem nenhuma Constituição que limitasse seus poderes. Ao regressar a Portugal em 1828, Dom Miguel rompeu o acordo com o irmão, usurpou o trono e impôs um regime absolutista. Os partidários de Dona Maria da Glória foram presos, exilados ou assassinados. Esses fatos levaram Dom Pedro a concentrar as atenções em Portugal, relegando a segundo plano os assuntos do Brasil, provocando mais insatisfação junto aos brasileiros.

A rejeição e a crescente oposição a Dom Pedro I no Brasil agravaram-se com a situação econômica brasileira. A Guerra da Cisplatina (1825-1828) provocou um recrutamento forçado – no Nordeste ficou conhecido como imposto de sangue, acentuado devido a uma grave seca e a uma epidemia de bexiga –, os gastos de guerra (e motins de soldados estrangeiros mercenários que estavam com os soldos atrasados), a desvalorização cambial e o aumento dos preços dos gêneros de primeira necessidade. "A campanha do Prata não falava à alma popular. [...] Fora mero escopo imperialista e dinástico. [...] A guerra apresentava-se como herança portuguesa e não como reivindicação nacional."[118]

Em 30 de agosto de 1828, o Império e o governo de Buenos Aires, em nome das Províncias Unidas do Prata, assinaram um acordo que declarava a Cisplatina independente do Brasil e formaria um governo que julgasse mais adequado e obrigavam-se a defender a independência e a integridade territorial do novo Estado.

Durante a cerimônia de comemoração do sétimo aniversário da Constituição, no dia 25 de março de 1831, Dom Pedro ouviu um duro sermão do célebre Frei Mont'Alverne, considerado o melhor pregador da época: "O reinado da escravidão passou para não mais voltar: a arbitrariedade não vingará. [...] Qualquer tentativa para forçar o Brasil a descer da sumidade em que está colocado, faria rebentar comoções".[119]

---

[118] João Pandiá Calógeras. *A política exterior do Império*, v. II: o Primeiro Reinado. Senado Federal, 1989, pp. 417-418.
[119] Tobias Monteiro. *Op. cit.*, pp. 198-199.

Dias depois, em 7 de abril, uma rebelião, com o apoio da maioria das tropas estacionadas no Rio de Janeiro, levaria o imperador a abdicar. O fez por meio de um texto de apenas cinco linhas. O documento sequer tinha timbre: "Usando do direito que a Constituição me concede, declaro que hei mui voluntariamente abdicado na pessoa do meu mui amado e prezado filho, o Sr. D. Pedro de Alcântara". Ainda permaneceu numa embarcação ancorada no Rio de Janeiro por seis dias. Só então partiu para a Europa. Passou pela França, Inglaterra e finalmente chegou à ilha Terceira, nos Açores, de onde comandaria a luta dos constitucionalistas contra Dom Miguel. Foi, de acordo com Joaquim Nabuco, "um desquite amigável entre o imperador e a nação, entendendo-se por nação a minoria política que a representa".[120]

---

[120] Joaquim Nabuco. *Um estadista do Império*. Rio de Janeiro: Topbooks, 1997, v. I, p. 52.

CAPÍTULO 11

A Regência e o Império entre Repúblicas

"Concidadãos! Já temos pátria, temos um monarca, símbolo da vossa união e da integridade do Império. Cumpre que uma vitória tão bela não seja maculada; que prossigais em mostrar-vos dignos de vós mesmos, dignos da liberdade, que rejeita todos os excessos." Assim, após ser confirmada a abdicação de Dom Pedro I, começava o manifesto aprovado pela Câmara dos Deputados, que demonstra a preocupação dos deputados com o que aconteceria ao Brasil sem a presença do primeiro imperador.

Quando Dom Pedro I abdicou ao trono, seu filho mais velho, Dom Pedro de Alcântara, tinha somente 5 anos, não podendo assumir o governo. Era necessário a designação de uma regência, de acordo com a Constituição, enquanto aguardava-se a maioridade, aos 18 anos (artigos 121 e 122). Foram nomeados pela Câmara três regentes: a chamada Regência Trina Provisória, que ficou à frente do governo até julho, quando então foi designada a Regência Trina Permanente.

A turbulência política tomou conta do país – e a escravidão não foi um motivo impeditivo. Na maior parte das rebeliões é quase nula a participação dos negros. As divergências dos revoltosos deviam-se essencialmente às formas de organização do Estado brasileiro, ao grau de autonomia das províncias, à arrecadação e à distribuição dos impostos, à nomeação das autoridades (governadores, juízes, delegados, entre outras). Um dos problemas imediatos enfrentados pelos regentes foi o controle do Exército. A tropa era constituída por estrangeiros mercenários (como irlandeses e alemães) e brasileiros arregimentados à força, alguns com passado de crimes. Já a maioria da oficialidade era portuguesa – em 1830, dos 44 generais, 26 eram portugueses, um inglês e outro francês e apenas dezesseis brasileiros – e sempre havia sido fiel a Dom Pedro I, como por ocasião do fechamento da Assembleia, em 1823.

A Regência dissolveu batalhões, outros foram enviados para as províncias distantes do Rio de Janeiro e, visando retirar do Exército o monopólio da força, em 1832 resolveu criar a Guarda Nacional, para, segundo o governo, defender a Constituição, a liberdade, a independência e a integridade do Império, mantendo a obediência às leis, conservando a ordem e a tranquilidade públicas. Nem todos os brasileiros podiam fazer parte da Guarda Nacional, mas somente aqueles que possuíam uma renda anual mínima de 100 mil réis, o que excluía a maioria da população. Assim, transformou-se num espaço ocupado por grandes proprietários de terra, que receberam títulos honoríficos de comando, como major, capitão ou coronel, e os incorporaram ao próprio nome. Tornou-se comum o latifundiário ser coronel da Guarda Nacional e seus afilhados, capitães e majores.

Outra importante questão marcou o período: a ameaça de Dom Pedro I regressar ao Brasil e reassumir o trono. Formou-se uma facção chamada Caramuru, liderada pelos irmãos José Bonifácio e Antônio Carlos de Andrada, que defendia o retorno. Chegaram até a enviar uma missão à Europa – tendo à frente Antônio Carlos, em setembro de 1833 – a fim de consultar o ex-imperador, que, apesar de não recusar totalmente a ideia, estava mais preocupado em derrotar seu irmão Dom Miguel na guerra civil portuguesa e colocar no trono sua filha, Dona Maria da Glória. Em 1834, após a coroação desta como Dona Maria II, rainha de Portugal, os caramurus estavam prestes a obter seu intento, mas a morte de Dom Pedro, aos 36 anos, em Lisboa, sepultou de vez os sonhos dos restauradores.

A elite política ainda tentou solucionar pacificamente suas divergências. Uma tentativa foi o Ato Adicional de 12 de agosto de 1834, que adicionou alterações à Constituição de 1824. Foi abolido o Conselho de Estado;[121] as assembleias provinciais passaram a ter maior liberdade legislativa sobre os impostos, a organização judiciária e civil e a instrução pública; o Rio de Janeiro transformou-se no município neutro da corte, separando-se da província do Rio de Janeiro; e, para facilitar as decisões do governo, instituiu-se a Regência Una, com mandato de quatro anos para o regente e eleito diretamente por voto direto.

Havia sérias divergências na organização do Estado brasileiro e que se manifestavam especialmente desde a eclosão da revolução do Porto em 1820. As províncias do Norte sentiam-se muito mais ligadas a Lisboa do que ao Rio de Janeiro, tanto econômica como culturalmente. O Nordeste não aceitava a predominância do Rio de Janeiro: os baianos desejavam que Salvador voltasse a ser a capital, e os pernambucanos, em 1833, lançaram a ideia de uma federação composta somente com as províncias do Nordeste, cuja capital seria Recife.

Acreditava-se que a instabilidade política resultava da divisão do poder entre os três regentes. Em 1835, com a participação de pouco mais de 5 mil eleitores, foi eleito o senador Diogo Antônio Feijó, que permaneceu no poder até 1837, quando foi substituído por Araújo Lima, que governou como regente até 1840. A situação política refletia muita tensão, como fica patente na célebre

---

[121] Dispunha a Constituição de 1824: "Haverá um Conselho de Estado, composto de conselheiros vitalícios, nomeados pelo Imperador". (art. 137) "O seu número não excederá a dez." (art. 138) "Os conselheiros serão ouvidos em todos os negócios graves e medidas gerais da pública administração; principalmente sobre a declaração de guerra, ajuste de paz, negociações com as nações estrangeiras, assim como em todas as ocasiões, em que o Imperador se proponha a exercer qualquer das atribuições próprias do Poder Moderador, indicadas no artigo 101, à exceção da VI." (art. 142) "São responsáveis os conselheiros de Estado pelos conselhos que derem opostos às leis e ao interesse do Estado, manifestamente dolosos." (art. 143)

declaração de Bernardo Pereira de Vasconcelos, defensor das reformas, que anteriormente estava ligado à ala liberal e, posteriormente, à conservadora, a preocupação com "a anarquia":

> Fui liberal; então a liberdade era nova no país, estava nas aspirações de todos, mas não nas leis, não nas ideias práticas; o poder era tudo; fui liberal. Hoje, porém, é diverso o aspecto da sociedade; os princípios democráticos tudo ganharam e muito comprometeram; a sociedade que então corria risco pelo poder, corre agora risco pela desorganização, pela anarquia. Como então quis, quero hoje servi-la, quero salvá-la, e por isso sou regressista. Não sou trânsfuga, não abandono a causa que defendi, no dia do seu perigo, da sua fraqueza: deixo-a no dia que tão seguro é o seu triunfo que até o excesso a compromete.[122]

* * *

Diferentemente do que se imaginava, as reformas não resolveram as divergências políticas, e, logo depois do Ato Adicional, eclodiram várias rebeliões nas províncias.[123] Uma delas foi a Cabanagem, no Pará, "o mais notável movimento popular do Brasil. É o único em que as camadas mais inferiores da população conseguem ocupar o poder de toda a província com certa estabilidade".[124] O Pará, no início do Império, incluía também a maior parte da Amazônia. A economia da região baseava-se na exploração das drogas do sertão, da madeira, da pesca e no cultivo em pequena

---

[122] Citado por Octávio Tarquínio de Souza. *Bernardo Pereira de Vasconcelos*. Rio de Janeiro: José Olympio, 1972, p. 181. (História dos fundadores do Império do Brasil, v. V).
[123] Entre 1831 e 1845 ocorreram 28 rebeliões, dezesseis delas na região Norte-Nordeste. Cf. Marcello Basile. "O laboratório da nação: a era regencial (1831--1840)". In: Keila Grimberg e Ricardo Salles (org.). *O Brasil Imperial*, volume II: 1831-1870. Rio de Janeiro: Civilização Brasileira, 2018, p. 69.
[124] Caio Prado Júnior. *Evolução Política do Brasil e outros estudos*. São Paulo: Companhia das Letras, 2012, p. 73.

escala do algodão, do café e do tabaco. Como no período colonial, a província continuava politicamente pouco ligada ao Sul, tanto é que a independência foi aceita apenas em agosto de 1823.

Desde então continuaram as divergências entre os detentores do poder econômico – especialmente os comerciantes de Belém, em sua maioria portugueses – e a população pobre da capital e do interior (índios, negros e mestiços), que vivia em cabanas à beira de rios e igarapés; daí a denominação de cabanos e de cabanagem para a revolta iniciada em 1834. O movimento ganhou força em janeiro de 1834, quando os cabanos tomaram a cidade de Belém e, em combate, mataram várias autoridades, entre elas o governador. Divergências entre as lideranças acabaram facilitando a retomada da capital pelas tropas imperiais.

Os cabanos, que tinham fugido para o interior, reuniram quase 3 mil homens e voltaram a atacar Belém. Após nove dias de luta, retomaram a capital e permaneceram dez meses no controle do governo. Não conseguiram realizar as reformas esperadas pelos pobres da província, principalmente o fim da escravidão e o acesso à terra. Em maio de 1836, depois do envio de uma grande força naval e centenas de soldados, Belém foi reconquistada. Os principais líderes cabanos foram presos, mas a resistência continuou no interior até 1840. A violência do governo imperial foi exemplar: estima-se que 40 mil pessoas morreram entre 1834 e 1840, numa região que tinha pouco mais de 100 mil habitantes.

* * *

A Balaiada ocorreu no Maranhão entre 1838 e 1841. Balaio, apelido de Manuel Francisco dos Anjos Ferreira, um dos líderes da revolta, provém de seu ofício: artesão de balaios. O Maranhão, assim como o Pará, conseguiu expulsar as tropas portuguesas da região somente em 1823. Desde o período colonial, a província dependia da produção algodoeira, voltada para o mercado externo, e da pecuária extensiva. Na década de 1830, possuía aproximadamente 200 mil habitantes (cerca da metade eram escravos).

A rebelião começou em 1838. Raimundo Gomes Vieira e um grupo de vaqueiros passavam pela Vila de Manga, no sertão maranhense, levando uma boiada. Para o historiador Capistrano de Abreu, "a Balaiada foi um protesto contra o recrutamento bárbaro, começado desde a Guerra da Cisplatina em 1825, contra as prisões arbitrárias, contra os ricos prepotentes, contra todas as violências que caíam sobre os pobres desamparados, negros, índios, brancos miseráveis".[125]

A rebelião se espalhou pelo sertão, obtendo apoio de outros sertanejos e de negros quilombolas – estima-se que estes representavam cerca de 3 mil homens. Os rebeldes atacaram diversas povoações para obter armas. Em março de 1839, tomaram Caxias, a segunda cidade mais importante do Maranhão. Formaram uma junta provisória de governo, exigiram a expulsão dos portugueses da província, a extinção da Guarda Nacional e o fim do recrutamento forçado.

Com a missão de reprimir a revolta, o governo do Rio de Janeiro nomeou o coronel Luís Alves de Lima e Silva comandante de armas e presidente do Maranhão. Com um contingente de mais de 2 mil homens, Lima e Silva conseguiu vencer os rebeldes em sucessivos combates. Estimulou a divisão entre eles, facilitando a ação repressiva:

> O negro Cosme [líder dos rebeldes no sertão], para Luiz Alves, não era um rebelde. Tratava-o como um quilombola. A diferença parece sutil, mas a sua delimitação marcou a atuação do coronel na província. Rebeldes e negros pertenciam a mundos distintos. Logo, o tratamento não podia ser o mesmo. Em nenhum momento se dispôs a negociar com os negros. Eram escravos, não tinham condições de decidir seus destinos. Também não cabia

---

[125] Citado por Augustin Wernet. *O período regencial (1831-1840)*. São Paulo: Global, 1982, p. 73.

ao estado puni-los. O papel de Luiz Alves, como representante da Coroa na região, era devolvê-los aos seus donos.[126]

Alguns dos líderes rebeldes foram enforcados; outros receberam o perdão do governo central em agosto de 1840, dois meses após a ascensão de Dom Pedro II ao trono. Lima e Silva acabou nobilitado pelo seu feito recebendo o título de barão de Caxias. A escolha de Caxias foi porque essa cidade do Maranhão, a segunda em população da província, foi tomada pelos rebeldes e reocupada por Luiz Alves de Lima e Silva. O pressuposto era o símbolo da defesa da ordem imperial e do centralismo monárquico. O feito foi saudado pelo secretário do militar, o já consagrado poeta Gonçalves de Magalhães, autor de *Suspiros poéticos e saudades* no poema "Ode ao Pacificador".

* * *

No Rio Grande do Sul ocorreu a Guerra dos Farrapos, também conhecida como Revolução Farroupilha. Foi uma longa rebelião dos grandes proprietários de terras e gado (os estancieiros gaúchos) contra o governo central do Rio de Janeiro. Foi a mais longa revolta do período regencial, com início em 1835 e término apenas dez anos depois. Para conhecer a origem da guerra, torna-se necessário rever a formação do Rio Grande do Sul. Durante todo o período colonial, essa área testemunhou os mais intensos conflitos entre Portugal e Espanha, devido à importância estratégica do rio da Prata.

Ainda durante o período colonial, no século XVIII, os gaúchos passaram a dedicar-se à pecuária destinada a abastecer o mercado interno brasileiro. Assim, a região foi marcada pela presença militar e por interesses econômicos distintos daqueles do setor exportador. Apesar da presença do trabalho escravo, este não era o

---

[126] Adriana Barreto de Souza. *Duque de Caxias: o homem por trás do monumento*. Rio de Janeiro: Civilização Brasileira, 2008, p. 332.

elemento predominante na produção. Vale lembrar que a pecuária extensiva gaúcha exigia a mobilidade constante do vaqueiro e o uso de armas na defesa do rebanho, o que dificultava a adoção da mão de obra escrava. Já nas charqueadas e na economia urbana, a presença do trabalho escravo foi significativa.

A partir de 1822, a região foi se especializando cada vez mais na pecuária. O charque era vendido para as províncias do Sudeste e do Nordeste – e o couro para o exterior –, mas encontravam a concorrência dos similares argentinos. A Argentina colocava no mercado os mesmos produtos (carne e couro) que o Rio Grande do Sul, mas com a vantagem de vendê-los por um preço inferior, pois os pastos dos pampas argentinos e a qualidade do gado eram superiores. Outro diferencial era a escravidão.

> O sistema escravocrata impedia, no Sul, a intensificação do processo de divisão técnica do trabalho e a especialização profissional. Também por este motivo o trabalho escravo apresentava índices menores de produtividade que o trabalho livre. A sobrevivência do sistema escravocrata prende-se a existência de conjunturas econômicas que permitam altos lucros, pois nesse caso não existe incentivo nem necessidade para racionalizar o processo de produção que, assim, pode realizar-se nos quadros de uma economia de desperdício. Havendo concorrência e, mormente, concorrência entre produtores que organizam o trabalho à base de salário e produtores que o organizam à base da escravidão, este último tipo de economia está destinado irremissivelmente ao fracasso.[127]

Para garantir o abastecimento do mercado brasileiro, os gaúchos exigiam do governo central a cobrança de um imposto sobre a importação dos produtos argentinos, o que acabaria por encarecê-los. Contudo, o governo central era controlado pelo setor ligado ao plantio da cana-de-açúcar (Pernambuco e Bahia) e café

---

[127] Fernando Henrique Cardoso. *Capitalismo e escravidão no Brasil Meridional*. Rio de Janeiro: Paz e terra, 1997.

(Rio de Janeiro), que não concordavam em encarecer os produtos argentinos, pois isso aumentaria seus custos de produção: quanto mais caro o charque – que era consumido pelos escravos –, mais o fazendeiro gastaria para mantê-los. Portanto, diminuiriam seus lucros. Ou seja, "os charqueadores tinham um interesse duplo: o mercado externo de couro e o mercado interno de carne salgada, e com isso, conseguiam influenciar de certo modo a política brasileira. Exigiam impostos maiores para as importações de seus competidores e taxas mais baixas para suas exportações".[128]

As divergências entre gaúchos e o governo central não se restringiam à política de impostos sobre o charque. Havia outros problemas. Os gaúchos reclamavam de que pagavam mais impostos do que recebiam em benefícios do governo central, mas também não aceitavam o fato de o presidente da província ser nomeado pelo Rio de Janeiro – ou seja, pelo poder central. Resta destacar os efeitos danosos da Guerra da Cisplatina com sérias repercussões na economia provincial: "Os riograndenses perderam terreno para seus competidores durante a guerra da Banda Oriental. Foi somente na década de 1840 que as exportações de couro e charque conseguiram voltar ao volume dos bons anos de 1815-1825".[129]

Estava presente também a questão da autonomia da província, como em outras regiões do Brasil. O descontentamento gaúcho aumentava dia a dia.

> O Rio Grande era o guardião da fronteira, necessário à integridade do Império, e, por esta condição, merecia consideração (traduzida nas aspirações locais por autonomia e atendimento aos interesses regionais). Por outro lado, o movimento se iniciava com uma conotação moderada: deposição do presidente e entrega do poder ao seu substituto legal; solicitação de um novo governo que melhor atendesse os anseios do Rio Grande. Em

---

[128] Spencer Leitman. *Raízes sócio-econômicas da Guerra dos Farrapos*. Rio de Janeiro: Graal, 1979, p. 100.
[129] *Ibidem*, p. 100.

suma, esperava-se ainda que, com uma mudança de homens em cargos, a situação pudesse equacionar-se, o que bem demonstra a limitada compreensão do processo de subordinação econômica e política a que se via submetida a província. Todavia, era dado o alerta de que, caso não fossem atendidos, poderia ocorrer a separação.[130]

Vendo rejeitadas suas reivindicações, os gaúchos resolveram iniciar uma rebelião contra o governo central em setembro de 1835, ocupando Porto Alegre. O principal líder dos farroupilhas foi o estancieiro Bento Gonçalves. Após alguns êxitos militares, um ano depois foi proclamada a República Rio-Grandense, separando-se do Império do Brasil e tendo por capital Piratini. Estenderam a rebelião à província de Santa Catarina, onde, com a colaboração do revolucionário italiano Giuseppe Garibaldi, fundaram, em Laguna, a República Juliana.

Nas regiões em que instalaram seu governo, os farroupilhas mantiveram a escravidão e adotaram o voto censitário. Conseguiram manter a guerra, comprar armas, munições e mantimentos graças ao contrabando de charque para o Uruguai, de onde era revendido para o Brasil. A partir de 1843, quando o governo central já havia derrotado as revoltas do Norte e do Nordeste, a sorte da guerra começou a mudar. Após obter algumas vitórias, o recém-nomeado comandante das tropas legalistas, o barão de Caxias, Luís Alves de Lima e Silva, ofereceu uma proposta de paz aos farroupilhas. Em 28 de fevereiro de 1845, formalizou-se o acordo proposto por Caxias: os gaúchos escolheriam o presidente da província, as dívidas da República Rio-Grandense seriam pagas pelo governo central, os militares rebeldes, mantendo suas patentes, poderiam transferir-se para o Exército nacional, o imposto sobre o charque argentino seria aumentado e, por fim, haveria anistia geral. A assinatura do tratado de paz foi apressada devido ao agra-

---

[130] Sandra Jatahy Pesavento. *A Revolução Farroupilha*. São Paulo: Brasiliense, 2003, p. 51.

vamento das tensões entre Brasil e Argentina. Tudo indicava que haveria uma nova guerra na região do Prata, e ao governo brasileiro não interessava manter uma rebelião justamente nessa área.

* * *

Na Bahia, nos anos 1830, não era nada boa a situação econômica da província: o açúcar, principal produto regional, estava em crise devido aos baixos preços no mercado internacional e a produção de alimentos havia diminuído sensivelmente como consequência da grande seca de 1830-1833. Com a escassez, subiram os preços dos alimentos básicos como farinha de mandioca, feijão e carne-seca. Além disso, a insatisfação crescia nas tropas, pois muitos oficiais aguardavam promoções havia anos. Existia também profundo descontentamento com o governo do Rio de Janeiro, especialmente em relação à cobrança de impostos. A inquietação escrava esteve presente conjuntamente ao processo independentista. Na década posterior a tensão permaneceu. Em janeiro de 1835, em Salvador, centenas de escravos muçulmanos – conhecidos como malês – iniciaram uma rebelião. Foram derrotados. Em combate, morreram setenta escravos. Depois de um processo judicial, quatro foram executados, 22 receberam pena de prisão, 44 de açoite e quinhentos foram deportados para a África.

Dois anos depois teve início a Sabinada – denominação derivada do líder da rebelião, o mulato Francisco Sabino Vieira, médico e editor do periódico *Novo Diário da Bahia*. Começou em Salvador em novembro de 1837. A cidade logo caiu em poder dos rebelados. No mesmo dia divulgou-se um documento em que a partir daquele momento se declarava a província "inteira e perfeitamente desligada do governo denominado central do Rio de Janeiro [...], passando a Estado livre e independente".[131] Dias depois proclamaram que a separação da Bahia duraria apenas até

---

[131] Citado por Paulo César Souza. *A Sabinada*. São Paulo: Clube do Livro, 1987, p. 35.

a maioridade de Dom Pedro, quando a província voltaria a fazer parte do Brasil.

A Sabinada, mais que uma rebelião social com o intuito de alterar a estrutura econômico-social da Bahia, constituiu-se numa manifestação de descontentamento em relação ao poder no Rio de Janeiro. Sabino, seu líder, deixou isso claro ao escrever:

> Com o governo institucional monárquico nada temos feito, [...] a tropa ficou na mesma; o monopólio da corte se conserva; tudo para lá vai; tudo só lá se pode ver; as promoções militares são somente para a corte; [...] dinheiro só circula na corte; a pobreza e miséria das províncias vai em espantoso aumento. Vede a Bahia, a segunda capital do Império, a que se acha reduzida!.[132]

A rebelião não conseguiu estender-se à região do Recôncavo Baiano, restringindo-se a Salvador. Entre novembro de 1837 e março de 1838, período em que os rebeldes dominaram a cidade, em momento algum se falou em libertar os escravos:

> Os rebeldes da Sabinada não chegaram efetivamente a pronunciar a palavra liberdade; em relação com escravos. Seus jornais traziam artigos clamando pela soberania do povo; e tranquilizando esse povo quanto a uma possível insurreição africana. Essa incoerência decorria de sua existência social. Ela condicionava seu desejo de transtornar e transformar uma ordenação social que apreendiam como injusta. Mais que injusta, era perversa, porque os tornava cúmplices. Nela, a escravidão era a instituição básica, definidora; estava na raiz. Eles não foram radicais, não tocaram nas raízes. Foram incapazes de pensar além do horizonte ideológico de uma sociedade escravista.[133]

O governo central recuperou o controle de Salvador em 14 de março de 1838. Imediatamente começou a julgar os participantes da Sabinada: foram presos 3 mil rebeldes. Destes, doze acabaram

---

[132] *Ibidem*, p. 171.
[133] *Ibidem*, pp. 154-155.

condenados à morte. Dois anos depois, com a condição de não mais voltarem à Bahia, foram anistiados pelo imperador Dom Pedro II, que acabara de ascender ao trono.

* * *

Em 1840, com a derrota dos rebeldes da Cabanagem, da Balaiada e da Sabinada e com a neutralização dos farroupilhas, parte da elite política, principalmente os liberais, resolveu apoiar a proposta de antecipar a maioridade de Dom Pedro II, ideia que vinha sendo discutida desde 1835. É o chamado movimento maiorista. A Constituição determinava que Dom Pedro assumiria o trono aos 18 anos e, em 1840, tinha somente 14 anos.

Por decisão da Assembleia Geral, "reconhecendo o feliz desenvolvimento intelectual de Sua Majestade" e "os males inerentes a governos excepcionais" foi antecipada a maioridade de Dom Pedro II. A coroação ocorreu no ano seguinte. Era o início do Segundo Reinado.

O jovem imperador governou os primeiros anos cercado por cortesãos. Vários ministérios sucederam-se. Já em 1841, o Ato Adicional de 1834 foi alterado: restabeleceu-se o Conselho de Estado, as assembleias provinciais transferiram para o governo central a maior parte das competências que haviam conquistado, e todas as autoridades provinciais (governadores, juízes, delegados etc.) voltaram a ser nomeadas pelo Rio de Janeiro. Em 1842, graças à ação militar de Caxias, uma curta revolta dos liberais de Minas Gerais e de São Paulo contra a reforma do Ato Adicional foi facilmente vencida pelo governo.

> O povo acreditava ter dois inimigos que o impediam de ganhar a vida e adquirir algum bem-estar. Esses inimigos eram os portugueses, que monopolizavam o comércio das cidades, e os senhores de engenho, que monopolizavam a terra no interior. A guerra dos praieiros era feita a esses dois elementos – o estrangeiro e o territorial; mais que um movimento político, era

assim um movimento social. Além disso, ao contrário do Partido chamado da Ordem, a Praia dispunha da massa popular e tinha sempre prontos, esperando um seu aceno, os elementos precisos para uma revolução.[134]

Em Recife, um grupo de liberais radicais reunia-se na sede do jornal *Diário Novo*, na rua da Praia. Descontentes com a situação política e econômica da província, lideraram uma revolta iniciada em novembro sob forte influência da Revolução de 1848 na França. Derrotados em alguns combates, os revoltosos tiveram de se retirar de Recife e desenvolveram uma luta de guerrilha. Isolados, foram derrotados por uma força militar enviada pelo governo central. Ficaram célebres os nomes de Pedro Ivo e Nunes Machado.

Dos movimentos liderados por liberais, a Revolução Praieira foi o mais radical, defendendo, entre outras propostas, o voto universal, a liberdade de imprensa, o federalismo, o fim do recrutamento forçado, a extinção do Poder Moderador. Com a consolidação da ordem escravocrata e do centralismo político, abriu-se o caminho para o apogeu do Império no Brasil.

Foi sendo organizado um sistema político, especialmente a partir de 1847, com o estabelecimento da Presidência do Conselho de Ministros, um parlamentarismo muito peculiar, limitado pelos dispositivos da Constituição que dava ao imperador a chefia de dois poderes – o Moderador e o Executivo –, mas paulatina-

---

[134] "Não se pode deixar de reconhecer no movimento praieiro a força de um turbilhão popular. [...] Mas a verdade é que a Praia era a maioria, era quase o povo pernambucano todo; e o povo julga o seu direito tão extenso como a sua vontade, sobretudo quando luta com as classes que se servem das delongas infinitas da lei para conservarem os seus privilégios e perpetuarem os seus abusos. [...] O povo acreditava ter dois inimigos que o impediam de ganhar a vida e adquirir algum bem-estar: esses inimigos eram os portugueses, que monopolizam a terra no interior. A guerra dos Praieiros era feita a esses dois elementos – o estrangeiro e o territorial; mais que um movimento político, era assim um movimento social." (Joaquim Nabuco. *Um estadista do Império*. Volume I. São Paulo: IPE, 1949. pp. 103-104)

mente o primeiro-ministro foi obtendo maior liberdade de ação por deferência de Dom Pedro II e não por alguma determinação constitucional. Nesses quarenta e dois anos, entre 1847 e 1889, dos 31 gabinetes, dez foram chefiados por políticos baianos, sete por fluminenses, cinco por mineiros, cinco por pernambucanos e dois por paulistas – neste último caso foram gabinetes interinos que somados não ultrapassaram nove meses. Os governos se sucederam com uma alta rotatividade, excetuando o gabinete do visconde do Rio Branco, o mais longevo do Império (quatro anos).

A Constituição concedia ao imperador o poder de dissolver a Câmara. Das 21 legislaturas eleitas, 11 não cumpriram o mandato completo de quatro anos. Para ser eleitor era necessário ter a idade mínima de 25 anos e uma renda anual de 100 mil réis para o primeiro grau e 200 mil réis para o segundo – os valores foram atualizados no decorrer do tempo. Mulheres não votavam e no primeiro grau os libertos poderiam ser eleitores, desde que cumprissem as exigências legais. A comprovação de renda sempre foi um motivo de polêmica entre os partidos políticos. A lei Saraiva (1881) vai excluir os analfabetos do censo eleitoral. O voto era indireto e os representantes eram escolhidos por distrito. No primeiro grau votavam os "cidadãos ativos", que escolhiam os eleitores (segundo grau). Estes elegiam os parlamentares. Era da base parlamentar na Câmara que era organizado o governo. O mandato do senador era vitalício – escolhido de uma lista tríplice obtida por meio da consulta eleitoral na província, de acordo com o disposto na Constituição. O imperador não precisava nomear o mais votado, tinha liberdade de escolha. O número de senadores por província era a metade da bancada dos deputados.

É preciso destacar que numa

> população de 10 milhões de habitantes, em 1872, cálculo otimista avalia entre 300 mil e 400 mil as pessoas aptas aos comícios eleitorais, certo que, em 1886, a eleição para a terceira legislatura da eleição direta acusou a presença de apenas 117.671 eleitores

numa população próxima aos 14 milhões de habitantes. Somente 1% a 3% do povo participam da formação da dita vontade nacional.[135]

---
[135] Raymundo Faoro. *Op. cit.*, p. 323.

CAPÍTULO 12

Café: economia e sociedade

O café foi introduzido no Brasil no início do século XVIII. Adentrou pelo Pará e depois se espalhou pelo país. Acabou se concentrando, inicialmente, na província do Rio de Janeiro, próximo à capital colonial. Foi se deslocando para o Vale do Paraíba onde encontrou clima e solo adequados. Chegou a São Paulo e à região mineira vizinha da província do Rio de Janeiro – esta última relativamente prejudicada pela distância dos portos de exportação. Exigia um investimento de longa maturação tendo em vista que começava a produzir cinco anos após o plantio, diferentemente, por exemplo, da cana-de-açúcar. Mas nos anos 1830 já atingira o primeiro lugar das exportações brasileiras. Tinha, nesse momento, como concorrente no mercado internacional as Índias holandesas.

> Até o terceiro quartel do século passado [XIX], toda essa área que abrange a bacia do Paraíba e regiões adjacentes será o centro por excelência da produção cafeeira do Brasil. Comercialmente, orienta-se para o Rio de Janeiro, que é o porto do escoamento do produto e por isso seu centro financeiro e controlador. [...] Atinge também, pela mesma época, o auge de seu desenvolvimento; logo virá o declínio. Repetia-se, mais uma vez, o ciclo normal das atividades produtivas no Brasil: a uma fase de intensa e rápida prosperidade, segue-se outra de estagnação e decadência. [...] A causa é sempre semelhante: o acelerado

esgotamento das reservas naturais por um sistema de exploração descuidado e extensivo.[136]

A passagem do café para o que era chamado à época de Oeste Paulista representou uma revolução produtiva. A região tinha, anteriormente, desenvolvido a cultura açucareira. Assim, a chegada do café já encontrou uma base inicial para a sua expansão. Logo Santos se tornaria o principal porto exportador de café. A ocupação e transformação econômica ocorreu em rápida escala e por fazendas com milhões de pés de café. Quanto mais avançava para o interior, mais complexo era o translado da produção para o litoral. Logo começaram a ser construídas ferrovias, que facilitavam o escoamento da safra, aumentando a produção e barateando os custos de transporte: as primeiras grandes "ferrovias são legítimas estradas de café, como os nossos primeiros caminhos de penetração haviam sido picadas de índios".[137]

A organização da empresa cafeeira na região diferia daquela que originalmente tinha se desenvolvido no vale do Paraíba fluminense e paulista. Eram utilizadas modernas máquinas agrícolas, um plantio mais cuidadoso – facilitado pelo terreno plano –, menor idade média dos cafezais, mecanização da produção e uma divisão do trabalho que levou a sucessivos ganhos de produtividade. Logo se colocou o problema da mão de obra. A escassez de força de trabalho abriu a possibilidade de alterar as relações de produção. O escravismo não mais dava conta da nova economia cafeeira. Daí a necessidade de buscar trabalho livre, o imigrante europeu.

A fazenda Ibicaba, em Limeira, província de São Paulo, simbolizou a primeira tentativa de colônia de parceria na cultura cafeeira. Os gastos da viagem da Europa para o Brasil e o translado até a fazenda eram adiantados pelo proprietário. Cabia a cada família cuidar de um número de pés de café e poderia plantar víveres

---

[136] Caio Prado Júnior. *Op. cit.*, p. 162.
[137] Afonso de Taunay. *Pequena história do café no Brasil*. Rio de Janeiro: Fundação Darcy Ribeiro, 2013, p. 254.

para subsistência. Metade do café vendido ficava com o colono que, dessa forma, amortizava as despesas adiantadas pelo proprietário. Coexistiam com duas formas de trabalho: a livre e a escrava, o que acabou gerando tensão. Por outro lado, as dívidas dos colonos aumentavam em ritmo mais elevado que seus ganhos, muitos não estavam adaptados ao mundo rural ou tropical. A experiência acabou fracassando em meio a uma revolta de colonos estrangeiros.

A mão de obra escrava predominou até porque a rápida expansão e ocupação de novas áreas para o cultivo do café exigiam um fluxo cada vez maior de trabalhadores e, naquele momento, não havia uma oferta excedente de força de trabalho na Europa que desejasse se deslocar para o Brasil. Nos anos 1870 havia aproximadamente 170 mil escravos e apenas 11 mil imigrantes na área cafeeira.

Com a melhoria dos transportes, a expansão da produção, a necessidade de ampliar a mecanização, a demanda por trabalho qualificado e especializado, tudo para ampliar os ganhos de produtividade; além da necessidade de liberar capitais investidos na escravatura, fez com que surgisse novamente a necessidade de buscar trabalho livre. Para isso era indispensável existir na Europa mão de obra excedente e no Brasil uma forma atraente para seduzir os imigrantes, isto quando outras áreas do continente americano (Estados Unidos e Argentina) demandavam força de trabalho em larga escala.

Com subsídios governamentais para o translado da Europa para o Brasil, hospedagem em São Paulo e a colocação em fazendas que permitiam em curto prazo que o imigrante pudesse ter ganhos efetivos, atraíram milhares de imigrantes. O processo foi facilitado pelas mudanças econômicas e políticas ocorridas na Europa Ocidental, como a unificação italiana e a liberação de força de trabalho excedente como efeito da Revolução Industrial. Por outro lado, a intensificação do abolicionismo e as fugas de escravos tensionavam o sistema produtivo cafeeiro, sinalizando para o trabalho livre como saída para o novo momento econômico. Isto correu com maior rapidez nas áreas de mais alta produtividade, ocupadas recentemente. Já para o Sul do Brasil, os imigrantes se constituíram em pequenos proprietários e nos núcleos urbanos foram surgindo empreendimentos industriais e comerciais voltados para o mercado interno. Por outro lado, para as regiões Norte--Nordeste, as iniciativas

> foram raras e, quando tiveram lugar, invariavelmente fracassaram, as tentativas feitas, inclusive nas suas grandes províncias, como a Bahia e Pernambuco, cuja influência política pesava na política geral. [...] O que se designava simplificadoramente como o "clima do norte" serviu frequentemente de álibi às autoridades imperiais para justificar a inexistência de uma política de imigração para aquela parte do Brasil.[138]

O grande volume do comércio de exportação – tendo os Estados Unidos como o maior consumidor – foi dominado por empresas estrangeiras. A empresa cafeeira dependia dos preços do produto no mercado exterior, da evolução da produção interna, dos concorrentes estrangeiros e de condições climáticas nem sempre favoráveis – as geadas eram as grandes adversárias.

> O principal banqueiro do cafeicultor era o comissário. Os recursos dessa classe de comerciantes, apesar de serem ponderáveis, foram insuficientes para sustentar, sem aperturas, as novas necessidades monetárias da economia. Essa circunstância transformou também o comissário numa classe dependente de financiamentos e quebrou-lhe o poder de resistência diante dos exportadores. O comissário que, dispondo de capital, podia estocar o produto e realizar uma certa regularização da oferta, viu-se diante da necessidade de colocar imediatamente o produto que lhe chegava às mãos a fim de poder cumprir seus próprios compromissos. Essa inversão de papéis deu ao exportador – geralmente

---

[138] Evaldo Cabral de Mello. *O Norte agrário e o Império: 1871-1889*. Rio de Janeiro: Nova Fronteira, 1984, pp. 61 e 63.

gente de grandes empresas estrangeiras – a capacidade de comprimir ainda mais os preços dos produtos.[139]

Foi se constituindo uma sociedade complexa, muito distante do escravismo. Desenvolveram-se cidades e uma economia urbana mais sofisticada, com sistema bancário e comercial, a diversificação de profissões e da economia, a presença de camadas médias, a ampliação da circulação de jornais, revistas e livros, o surgimento de uma intelectualidade dedicada ao mundo urbano e o ensino básico estruturando-se na região. E as ferrovias jogaram um papel importante no processo. Pelo lado econômico, com a liberação de capitais aplicados nas tropas que transportavam – a custo alto e muito desperdício – o café para Santos, redução dos fretes, ampliação da capacidade de transporte; e ainda possibilitando o rápido translado de pessoas e ideias, como o abolicionismo e o republicanismo. Vale destacar que todas

> as novas zonas cafeeiras estavam mais bem localizadas para exportar através de Santos, e por isso, por sua vez, promoveu o desenvolvimento da capital, que ligava o interior ao porto. Assim, a cidade de São Paulo teve quatro linhas férreas atravessando suas fronteiras, o que favoreceu seu papel de principal centro financeiro e comercial do estado. No entanto, como a capital não era uma cidade costeira dotada de um porto, Santos cumpriu as funções típicas de uma grande cidade portuária: comercialização, financiamento, armazenamento, transporte e embarque dos principais produtos importados ou exportados do estado.[140]

O aumento da população urbana – onde passou a prevalecer o trabalho livre – incentivou o desenvolvimento da indústria nacional, sempre afetada pela escassez de capitais, pela falta de mão

---

[139] Antonio Delfim Netto. *O problema do café no Brasil*. São Paulo: Ed. Unesp, 2009, pp. 29-30.
[140] Francisco Vidal Luna e Herbert Klein. *História econômica e social do estado de São Paulo*. São Paulo: Imprensa Oficial, 2019, pp. 50-51.

de obra qualificada, pela concorrência de empreendimentos mais lucrativos e pela ausência de uma política de proteção estatal – as tarifas alfandegárias apresentavam, fundamentalmente, caráter fiscal. A mudança de ares permitiu uma, ainda que tímida, diversificação econômica.

CAPÍTULO 13

A interminável Guerra do Paraguai

O Império apresentava na região do Prata a área mais sensível no campo da política externa. As divergências do período colonial entre Portugal e Espanha acabaram herdadas pelos estados nascidos no processo independentista dos anos 1810-1820. Para o Brasil era fundamental garantir a liberdade de navegação na bacia do Prata. O acesso ao Mato Grosso era possível fundamentalmente pelos rios Paraná e Paraguai. O caminho terrestre era precário e demorado. Não havia estradas. Durante as primeiras décadas do século XIX, o Império e o Paraguai estabeleceram relações harmoniosas, pois tinham na Argentina o inimigo principal. O Brasil apoiava os caudilhos que nas províncias lutavam contra as tentativas centralistas de Buenos Aires, enfraquecendo a burguesia comercial portenha. Já a Argentina sonhava com a restauração do vice-reino do Prata, tendo Buenos Aires como centro, e submetendo as regiões interioranas: Paraguai e Uruguai.

O Paraguai mantinha-se isolado desde a independência, em 1811. Explorava erva-mate, tabaco e a criação de gado. Realizava um tímido comércio de exportação. Foi governado por mão de ferro pelo ditador José Gaspar de Francia desde 1814. Após a sua morte, em 1840, o país foi administrado por uma direção coletiva, o Consulado. Em 1844, assumiu a presidência Carlos Antonio López. Havia um problema fronteiriço não resolvido entre

Paraguai e Brasil. O Império defendia que o território brasileiro ia até o rio Apa, um afluente do rio Paraguai, enquanto o Paraguai reivindicava as terras que chegavam ao rio Branco.

Com a morte de Carlos Antonio López, em 1862, ascendeu à presidência seu filho, Francisco Solano López. Teve início uma ação diplomática mais agressiva e de caráter expansionista. Na Argentina, na mesma época, depois de décadas, foi organizado um Estado centralizado tendo à frente o presidente Bartolomé Mitre. Os caudilhos regionais, especialmente os vizinhos ao Paraguai, perderam poder. No Uruguai permanecia o confronto entre colorados e blancos. O Brasil, especialmente, e a Argentina participavam ativamente das disputas políticas naquele país. No caso do Brasil havia também o interesse econômico dos criadores gaúchos que possuíam terras no Uruguai; lá engordavam o gado antes de trazê-lo ao Rio Grande do Sul, onde era abatido. O charque destinava-se ao mercado interno e o couro era exportado. Conflitos na fronteira acirraram as tensões entre os dois países. Em setembro de 1864, tropas brasileiras invadiram o Uruguai, mas retornaram ao Brasil dias depois. O Paraguai entendeu que seus interesses nacionais passavam pela existência no Uruguai de um governo aliado, garantindo a liberdade de navegação do rio da Prata.

O cenário para o conflito estava desenhado. Ainda em novembro, o governo paraguaio apresou o navio *Marquês de Olinda* que subia o rio Paraguai em direção ao Mato Grosso. Foi considerada uma ação provocadora na visão das autoridades brasileiras. No mês seguinte, tropas paraguaias invadiram o Mato Grosso: era o efeito surpresa preparado por Solano López. A guerra começou. Em abril de 1865, atacaram a Argentina e dois meses depois o Rio Grande do Sul.

> Uma guerra contra o Paraguai não era de forma alguma uma causa popular na Argentina. Muitos a consideravam um expediente antiliberal, cujos resultados seriam a ampliação do poder de Estado, o aumento do Exército nacional e, embora possibilitasse

a alguns lucrar com o fornecimento ao governo, sobrecarregaria de modo intolerável a comunidade. Além do mais, o Brasil era considerado um aliado antipático: derramar sangue argentino e gastar dinheiro argentino em apoio às ambições imperialistas de um país escravocrata era algo condenado por muitos como o cúmulo da insanidade.[141]

Mesmo assim, no dia 1º de maio foi assinado em Buenos Aires o Tratado da Tríplice Aliança entre Argentina, Brasil e Uruguai – neste país, os colorados tinham tomado o poder liderados por Venâncio Flores. O tratado definia que o presidente argentino Bartolomé Mitre seria o comandante das tropas aliadas e estabelecia as novas fronteiras entre Argentina, Brasil e Paraguai, além de determinar que, após o fim da guerra, López não permaneceria no Paraguai.

As diversas intervenções do exército brasileiro na bacia do Prata ou em rebeliões ocorridas no território nacional, desde a presença de Dom João no Brasil, tinham sido breves. Não foi o caso da Guerra do Paraguai. Não havia mapas, o terreno era em boa parte pantanoso, o clima hostil, o abastecimento das tropas precário – tanto de alimentos, como de armas e munições –, o contingente de soldados era pouco combativo – boa parte formado por escravos ou pelo recrutamento forçado –, os oficiais desconheciam os avanços da ciência militar nas décadas que precederam a guerra e o contingente mobilizado não passava de 20 mil homens. Havia também uma desconfiança entre comandantes argentinos e brasileiros.

Dom Pedro II chegou a se deslocar até o Rio Grande do Sul. Em 5 de agosto, tropas paraguaias sitiadas em Uruguaiana se renderam. No rio Paraná, dois meses antes, a marinha paraguaia foi destruída na batalha do Riachuelo. O Paraguai perdeu contato

---

[141] John Lynch. "As repúblicas do Prata da Independência à Guerra do Paraguai." *In*: Leslie Bethell (org.). *História da América Latina*. São Paulo; Brasília: Edusp/Fundação Alexandre de Gusmão, 2001, p. 686.

através da bacia do Prata com o oceano Atlântico, se isolando. Os aliados invadiram o Paraguai em outubro. Começava a longa campanha de combate a Solano López que só acabaria quatro anos e meio depois, em março de 1870.

O avanço das tropas aliadas foi muito lento. De um lado devido às sólidas fortificações paraguaias e de um combativo exército de 77 mil homens; de outro, as permanentes divergências do comando aliado dificultavam as operações militares. A marinha brasileira foi criticada pela inoperância e pouca combatividade. Em maio, em Tuiuti, ocorreu "a maior batalha travada na América do Sul. Eram 24 mil paraguaios atacando 32 mil aliados, dos quais 21 mil brasileiros, 9.700 argentinos e 1.300 uruguaios. [...] A batalha de Tuiuti durou cinco horas e meia, terminando no final da tarde, deixando o terreno coberto de cadáveres paraguaios, em distância superior a três quilômetros".[142]

Os meses foram passando sem que se avizinhasse o término do conflito. O avanço pelo território inimigo e através do rio Paraguai nem sempre ocorreu de forma eficaz. Só na batalha de Curupaiti (22 de setembro de 1866) morreram 2.082 argentinos, 1.968 brasileiros e 250 paraguaios. Depois desse desastre foi nomeado o marquês de Caxias como comandante do exército em operação no Paraguai.

A impopularidade da guerra crescia. Os gastos militares também – a ampla maioria sustentados pelo Império, a contribuição argentina foi caindo ao longo dos meses e a uruguaia, no quantum total, se mostrou desprezível. No Brasil, o desgaste político se refletia nas disputas parlamentares entre liberais e conservadores. Os Estados Unidos demonstraram discreta simpatia pelos paraguaios. A França manteve neutralidade, assim como a Inglaterra – neste último caso, deve ser destacado que as relações diplomáticas com o Brasil estavam rompidas desde 1863 e só seriam restabelecidas

---

[142] Francisco Doratioto. *General Osório: a espada liberal do Império*. São Paulo: Companhia das Letras, 2008, pp. 155 e 158.

em novembro de 1865, devido a Questão Christie, quando um navio inglês teve sua carga saqueada após naufragar na costa do Rio Grande do Sul e o governo imperial se recusou a indenizar os proprietários da embarcação. O conflito acabou criando sérios problemas para o comércio britânico na região.

O ano decisivo da guerra foi o de 1868, quando das vitórias, em dezembro, de Itororó, Avaí e Lomas Valentinas. Estava aberto o caminho para a capital Assunção. Solano López ainda tentou resistir, convocou adolescentes para a guerra, ampliou a repressão contra adversários,[143] além de aumentar seu patrimônio incorporando e monopolizando o fornecimento de víveres para o exército paraguaio. Em 1º de janeiro de 1869, tropas brasileiras ocuparam Assunção. Caxias considerou que, para ele, a guerra estava encerrada. Dom Pedro II, porém, insistiu na captura do ditador paraguaio. O marido da princesa Isabel, o conde d'Eu, foi enviado ao teatro da guerra como substituto de Caxias. A caçada a López terminou em 1º de março de 1870, na batalha de Cerro Corá, quando o ditador foi ferido mortalmente. Tropas brasileiras permaneceram no Paraguai até 1876.[144]

O longo período de guerra deixou exauridas as finanças do Império. Cálculo aproximado de dez orçamentos anuais da época. Daí a frase do barão de Cotegipe: "Maldita guerra, atrasa-nos meio século!". O exército – e neste caso a historiografia sobre o

---

[143] "De 31 de maio a 14 de dezembro de 1868, das pessoas que morreram nas prisões paraguaias – o número delas varia entre 400 e 2 mil, conforme o autor que se consulte –, três quartos foram acusados de traidoras. Morreram quase todos os homens de relevância de Assunção e do interior e, em seguida, os generais." (Francisco Doratioto. *Maldita guerra: nova história da guerra do Paraguai*. São Paulo: Companhia das Letras, 2002, pp. 346-347)

[144] É uma polêmica historiográfica – e política – o total de perdas humanas do Paraguai durante a guerra. Parte oriunda dos combates, outras da fome que imperou no país, houve também os perseguidos pelo ditador López e os que emigraram para a Argentina e o Brasil. Mas é inegável o alto número de perdas e a desproporção, no pós-guerra, entre mulheres e homens, estes representando uma pequena parcela da população. Ver *Ibidem*, pp. 456-458.

conflito não fornece um número exato – perdeu em torno de 50 mil homens, boa parte devido às doenças contraídas nas zonas de combate.[145]

---

[145] A Argentina teve 18 mil homens entre mortos e feridos, e o Uruguai, 3.120.

CAPÍTULO 14

Escravidão, abolicionismo e a queda do Império

Já no início do século XIX, a Inglaterra pressionou Portugal para abolir o tráfico de escravos. O objetivo era proteger as colônias inglesas das Antilhas:

> O perigo que ameaça as colônias açucareiras, o de superprodução, seria remediado pela cessação do tráfico de escravo dentro dos domínios britânicos, pois tal medida impediria o aumento das plantações de açúcar, por causa da falta de mão de obras. Mas este remédio estava agora em perigo pela ameaça de um novo e enorme crescimento da plantação de açúcar no Brasil. [...] A única solução, portanto, para as dificuldades das Índias Ocidentais, era abolir o tráfico português, que fornecia mão de obra barata para as plantações brasileiras.[146]

Em 1810, Dom João VI aceitou a tese inglesa, mas evitou tomar qualquer providência para implementá-la. Em 1826, os britânicos voltaram a exigir que o governo cumprisse o tratado de 1810. Somente faria o reconhecimento diplomático do Brasil caso fosse, no prazo de três anos, extinto o tráfico. Mas o tráfico não apenas permaneceu como se fortaleceu. Apesar das promessas, o comércio continuou em escala maior devido ao aumento da procura por escravos nas províncias de São Paulo, Minas Gerais

---
[146] Allan K. Manchester. *Op. cit.*, pp. 149-150.

e Rio de Janeiro, que recebiam 80% dos cativos que entravam no Brasil.

Os tratados com a Inglaterra acabaram ignorados devido aos interesses econômicos da elite latifundiária e escravocrata que não aceitava nenhuma interferência governamental no comércio de escravos. O tráfico era uma indústria com a participação de negociantes de três continentes: África, Europa e América. Começava quando se aprisionavam africanos. Depois, cuidava-se de transportá-los acorrentados até o litoral, onde ficavam aguardando serem vendidos, trocados por fumo, aguardente e manufaturas produzidas, em sua maioria, na Inglaterra. Havia uma ampla rede na África que alimentava o tráfico:

> Um agenciava a compra de cativos; aquele cuidava da segurança dos depósitos de mercadoria humana; aquele outro adquiria para ela alimento e água, que nem sempre se obtinha na vizinhança; e havia quem mantivesse roçados, capoeiras e currais de gado miúdo, para abastecimento dos barracões e dos barcos negreiros, bem como quem fornecesse ou contratasse canoas com os seus remeiros, para levar os escravos da praia para os navios. Alguns instalavam-se em pequenas aldeias, junto ao oceano ou no correr da linha de lagunas, furos e canais que corre paralela à costa, na esperança de fazer um pequeno comércio de escravos com os batéis e as galeotas que, despregando-se dos navios, iam recolher de vilarejo em vilarejo os cativos disponíveis.[147]

Em Angola, colônia portuguesa, antes de serem embarcados no navio negreiro, era cobrado um imposto conforme a idade. Cada escravo era marcado a fogo com o brasão real. Depois entravam no navio – chamado de tumbeiro – a maioria construída nos Estados Unidos. Neles se amontoavam centenas de negros, os homens amarrados em estacas, nos porões e as mulheres, no convés. Alguns navios chegaram a transportar 1.800 cativos. As condições

---

[147] Alberto Costa e Silva. *Francisco Félix de Souza, mercador de escravos*. Rio de Janeiro: Nova Fronteira; Ed, Uerj, 2004, p. 33.

das embarcações eram muito ruins, a alimentação insuficiente e pouquíssima água potável. As doenças proliferavam. Em média, no transporte, pereciam de 10% a 20% dos escravos.

Em 1845, o Parlamento britânico aprovou uma lei proposta pelo ministro George Aberdeen, conhecida como Bill Aberdeen, que interrompia todo o comércio de escravos entre a África e a América. No Brasil começaram a ocorrer prisões de navios negreiros, alguns já bem próximos da costa brasileira. Entre 1840 e 1848, a marinha britânica capturou 625 navios transportando milhares de escravos. Muitos desses foram levados às colônias inglesas do Caribe. Os escravocratas afirmavam que os recém-libertos viviam em condições muito próximas às dos escravos. Chegou-se ao exagero de afirmar que "as leis que no Brasil regulavam o tratamento de escravos eram benignas: previam férias para os negros – férias que iam até trinta dias no ano".[148]

A tensão política entre Brasil e Inglaterra cresceu a tal ponto que se anunciava uma guerra. Os traficantes tentaram transformar a manutenção do seu comércio em uma medida nacionalista.

> Na escalada de recriminações que se seguiu, a Inglaterra ameaçou bloquear os portos do país e paralisar seu comércio exterior, o que poderia conduzir a uma guerra extremamente desigual com a principal potência econômica, naval e militar da época. Em toda a história do Brasil independente, foi esse o momento em que mais perto se chegou de um conflito direto com a potência predominante do sistema internacional, com consequências que provavelmente teriam sido desastrosas para o regime e o país.[149]

Em 1850 foi votada a lei nº 581 – conhecida como Lei Eusébio de Queirós – que aboliu definitivamente o tráfico de escravos:

---

[148] Ver Gilberto Freyre. *Interpretação do Brasil*. Rio de Janeiro: José Olympio, 1947, p. 110.
[149] Rubens Ricupero. *Op. cit.*, p. 158.

> Art. 1° – As embarcações em qualquer parte, as estrangeiras encontradas nos portos, enseadas, ancoradouros ou mares territoriais do Brasil, tendo a seu bordo, escravos, cuja importação é proibida pela lei de 7 de novembro de 1831, ou havendo-se desembarcado, serão apreendidas pelas autoridades ou pelos navios de guerra brasileiros, e considerados importadores de escravos.
>
> A tarefa de qualquer governo brasileiro que procurasse acabar com o tráfico negreiro seria indubitavelmente facilitada pelo fato de mais brasileiros começarem a reconhecer os males e perigos inerentes ao tráfico, pela crescente constatação do isolamento internacional do Brasil a esse respeito, pelo ódio sentido contra os traficantes e, mais importante do que isso, pelo excesso no mercado de escravos, que satisfizera as necessidades imediatas dos fazendeiros brasileiros, diminuindo, assim, pelo menos temporariamente, a sua dependência do tráfico.[150]

Dessa vez os plantadores aceitaram o fim do tráfico. Isto devido às pressões inglesas, à vigilância dos mares e, principalmente, ao grande número de escravos que entrou no Brasil entre 1830 e 1850, cerca de 400 mil negros. Com o passar dos anos, e devido ao rápido crescimento da economia cafeeira, o preço dos escravos começou a subir. Em 1882, uma fazenda valia 354 contos de réis e seus 230 escravos, 280 contos de réis. Mesmo assim, o escravo era constantemente castigado. A crueldade no tratamento buscava fazê-los submissos, evitando revoltas e mantendo o ritmo de trabalho, principalmente no momento da colheita. Fazia parte da lógica infernal da escravidão.

A violência perpassava o cotidiano do escravo:

> A duração média da força de trabalho era de quinze anos e, nas fazendas, havia sempre certo número de escravos momentaneamente incapacitados, numa cifra que variava de 10% a 25%. A mortalidade infantil atingia, às vezes, até 88%. Morriam os recém-nascidos do mal de sete dias e muitas mães perdiam a

---

[150] Leslie Bethell. *Op. cit.*, p. 298.

vida no parto. [...] As epidemias grassavam facilitadas pelas más condições higiênicas e pela promiscuidade em que viviam.[151]

A situação do escravo urbano era relativamente melhor, até por estar mais exposto aos olhos do público do que aquele vinculado ao eito, assim como a possibilidade de obter a alforria era maior e as condições de vida e saúde menos atrozes.

A importação de homens era muito superior à de mulheres e não havia a instituição de uma família escrava. Pais e filhos podiam ser separados a qualquer momento. Os negros viviam sem nenhum asseio ou condição mínima de vida: as senzalas não tinham janelas, o ar mal circulava e os escravos sadios coabitavam com os doentes. No Brasil, em 1798, a população de cativos era de 582 mil. No século XIX, até 1850, entraram mais de 1.600.000. Mesmo assim, em 1871, havia 1.540.000 escravos.

Até o fim do tráfico, fazendeiros achavam mais barato importar escravos do que criá-los. Comparando com os Estados Unidos, onde a população escrava se concentrava nos estados do Sul, em 1790 possuíam 700 mil cativos e, até meados do século XIX, entraram apenas mais 400 mil. Em 1860, já eram 4 milhões, ou seja, um número quase seis vezes superior ao de 1790, enquanto o Brasil, apesar de ter importado centenas de milhares de cativos, tinha, em 1871, quase que o mesmo número de escravos de setenta anos antes. Em outras palavras: "O Brasil recebeu talvez dez vezes mais escravos do que a América do Norte britânica durante um período de tempo muito mais longo e, apesar disso, durante a totalidade da sua história, o Brasil nunca teve tantos escravos em qualquer dado momento quanto os que os Estados Unidos tinham em 1860".[152] Perdigão Malheiro, testemunha ocular do período, e autor do clássico

---

[151] Emília Viotti da Costa. *Da senzala à colônia*. São Paulo: Ed. Unesp, 2010, pp. 302 e 304.
[152] Robert Conrad. *Os últimos anos da escravatura no Brasil*. Rio de Janeiro: Civilização Brasileira, 1978, pp. 37-8.

A escravidão no Brasil, registrou quatro fatores que, de acordo com ele, explicariam a baixa taxa de reprodução dos escravos:

> 1. Porque, em geral, a importação era de homens, e mui poucas mulheres; o que se queria principalmente eram braços para o trabalho, e não família; 2. Porque não se promoviam casamento; a família não existia para os escravos; 3. Porque pouco ou nada se cuidava dos filhos; 4. Porque as enfermidades, o mau trato, o serviço e trabalho excessivo inutilizavam, esgotavam, e matavam dentro em pouco grande número.[153]

O desenvolvimento do cultivo do café, principalmente em São Paulo, Minas Gerais e Rio de Janeiro, provocou um aumento na procura por escravos, intensificando-se o tráfico interprovincial. Das províncias do Norte vieram milhares de escravos para o Sul, onde se concentraram quase 80% dos cativos. A migração ganhou corpo entre os anos 1845 e 1881, quando o tráfico interno foi proibido. Esse comércio já tinha precedentes em séculos anteriores quando do domínio econômico do açúcar e posteriormente do ouro. A transferência de escravos para o Sudeste – cuja demanda por mão de obra escrava não parava de crescer – teve uma leve diminuição durante a Guerra Civil nos Estados Unidos (1861--1865), pois algumas províncias do Nordeste, como o Maranhão e o Ceará, aumentaram a exportação de algodão para a Inglaterra.

O emancipacionismo recebeu forte influência dos efeitos da Guerra do Paraguai. Durante o longo conflito, mais de 20 mil escravos obtiveram liberdade, pois lutaram como soldados do exército brasileiro, substituindo seus donos, que tinham sido convocados. Diversos outros acontecimentos internacionais da década de 1860 estimularam atitudes reformistas no Brasil: a libertação dos escravos nos Impérios francês, português e dinamarquês; a libertação dos servos no Império russo em 1861; a Guerra Civil

---

[153] Agostinho Marques Perdigão Malheiro. *A escravidão no Brasil: ensaio histórico-jurídico social*, v. II. [s.n.] São Paulo: 1944, p. 65.

norte-americana e o final da escravidão nos Estados Unidos por meio da décima terceira emenda à Constituição, em 1865.

Em 1871, depois de 21 anos sem qualquer medida governamental, foi aprovada a Lei do Ventre Livre. Considerava livres todos os escravos nascidos após aquela data. Na Câmara, a votação obteve 65 votos favoráveis e 45 contrários. Destes, trinta eram de deputados representantes das três províncias cafeeiras: Minas Gerais, São Paulo e Rio de Janeiro. No Senado, o resultado foi mais tranquilo: 33 votos a favor e sete contra. Dos contrários, cinco eram senadores das províncias cafeeiras.

De acordo com a lei de 1871, os "ingênuos" tinham duas opções: ou ficavam com seus senhores até a maioridade (21 anos) ou poderiam ser entregues ao governo. Na prática, os senhores os mantiveram nas suas propriedades, tratando-os como se fossem escravos. Em 1885, dos 400 mil "ingênuos", somente 118 foram entregues ao governo. O fundo de emancipação criado pela lei também não surtiu grandes efeitos, pois os proprietários optavam por libertar escravos doentes, cegos e deficientes físicos.

A emancipação dos escravos recém-nascidos já tinha sido adotada em outros países: no Chile, em 1811; na Colômbia, em 1821; em Portugal, em 1856 e nas colônias espanholas do Caribe, em 1870. A Lei Rio Branco pretendia estabelecer um processo gradual de transição entre o trabalho escravo e o regime de trabalho livre, sem, contudo, causar mudanças abruptas na economia ou na sociedade, tudo sob controle dos escravocratas. Desde 1867, Dom Pedro II vinha defendendo uma iniciativa deste tipo: "O elemento servil no Império não pode deixar de merecer oportunamente a vossa consideração, provendo-se de modo que, respeitada a propriedade atual e sem abalo profundo em nossa primeira indústria – a agricultura –, sejam atendidos os altos interesses que se ligam à emancipação".[154]

---

[154] Falas do Trono. Brasília: INL/MEC, 1977, p. 374.

O tráfico interprovincial gerou algumas consequências: as províncias do Norte-Nordeste acabaram por restringir o trabalho compulsório; nas regiões cafeeiras esse tráfico gerou um processo inverso: retardou o processo de transição para o trabalho livre. Principalmente a partir de 1880, as províncias do Norte-Nordeste passaram a aceitar a emancipação: de um lado, pela diminuição relativa do número de escravos – os homens tinham sido vendidos para as províncias do Sul –, ou porque a escravidão já não significava a relação de produção dominante; e de outro, graças à escassez de homens em idade adulta – entre os escravos, a predominância era de mulheres, crianças e idosos. Deve também ser destacado que a seca dos três setes (1877-1879), a mais severa desde o século XVI, permitiu aos senhores de escravos vendê-los para o Sul, pois tinham nos retirantes substitutos da mão de obra cativa sem nenhum custo.[155]

Os acontecimentos do Norte-Nordeste deram alento ao movimento abolicionista, que se desenvolveu principalmente nos anos 1880. O engajamento de lideranças urbanas, geralmente da classe média, acabou transformando a luta pela libertação dos escravos em um movimento de massas, o primeiro da história do Brasil. Era amplamente divulgado em jornais, panfletos, romances e peças de teatro. Reuniões, bailes e festas serviam para arrecadar dinheiro e comprar a liberdade de milhares de escravos.

No Ceará, em dezesseis meses de campanha, foram libertados 22.660 escravos, enquanto em doze anos de vigência do fundo de emancipação da Lei Rio Branco foram libertos em todo o Brasil apenas 18.900 escravos. A liberdade dos escravos no Ceará, em 1884, foi comemorada na cidade do Rio de Janeiro numa festa que durou quatro dias. No Amazonas, os escravos da província também foram libertados em 1884. No Rio Grande do Sul, a escravidão desapareceu também por essa época. De um lado, muitos

---

[155] Para a seca de 1877-1879, ver Marco Antonio Villa. *Vida e morte no sertão: história das secas no Nordeste nos séculos XIX e XX*. São Paulo: Ática, 2001, pp. 41-86.

escravos foram vendidos para as províncias cafeeiras; de outro, a presença dos imigrantes, principalmente alemães e italianos, inibia a manutenção da escravidão. Em poucos meses do ano de 1884, foi libertada a maioria dos cativos, que, embora "livres", eram obrigados a continuar prestando serviços aos seus antigos donos, num período que variava de um a sete anos.

A velocidade do processo está vinculada ao desenvolvimento da cultura cafeeira e ao crescimento das cidades:

> Uma economia em expansão voltada para a exportação exigia mais trabalho. Era evidente que mais cedo ou mais tarde a escravatura chegaria ao fim e que não era mais possível conseguir escravos nem importando-os, nem por procriação. Por fim, os novos grupos urbanos viam na escravidão um impedimento não só ao seu sucesso financeiro, mas à propagação da sua cosmovisão.[156]

A pressão sobre o Parlamento se intensificou a partir de 1884, quando foi proposta a libertação dos escravos com mais de sessenta anos (a lei dos Sexagenários/Saraiva-Cotegipe). Apesar de a medida atingir somente um pequeno número de cativos, pois a maioria morria muito antes de chegar a essa idade, os escravocratas reagiram com tamanho rigor, que a lei só foi aprovada em 1885 e, ainda assim, após aumentar o limite de idade do cativo de sessenta para 65 anos. O maior número de sexagenários estava localizado nas províncias cafeeiras, o que explica a resistência dos seus representantes na Câmara e no Senado. Dos 90.920 libertados até 1886, 54.316 viviam nas províncias de São Paulo, Rio de Janeiro e Minas Gerais.

A grande figura do abolicionismo foi Joaquim Nabuco, deputado por Pernambuco. Excelente orador e polemista, escreveu diversos libelos antiescravistas e buscou apoio na Europa para o

---

[156] Richard Graham. *Escravidão, reforma e imperialismo*. São Paulo: Perspectiva, 1979, pp. 71-72.

movimento. Transformou-se no símbolo maior do movimento e alvo predileto do ódio dos escravocratas. Para os abolicionistas não bastava somente libertar o negro da escravidão: a grande tarefa era retirá-lo da miséria secular transformando-o em cidadão – em 1872, dos 1.509.403 escravos, somente 1.403 eram alfabetizados. Isso só poderia ocorrer com a adoção de reformas econômicas e sociais, como advogavam os abolicionistas mais avançados. Outra figura de destaque foi o advogado negro Luís Gama, que atuou contra a escravidão. Ele argumentava que os africanos entrados no Brasil depois de 1831 não podiam ser escravizados, pois naquele ano o tráfico internacional de escravos havia sido legalmente abolido no país. Seu funeral em São Paulo, em 1882, foi uma apoteose e uma consagração às suas ideias e realizações abolicionistas.

Desde 1886, intensificou-se em São Paulo a ação dos abolicionistas. Defendiam uma ação mais direta: a fuga dos escravos das fazendas. O movimento liderado por Antonio Bento – líder da Sociedade dos Caifazes – especializou-se em incentivar e organizar a fuga de cativos. Contaram com o apoio dos ferroviários que os conduziam clandestinamente até São Paulo e de lá para Santos ao quilombo do Jabaquara que chegou a abrigar 10 mil fugitivos. Em 1887, houve uma crise na organização do trabalho nas fazendas provocada pela intensificação das fugas e a impossibilidade da polícia de impedi-las, dada a simultaneidade dos eventos. A maioria dos fazendeiros foi obrigada a aceitar o abolicionismo como fato consumado. Uns concedendo a liberdade em troca da permanência por alguns anos nas fazendas; outros sendo obrigados a contratar os ex-cativos como força de trabalho assalariada. Aguardavam a chegada de mais imigrantes para substituir a mão de obra. Branquear a relação de produção também era um dos objetivos dos fazendeiros.

A situação ficou incontornável quando o Exército se recusou a cumprir o papel de capitão do mato por meio de uma deliberação do Clube Militar dirigida à princesa Isabel. Pouco depois chegou ao governo o gabinete João Alfredo. A abolição era a principal questão política do país. Não era mais viável uma solução gradual. A resistência restringiu-se a representantes de alguns distritos. Na Câmara foram apenas nove votos contrários – dos quais oito do Rio de Janeiro. No Senado houve rápida tramitação. Mas os ultraconservadores, como o barão de Cotegipe, manifestaram seu desacordo:

> "Secreta-se que neste país não há propriedade, que tudo pode ser destruído por meio de uma lei, sem atenção nem a direitos adquiridos, nem a inconvenientes futuros! [...] Sabem quais as consequências? Não é segredo: daqui a pouco se pedirá a divisão das terras, do que há exemplo em diversas nações, desses *latifundia*, seja de graça ou por preço mínimo, e o Estado poderá decretar a expropriação sem indenização".[157]

A Lei Áurea – denominação dada por José do Patrocínio, que teve importante participação em todo o processo – foi aprovada no dia 13 de maio de 1888. Como reconheceu o visconde de Ouro Preto, "limitou-se a reconhecer e confirmar um fato preexistente, evitando com esse reconhecimento as maiores perturbações e desordens, senão terríveis calamidades. A emancipação estava feita no dia em que os ex-escravos recusaram marchar para o eito e começou o êxodo das fazendas".[158]

As comemorações se estenderam por todo o Brasil. Mas a dura realidade logo se impôs aos negros, agora libertos. Como se inserir na sociedade de classes que estava se constituindo? Na ilha de Itaparica, na Bahia, durante

> três dias e três noites, cantou-se, dançou-se, todo mundo se divertiu. Os sons dos atabaques encheram a ilha. No quarto dia, o feitor mandou reunir os ex-escravos. E os despediu. Deviam

---

[157] Senado Federal (Brasil). *A abolição no Parlamento:* 65 anos de luta (1823-
-1888), v. 2. Brasília, 1988, p. 1.070.
[158] Afonso Celso. *Discursos parlamentares*. Brasília: Câmara dos Deputados, 1978, p. 358.

deixar a ilha imediatamente. Ali não havia mais lugar para eles. Começava, nesse instante, uma vida de errância e sofrimento. Feitor já não há para alimentá-los, nem senhor para tratá-los e vesti-los. Nos primeiros dias, os libertos da ilha lhes dão de comer. Gradualmente, porém, eles são forçados a dispersarem-se. Muitos atravessaram a baía, refugiaram-se na grande cidade [Salvador], acrescentaram-se a uma população marginal que tinha todas as dificuldades do mundo para arranjar trabalho. A abolição não forneceu qualquer garantia de segurança econômica, nenhuma assistência especial a esses milhares de escravos libertados.[159]

O mesmo ocorreu no Rio Grande do Sul:

> O negro tinha de optar entre continuar trabalhando nas mesmas condições que antes, com o status formal de cidadão, ou reagir a tudo o que o trabalho desqualificado pela escravidão significava, passando a viver na ociosidade e no desregramento. Foi essa a alternativa que os brancos criaram para os negros. A escravidão, de fato, dadas as condições e a avaliação social do trabalho realizado anteriormente pelos escravos, situação à qual teriam de sujeitar-se se continuassem a trabalhar nas antigas ocupações, ou a liberdade da miséria.[160]

Em quase quatro séculos, milhões de africanos foram trazidos à força para o Brasil através do tráfico de escravos. É difícil obter o número exato. Segundo Robert Conrad, "é concebível a entrada de mais de 5 milhões de escravos no Brasil durante todo o período do tráfico. Este total incluiria talvez 100 mil africanos no século XVI, 2 milhões no século XVII, 2 milhões no século XVIII e mais de 1,5 milhão nos últimos cinquenta anos do tráfico".[161]

---

[159] Kátia M. de Queirós Mattoso. *Ser escravo no Brasil*. São Paulo: Brasiliense, 1990, p. 239.
[160] Fernando Henrique Cardoso. *Op. cit.*, p. 241.
[161] Robert Conrad. *Tumbeiros. O tráfico de escravos para o Brasil*. São Paulo: Brasiliense, 1985, p. 43.

A Igreja católica, que, institucionalmente, nada fez pelo movimento abolicionista, após o 13 de Maio aconselhou os libertos por meio de uma carta do Papa Leão XIII:

> Que eles [os ex-escravos] guardem religiosamente o sentimento de gratidão e se esforcem para prová-lo com cuidado àqueles a quem devem a liberdade. Que não se tornem jamais indignos de tão grande benefício, e que não confundam nunca a liberdade, com a licença de paixões; que usem dela, como convém a cidadãos honestos, para o trabalho de uma vida ativa, para o progresso e para o bem da família e do Estado.[162]

O conselheiro Lafayette, sagaz político liberal, em uma sessão do Senado, lembrou a conveniência para a monarquia de ao menos indenizar os proprietários de escravos como forma de mantê-los ligados à ordem imperial, recordando uma máxima de Nicolau Maquiavel: os homens perdoam mais facilmente a quem lhes mata os pais de que a quem lhes rouba a fortuna.

A advertência de Lafayette não foi levada em conta e o Império perdeu uma importante base de sustentação política. A fração mais moderna dos cafeicultores, especialmente do Oeste paulista, passou, após a Lei Áurea, a temer que a monarquia pudesse realizar reformas para obter apoio político da massa negra recém-libertada. Começava a contagem regressiva para o fim da monarquia e o nascimento do novo regime. Nas palavras ácidas de um republicano radical – e abolicionista – escritas em 1885, o futuro não se avizinhava promissor, pois

> a democracia que nos querem encampar é apenas oligarquia despeitosa e mascarada, e a sua república que de longe se nos afigura uma virgem casta, de olhar inocente e fero, de juba leonina, de dentes alvos, de carnadura só não passa de uma velha messalina monárquica, caiada, disfarçada em donzela, escondendo em

---

[162] Citado por Benjamin Mossé. *D. Pedro II,. Imperador do Brasil*. São Paulo: Cultura Brasileira, 1935, p. 195.

peruca torpe e alopecia obscena, suspendendo os seios sovados em espartilho de baleia, com as gengivas gretadas de escorbuto, com os ossos carcomidos de sífilis.[163]

---

[163] Júlio Ribeiro. *Cartas sertanejas*. Lisboa: Clássica Editora, 1908, p. 37.

CAPÍTULO 15

Café, República e modernidade

O surto cafeeiro e o rápido crescimento da região Sudeste formaram uma nova elite econômica e política. Uma fração passou a sustentar a necessidade de uma nova organização política que possibilitasse o controle direto do Estado e uma reordenação nas relações entre as províncias e o governo central.

Em 1870, no dia 3 de dezembro, foi publicado o Manifesto Republicano, que defende a federação:

> A autonomia das províncias é, pois, para nós mais do que um interesse imposto pela solidariedade dos direitos e das relações provinciais, é um princípio cardeal e solene que inscrevemos na nossa bandeira [...]. O regime da federação baseado, portanto, na independência recíproca das províncias, elevando-as à categoria de estados próprios, unicamente ligados pelo vínculo da mesma nacionalidade e da solidariedade dos grandes interesses da representação e da defesa exterior.

Ataca a monarquia, o Poder Moderador e o sistema político imperial: "O princípio dinástico e a vitaliciedade do Senado são duas violações flagrantes da soberania nacional. [...] A soberania nacional só pode existir, só pode ser reconhecida e praticada em uma nação cujo parlamento, eleito pela participação de todos os cidadãos, tenha a suprema direção e pronuncie a última palavra nos negócios públicos".[164]

A propaganda republicana poucos adeptos obteve entre 1870 e 1885, pois o desenvolvimento da cultura cafeeira acabou gerando prosperidade econômica e as divergências entre os partidos tradicionais monárquicos – Conservador e Liberal – ainda não tinham atingido um grau que impossibilitasse um acordo entre eles no interior da elite política. Os republicanos possuíam alguma influência entre estudantes universitários – que eram poucos à época –, jovens oficiais do Exército e em algumas áreas cafeeiras de São Paulo e Minas Gerais. No restante do Brasil, o peso político do republicanismo se restringia a pequenos grupos, eventualmente alguns, apesar de numericamente restritos, tinham influência na política regional, como no Rio Grande do Sul. A participação nas eleições foi marcada por sucessivas derrotas. A exceção era a província de São Paulo, onde foram eleitos alguns representantes à Assembleia local, mas sempre em franca minoria em relação aos partidos monárquicos.

Para a plutocracia cafeeira, a ideia republicana não poderia se transformar em um movimento de massas, como advogavam alguns propagandistas mais radicais. Deveria se restringir, especialmente após o 13 de Maio, aos que abandonaram o apoio à monarquia. Desde a fundação, o partido manifestou sua oposição à emancipação imediata dos escravos. Defendia que os senhores deveriam ser indenizados. A passagem para a república, supunham, deveria ocorrer sem traumas, sem convulsão social. Raul Pompeia, republicano radical, resumiu o conservadorismo dos correligionários paulistas: "Vosso barrete frígio é um saco de coar café".[165]

Tradicionalmente se avoca à Questão Religiosa (1872-1875) uma das razões da queda do Império. Com a ascensão de Pio IX ao Papado, em 1846, Roma buscou maior controle das igrejas

---

[164] Ver Reynaldo Carneiro Pessoa. *A ideia republicana no Brasil através dos documentos*. São Paulo: Alfa-Omega, 1973, pp. 56, 58 e 59.
[165] Citado por Evaristo de Moraes. *A campanha abolicionista (1879-1888)*. Brasília: Editora UnB, 1986, p. 224.

nacionais: foi o momento do Concílio Vaticano I. No Brasil ocorreu o processo conhecido como romanização do clero brasileiro. Pela Constituição de 1824, o imperador, por meio do padroado, controlava a Igreja, considerando-se sucessor da tradição portuguesa. Assim, o poder do papa era limitado pela autoridade do imperador. Os religiosos recebiam um pagamento, a côngrua, do Estado.

A presença da maçonaria no Brasil e sua vinculação com importantes figuras políticas desde o momento da independência era considerado parte do processo político. Por recomendação papal, o bispo de Olinda e Recife, Dom Vital, recém-nomeado para o cargo, excomungou católicos maçons. Devido ao padroado, os atingidos recorreram à Justiça que acabou anulando a determinação do bispo. Dom Vital e Dom Macedo Costa – que apoiou o bispo de Olinda e Recife – foram processados e condenados à prisão. Acabaram anistiados.

De 1885 a 1889 aprofundou-se os atritos entre os gabinetes e o Exército. Os militares não aceitavam mais ficar subordinados ao poder civil – no Segundo Reinado, apenas um terço dos ministros do Exército e da Marinha eram militares – e sonhavam ter uma participação política, como nos países do Prata. A instituição saiu fortalecida da Guerra do Paraguai. A longa duração do conflito fortaleceu o espírito de corpo em meio à oficialidade. Apesar das tentativas de profissionalização, de melhor adestramento dos oficiais por intermédio de escolas militares, o Exército não diferia muito daquele surgido com a independência. A tropa era arregimentada à força, a maioria dos soldados era obrigada a servir por vários anos, recebendo soldo baixo e nenhum treinamento militar. Era comum a deserção, só contida graças a um código de disciplina extremamente severo. Só em 1889, 25 praças foram condenados à morte e dezenove à prisão perpétua. A desobediência atingiu, em 1884, a maioria dos soldados, tanto que de um efetivo de 13.500 homens ocorreram 7.526 prisões.[166]

---

[166] Ver Heitor Lyra. *História de D. Pedro II: declínio (1880-1891)*, v. 3. São Paulo; Belo Horizonte: Edusp; Itatiaia, 1977, p. 69.

A maioria dos oficiais provinha das classes populares, sequiosos de ascensão social, mas vivendo com baixos soldos. Mesmo a alta oficialidade sobrevivia com parcos recursos. Restava a valorização social e política, mas a estrutura de poder do Império prescindia da participação dos militares na esfera política, marcada pelo civilismo. Desde o final da Guerra do Paraguai, o Exército estava absorvido pelas tarefas de rotina, pois não ocorreu nenhum conflito externo nem rebelião interna. Defasado em relação aos avanços da ciência militar, os oficiais encontraram nas advertências e sanções do governo imperial aos que violavam o regulamento disciplinar uma bandeira política para se insurgir contra a monarquia.

Em 1886, teve início a "questão militar", uma série de divergências entre o Exército e o governo sobre o papel das Forças Armadas. Polêmicas pela imprensa, questões envolvendo o abolicionismo, acabaram levando a que o governo insistisse na proibição de manifestações públicas de militares sobre questões castrenses. No ano seguinte foi criado o Clube Militar, tendo como presidente o marechal Deodoro da Fonseca e como vice Benjamin Constant, ídolo da mocidade militar e professor da Escola Militar da Praia Vermelha. Os republicanos encontraram no Exército a possibilidade de encurtar o caminho para o poder, principalmente devido à escassa inserção do movimento na sociedade.

Depois de três anos de enfrentamento, o governo saiu seriamente abalado na sua autoridade e a monarquia desgastada. Os militares não mais aceitavam permanecer nos limites estabelecidos pela Constituição de 1824. Pretendiam participar ativamente da política, sequiosos de exercer funções de governo monopolizadas pelos civis chamados pejorativamente de "casacas". A influência do positivismo de Auguste Comte entre os jovens oficiais jogou também um importante papel. Boatos de que o governo com a criação da Guarda Cívica, em outubro de 1889, e com o crescimento da Guarda Negra, uma força paramilitar formada por ex-escravos e simpáticos à princesa Isabel, estaria planejando romper com o monopólio da força do Exército, envenenou ainda mais o ambiente político.

O agravamento da crise política, o desgaste da figura do idoso imperador – em maio de 1888, em Cannes, na sua última viagem à Europa, esteve à beira da morte –, a sucessora do trono – a princesa Isabel – estar casada com um nobre estrangeiro – o francês conde D'Eu –, a irritação dos escravocratas com a Lei Áurea, foram produzindo um caldeirão de turbulência. A cada dia ficava claro que a monarquia estava com seus dias contados. O conselheiro Saraiva – que chefiou dois gabinetes e participou de outros quatro como ministro – ao responder uma pergunta do imperador sobre como seria o reinado da sua filha foi direto: "O reino da vossa filha não é deste mundo".

A última eleição do Império, em 31 de agosto, e a esmagadora vitória dos liberais, elegendo 120 deputados, os conservadores sete e somente dois republicanos, não diminuiu a tensão política. Pelo contrário, o desejo dos liberais de realizar reformas assustou ainda mais os conservadores que iniciaram uma debandada para as hostes republicanas. Esse movimento foi antevisto por Nabuco três anos antes: "Os primeiros republicanos seriam os conservadores, porque a república seria o fato consumado que eles adoram, a força que eles veneram; os empregos e as posições".[167]

Uma conspiração militar, tendo à frente o marechal Deodoro da Fonseca, na manhã de 15 de novembro, de forma confusa, pois não se sabia se era uma revolta contra o novo gabinete indicado pelo imperador ou um golpe militar, acabou levando à Proclamação da República, no Rio de Janeiro.

---

[167] Joaquim Nabuco. *Campanhas de imprensa*, (1884-1887). São Paulo: IPE, 1949, p. 235 (Obras Completas, 13).

PARTE III

A Primeira República (1889-1930)

CAPÍTULO 16

Viva a República!

O 15 de novembro de 1889 representou uma ruptura em relação à ordem monárquica. Nasceu a República. Entre as modificações institucionais deve ser destacada a profunda alteração na relação das províncias – chamadas a partir daí de estados – com o poder central. O principal paradoxo foi a construção do novo regime, sem que o ideal republicano tivesse sido acolhido ou algum enraizamento tanto popular quanto nas elites dirigentes. O decreto número um do governo provisório foi importante para angariar adesões políticas ao novo regime. Rezava que: "Fica proclamada provisoriamente e decretada como forma de governo da nação brasileira – a República Federativa". O artigo segundo determinava o seguinte: "As províncias do Brasil, reunidas pelo laço da federação, ficam constituindo os Estados Unidos do Brasil". Autonomia regional, ter as mãos livres para governar as províncias – agora estados – era um antigo desejo das elites provinciais. O federalismo – de cima para baixo, sem que fosse um produto histórico do processo político nacional – acabou sendo um instrumento para garantir apoio ao novo regime e, ao mesmo tempo, minou as bases do que poderia ser uma república de fato.[168]

---

[168] Segundo o Manifesto Republicano, de 1870, a "autonomia das províncias é para nós mais do que um interesse imposto pela solidariedade dos direitos e das

A nova ordem logo se consolidou, sem resistência. Os monarquistas se converteram como se tivessem sidos republicanos desde o período da propaganda. O próprio chefe do governo provisório – Deodoro da Fonseca – não havia manifestado, até então, pendores antimonárquicos. Seu envolvimento com a política, nos anos 1880, fora restrito à defesa dos interesses corporativos do Exército, como na Questão Militar.

Nas províncias a notícia da Proclamação da República foi recebida com surpresa. Os núcleos republicanos eram frágeis. Na maior parte das capitais foram os comandantes das guarnições militares que ocuparam os governos. Nenhum sinal de resistência dificultou a consolidação do novo regime. Além disso, o banimento da família real, na madrugada do dia 17 de novembro, retirou qualquer possibilidade de restauração. O velho imperador, acompanhado da imperatriz, da princesa Isabel, do conde D'Eu e dos três filhos do casal, além do neto Pedro Augusto, e de alguns amigos – dentre eles, André Rebouças –, partiu para a Europa.

A formação do governo provisório representou a composição possível de um movimento ocorrido sem planejamento e com escassa base social. Militares, jornalistas, cafeicultores, advogados, fizeram parte do primeiro gabinete. As figuras mais expressivas foram Campos Salles, na pasta da Justiça, Rui Barbosa, na Fazenda, e Quintino Bocaiúva, nas Relações Exteriores. A tarefa inicial foi de construir o Estado republicano, passando pela escolha de um hino nacional, de uma nova bandeira e um brasão, da adoção de novos feriados nacionais – dos religiosos só permaneceu o dia de Finados, todos os outros eram datas consideradas cívicas –, do casamento civil, da separação entre Igreja e Estado.

Um efeito econômico do novo regime foi a política emissionista adotada por Rui Barbosa no Ministério da Fazenda. Foi concedido o direito de emissão de dinheiro a dez bancos. Em

---

relações provinciais, é um princípio cardeal e solene que inscrevemos na nossa bandeira". (Reynaldo Carneiro Pessoa. *A ideia republicana no Brasil através dos documentos*. São Paulo: Alfa-Ômega, 1973, p. 56.)

um ano e meio, a emissão de papel-moeda cresceu 150%. Se as medidas impulsionaram novos negócios – como a abertura de indústrias – e atendiam às necessidades de uma economia que se adaptava ao mercado livre de força de trabalho, também levaram ao aumento da taxa de inflação e a uma queda do câmbio. Era o encilhamento – denominação que usava como paralelo as corridas de cavalo, associando-as com a especulação financeira. Fenômeno que também atingiu a Argentina e levou à queda do presidente Juarez Celman. Aceleram-se o rápido crescimento do país e o volume dos empréstimos bancários.

> Cresceu a níveis nunca vistos a atividade na Bolsa, onde pequenos e médios aplicadores podiam empregar seus fundos comprando ações de novas empresas. A especulação acompanhou este processo, gerando toda uma classe de novos ricos [...]. Essa euforia não podia durar indefinidamente. Em algum momento, tinha que acontecer uma nova acomodação, uma diminuição de ritmo. A isso se somou uma das típicas crises cíclicas do sistema econômico que estava se formando em escala mundial, combinando uma baixa dos preços dos produtos de exportação – originada por fatores internacionais – com os efeitos da desordem financeira interna.[169]

O desequilíbrio das contas externas de ambos os países só foi resolvido ao longo dos anos 1890 com empréstimos da Casa Rothschild.

O governo provisório havia prometido a convocação de uma Assembleia Constituinte. A Constituição imperial estava suspensa. Em junho de 1890, foram convocadas para novembro as eleições para a Constituinte e no mesmo decreto foi publicada a proposta do governo para a Carta Magna. Determinava a eleição

---

[169] Torcuato di Tella. *História social da Argentina contemporânea*. Brasília: Funag, 2017, pp. 99-100. Para acompanhar as negociações dos dois governos com os Rotschild, ver Boris Fausto e Fernando Devotto. *Brasil e Argentina: um ensaio de história comparada (1850-2002)*. São Paulo: Editora 34, 2004, pp. 169-172.

indireta do presidente da República, permitia a pluralidade religiosa, o casamento civil deveria anteceder a cerimônia religiosa, a laicização dos cemitérios e do ensino público, a independência do Estado em relação às confissões religiosas e excluía-se do país a Companhia de Jesus e proibia-se a fundação de novos conventos ou ordens monásticas.

Em seguida foi estabelecido por decreto o regulamento eleitoral para a eleição de 268 constituintes, dos quais 205 deputados (a maior bancada era de Minas Gerais com 37 membros) e 63 senadores (três por estado, além do Distrito Federal). A permissão para que governadores, chefes de polícia, comandantes militares, magistrados e funcionários públicos pudessem se candidatar sem se desincompatibilizar dos cargos concedeu aos ocupantes da máquina estatal o direito de serem eleitos. Dos ministros, todos foram eleitos, excetuando Benjamin Constant que não se candidatou. Deodoro da Fonseca teve dois irmãos eleitos senadores e um sobrinho deputado. Entre os militares, quarenta foram eleitos deputados e quatorze senadores, representando, respectivamente, 20% e 22%. Nas unidades da federação, logo após o 15 de novembro, os militares passaram a chefiar dez estados, algo inédito na história do Brasil independente.[170]

---

[170] A politização do Exército acabou levando ao distanciamento de suas funções militares – e com nefastas consequências. Era a doutrina do soldado-cidadão. "O Exército, como organização, entra em processo de degenerescência, impelido nos níveis mais baixos de consciência profissional. Grande parcela da responsabilidade por este estado de coisas coube à ascendência de Benjamin Constant entre os oficiais 'científicos' que, com o líder, agitam as teses positivistas. Militar com nenhuma vocação para a carreira das armas, desejava Benjamin Constant, para o Exército, 'uma ciência muito mais nobre e fecunda que a ciência da guerra: a ciência da paz; e mais necessária do que a instrução militar para 'o desempenho dos altos destinos sociais e políticos que neste século os exércitos são chamados a desempenhar' era, segundo ele, 'uma longa instrução científica, moral e cívica'. Esta pregação positivista teve efeitos profundamente negativos na medida em que os chefes militares com formação tradicional foram cedendo lugar aos bacharéis em matemáticas e ciências físicas saídos das

Logo após a instalação da Assembleia Constituinte – Prudente de Morais foi eleito presidente após derrotar Saldanha Marinho – teve início os primeiros conflitos com Deodoro da Fonseca.

O chefe do governo provisório exigia a demissão dos ministros eleitos e a confirmação de seus poderes ditatoriais – e encontrava oposição entre os constituintes. O conflito levantou o fantasma de 1823, quando Dom Pedro I fechou a Constituinte a *manu militari*. Mesmo assim, os trabalhos continuaram até a promulgação da Constituição, em 24 de fevereiro de 1891.

O texto final aprovado foi composto de 91 artigos e mais oito disposições transitórias. Foram 58 sessões. É a Constituição mais enxuta da história republicana. Estabeleceu a divisão clássica liberal dos três poderes e para o Executivo foi adotado o regime presidencialista, com eleição direta (adotada em votação acirrada: 88 a 83, estes últimos favoráveis à eleição indireta) e mandato de quatro anos. Foi proibida a reeleição para o período seguinte. O artigo 3º determinava a transferência da capital federal para o Planalto Central. O Congresso deveria funcionar durante quatro meses no ano e cada legislatura deveria durar três anos. No caso do Senado, o mandato era de nove anos. Os eleitores deveriam ter mais de 21 anos. Estavam excluídos mendigos, praças de pré e religiosos de ordens monásticas e congregações sujeitas a voto de obediência. Também foram excluídos os analfabetos, que representavam a maioria da população. No caso dos negros – seguindo os dados de 1872, os últimos existentes de quando ainda havia escravidão –, dos 1.509.403 escravos apenas 1.403 eram alfabetizados. As mulheres, mesmo sem haver qualquer obstáculo legal, estavam excluídas do processo eleitoral. Vale destacar que nessa mesma época, na Europa, em nenhum país as mulheres eram eleitoras – o primeiro seria a Noruega, em 1913. O federalismo foi reafirmado, com a transferência de amplos poderes aos estados, antes concentrados

---

escolas militares." (Edmundo Campos Coelho. *Em busca de identidade: o Exército e a política na sociedade brasileira*. Rio de Janeiro: Forense, 1976, pp. 66-67).

no governo central – inclusive para a cobrança de impostos sobre exportações, o que favoreceu especialmente os estados dedicados ao cultivo do café. Foi constitucionalizado o casamento civil, a separação entre Igreja e Estado e a secularização dos cemitérios. Uma ampla declaração (em seis artigos), pela primeira vez, assegurou aos cidadãos amplos direitos.

Seguindo o que determinava a nova Constituição para a primeira eleição presidencial, os congressistas escolheram o presidente e o vice da República. O rompimento dos republicanos históricos com Deodoro da Fonseca se aprofundou durante os trabalhos constituintes. O velho marechal foi se isolando dos principais quadros políticos e acentuando seu militarismo e a dificuldade de conviver com críticas. Partidários do presidente chegaram a atacar as sedes de jornais de oposição ao governo. No momento da eleição foram apresentadas duas chapas. A votação foi separada para cada cargo. Compareceram 232 congressistas. Um clima de tensão marcou a votação. Falava-se em golpe de Estado caso não fosse eleito o marechal. Depois de apurados os votos, Deodoro da Fonseca venceu Prudente de Morais por 129 votos a 97, e Floriano Peixoto derrotou o almirante Eduardo Wandenkolk por 153 votos a 57.

Deodoro da Fonseca assumiu a Presidência da República em meio a críticas ao seu estilo de governar. O marechal desconhecia os meandros da política, não tinha experiência no trato da coisa pública e nem com assuntos econômicos. Era o barão de Lucena, ministro da Fazenda, que substituiu Rui Barbosa, quem efetivamente dirigia o governo. O favorecimento aos banqueiros e especuladores do encilhamento, o rápido aumento da dívida pública e da circulação monetária – somente entre janeiro e novembro de 1891 duplicou o meio circulante –, o aumento da inflação, a queda do câmbio, a anulação pelo Congresso de concessões consideradas lesivas ao interesse público, levaram ao aumento constante da tensão política, que se agravou ainda mais com o projeto de uma lei de responsabilidade – um impeachment – que permitiria processar criminalmente o presidente da República. Pressionado, Deodoro fechou o Congresso Nacional e impôs o estado de sítio: era a ditadura, a 3 de novembro de 1891. Prometeu, em decreto, que convocaria oportunamente um novo Congresso. Vinte dias depois, um contragolpe liderado pela Marinha e a ameaça de bombardeio do Rio de Janeiro levaram à renúncia de Deodoro e à posse de Floriano Peixoto.

O novo presidente revogou o estado de sítio, reabriu o Congresso, nomeou novo ministério e reviu a política econômica. Porém, a tensão política se manteve. Dois meses depois houve uma tentativa fracassada de golpe. Logo a oposição ao novo governo invocou o artigo 42 da Constituição ("Se, no caso de vaga, por qualquer causa, da Presidência ou Vice-Presidência, não houverem ainda decorridos dois anos do período presidencial, proceder-se-á a nova eleição"). Os florianistas advogavam a tese de que de acordo com as disposições transitórias, para a primeira eleição presidencial, não haveria incompatibilidades (artigo 1º, §3). Em abril de 1892, treze generais divulgaram manifesto exigindo eleições imediatas para a Presidência da República. Floriano Peixoto reformou todos os signatários e demitiu aqueles que exerciam funções administrativas.

O golpismo permanecia no ar. Tentativas de manifestações de rua contra o governo levaram à prisão de opositores e a deportação de líderes civis e militares para a Amazônia. Pedidos de *habeas corpus* coletivo no Supremo Tribunal Federal foram rejeitados. Floriano Peixoto entrou em confronto com o Senado, que rejeitou cinco indicações de ministros para o tribunal.[171] Opositores saíram da capital federal em busca de segurança em outros estados. Alguns optaram pelo exílio, caso de Rui Barbosa. Medidas econômicas foram adotadas para enfrentar a carestia. No Rio de Janeiro, onde o comércio era dominado por portugueses, eles foram estig-

---

[171] Foram: Barata Ribeiro, Inocêncio Galvão de Queiroz, Ewerton Quadros, Antonio Seve Navarro e Demosthenes da Silveira Lobo. Ver Celso de Mello. *Notas sobre o Supremo Tribunal (Império e República)*. Brasília: STF, 2014, p. 19.

matizados como responsáveis pela escassez de alimentos.[172] Nesse clima extremista, o governo obteve apoio popular e de intelectuais que se identificaram com o nacionalismo florianista.

A instabilidade política foi uma constante no início da República. Os "pronunciamentos" típicos do caudilhismo ibero-americano passaram a fazer parte da nossa história. Em fevereiro de 1893 explodiu no Rio Grande do Sul a Revolução Federalista. Os rebelados tentaram tomar a cidade de Bagé. O estado vivia sob constante tensão desde 1891. Governado pelo republicano positivista Júlio de Castilhos, que tinha apoio das guarnições do exército, não concordava com a política do encilhamento que prejudicava a economia gaúcha, voltada para o abastecimento do mercado nacional de produtos primários. A Constituição gaúcha moldou um Executivo forte – e com direito a sucessivas reeleições desde que obtivesse três quartos dos votos –, um Legislativo que só se reunia para aprovar orçamento e não tinha iniciativa para legislar. Os princípios positivistas que os gaúchos tentaram implantar na Constituição Federal – e foram derrotados – acabaram adotados na Constituição do Rio Grande do Sul e foram motivo de inúmeros questionamentos durante toda a Primeira República. A Revolução Federalista se estendeu a Santa Catarina e ao Rio Grande do Sul. Os rebeldes eram contrários à Constituição positivista, defendiam o parlamentarismo, o direito das minorias a terem representação parlamentar e a eleição indireta do governador. Tinham forte presença política no setor pecuarista. Durante quase dois anos, combates ensanguentaram a região Sul. Violências de

---

[172] "Era comum ouvirem-se gritos de 'mata!mata!' e uns tantos homens em correria, perseguidos por alvoraçada multidão: eram portugueses que fugiam à cólera bestial de um grupo de desvairados patriotas [...]. Para evitar depredações as lojas comerciais pertencentes aos filhos da outra banda, em grande maioria punham cartazes, onde, em letras gordas, liam-se dizeres como estes: somos amigos do Brasil! Estamos com os brasileiros! Casa Florianista." (Suely Robles de Queiroz. *Os radicais da República*. Jacobinismo: ideologia e ação. (1893-1897). São Paulo: Brasiliense, 1986, p. 25.)

parte a parte. A degola foi utilizada em larga escala. O conflito encerrou-se em 1895, com a vitória dos castilhistas, e um saldo de 10 mil mortos.

Em setembro de 1893, explodiu uma revolta na Marinha. Seus líderes imaginaram repetir novembro de 1891, quando Deodoro da Fonseca foi obrigado a renunciar à Presidência. Os revoltosos buscaram obter o apoio da oposição civil. O Rio de Janeiro teve o porto bloqueado por seis meses. O apoio de São Paulo foi vital para o governo: tanto financeiramente, auxiliando nos gastos militares, como estrategicamente, pois a localização do estado, entre os federalistas do Sul e os revoltosos da capital federal, impediu a conjunção das duas rebeliões. O Rio de Janeiro foi bombardeado, trincheiras foram construídas em vários bairros, mais de 100 mil pessoas abandonaram a capital federal. Esta chegou a ser declarada "cidade aberta", não podendo atacar nem ser atacada. O estado de sítio foi prorrogado por sete vezes, até abril do ano seguinte.

Em meio às rebeliões e até um pedido de impeachment de Floriano – em maio de 1893, derrotado por 93 votos a 52 –, chegou-se ao processo eleitoral sucessório, em março de 1894. Foi lançada a chapa Prudente de Morais, de São Paulo, para presidente, e Manuel Vitorino, da Bahia, como vice. Em meio a boatos de golpe militar e sem a participação do eleitorado do Rio Grande do Sul, Santa Catarina e Paraná, devido à Revolução Federalista, foi realizada a primeira eleição direta para a Presidência da República com a participação de cerca de 300 mil eleitores. Prudente de Morais recebeu 276 mil votos e Manuel Vitorino 249 mil – a escolha era individualizada.

O novo presidente encontrou uma difícil situação financeira. Os gastos militares desorganizaram ainda mais as finanças governamentais. O déficit público entre 1892 e 1894 duplicou, aumentou a circulação de moeda, caiu a taxa de câmbio e a superprodução de café levou a uma queda no preço internacional do produto. Buscando pacificar o país, Prudente de Morais incentivou um amplo projeto de anistia aos revoltosos da Revolução

Federalista e da Revolta da Armada. Teve de conviver com os florianistas – chamados de jacobinos – que açulavam constantemente o fantasma de uma restauração monárquica para justificar a manutenção do clima de guerra. Nem a morte de Floriano Peixoto – em junho de 1895 – serviu para diminuir a tensão.

Os esforços do presidente foram prejudicados quando se viu obrigado a solicitar uma licença devido ao agravamento do seu estado de saúde, em novembro de 1896. O vice-presidente, Manuel Vitorino, interessado em permanecer no cargo, se aproximou dos florianistas e articulou a renúncia do presidente, o que acabou não ocorrendo, tendo em vista o retorno, em março do ano seguinte, de Prudente de Morais ao Rio de Janeiro, reassumindo a Presidência da República, em meio a uma grave crise política que teve origem muito longe da capital federal, no sertão baiano.

Um pequeno arraial no sertão da Bahia foi fundado por Antônio Vicente Mendes Maciel. Cearense, nascido em 1830, em Quixeramobim. Depois da morte do pai, assumiu a loja da família. Casou-se, mas logo se separou da mulher e desapareceu. Em 1871, começaram a aparecer notícias de um homem de longas barbas e trajando um camisolão. Era o beato Antônio Conselheiro. No cristianismo brasileiro, caracterizado pelo pequeno número de sacerdotes, desde o século XVI há notícias de beatos. Não faziam parte da estrutura institucional da Igreja católica. Percorriam o interior propagando a religião, mas sem exercer as funções reservadas aos padres. Durante vinte e cinco anos, Antônio Conselheiro peregrinou pelo sertão nordestino dando conselhos, ajudando nas reformas de igrejas, organizando mutirões para a construção de açudes e participando de colheitas coletivas. Virou uma lenda. Em junho de 1893 se fixou e fundou um pequeno arraial às margens do rio Vaza-Barris, o Belo Monte, mas que entrou para a história como Canudos.[173] Rapidamente a comunidade cresceu e atraiu a

---

[173] Para uma análise do processo de formação do arraial, do seu principal líder, da estruturação interna da comunidade, conflitos com coronéis da região e a

atenção de coronéis locais, da Igreja e do governo estadual. Foi enviada uma missão religiosa, em 1895, para dissolver o arraial, mas não obteve êxito.

Milhares de sertanejos foram se deslocando para Canudos. A tensão foi crescendo na região. Em novembro de 1896 correu um boato de que os conselheiristas iriam atacar Juazeiro, na Bahia, às margens do São Francisco, isto porque teriam pagado por um lote de madeira – que iriam utilizar em uma nova igreja que estavam construindo – e não teriam recebido a encomenda. Foi deslocado um destacamento que atacou os conselheiristas, mas acabaram derrotados. No mês seguinte, nova expedição foi organizada, agora com seiscentos homens, esta também vencida.

Canudos acabou virando notícia em todos os jornais, especialmente no Rio de Janeiro. Na capital federal, Prudente de Morais tinha reassumido a Presidência em meio a boatos de que Manuel Vitorino, político baiano, tentava permanecer no cargo com apoio dos militares. Foi organizada em março de 1897 uma terceira expedição, dessa vez com armas modernas, vários canhões e 1.200 soldados. Foi indicado para comandá-la o coronel Moreira César, que se tornara célebre por atos de violência contra os participantes da Revolução Federalista. Também foi derrotado – e Moreira César morreu em combate.

O arraial se transformou no grande assunto nacional. Foi considerado símbolo da restauração monárquica e um perigo para a jovem República. Prudente de Morais convocou o general Artur Oscar para organizar a quarta expedição. Sob o comando de mais de dois generais, foram reunidos 10 mil soldados do exército e de quatro polícias militares estaduais. O armamento mais moderno foi requisitado. Correspondentes de vários jornais seguiram para o teatro da guerra – o mais famoso deles, Euclides da Cunha, que anos depois publicou sobre o assunto o clássico *Os sertões*.

---

guerra movida pelo exército brasileiro contra a comunidade, ver Marco Antonio Villa. *Canudos, o povo da terra*. São Paulo: Ática, 1995.

Enquanto a guerra se desenvolvia no sertão baiano, alunos da Escola Militar, no Rio de Janeiro, se rebelaram contra o governo. Devido à rápida ação oficial, isolando a escola, os alunos se renderam – dezenas foram expulsos.

No sertão baiano, em 5 de outubro, depois de cem dias de combates, o arraial, em ruínas, foi tomado. Antônio Conselheiro havia morrido em 22 de setembro. A maioria dos líderes também morrera juntamente com centenas de sertanejos. Outros foram presos – e muitos degolados. Um jovem estudante de medicina que foi como voluntário para a guerra assim descreveu o arraial: "Eu fui dos primeiros a apreciar por entre ruínas tudo quanto havia. Horror e mais horror! O cúmulo do horror! Só em uma casa encontrei 22 cadáveres já queimados, de mulheres, homens e meninos! Em uma rua uma mulher, tendo sobre uma das pernas uma criancinha e num dos braços outra, todas três quase petrificadas".[174]

Um mês depois, quando a maioria das tropas retornou ao Rio de Janeiro, houve nova tentativa de golpe militar. Um soldado atacou Prudente de Morais, que aguardava o desembarque dos soldados, mas foi contido pelo marechal Machado Bittencourt, ministro da Guerra, que acabou ferido mortalmente. O presidente da República impôs o estado de sítio por trinta dias e o prorrogou por mais sessenta dias. Os "jacobinos" foram processados e derrotados politicamente. Abriu-se o caminho para um sucessor civil, Campos Sales, tendo um vice pernambucano, Rosa e Silva. Nas eleições o candidato oficial venceu facilmente (com 420 mil votos) o opositor Lauro Sodré (com 39 mil votos).

Se a sucessão presidencial foi tranquila, muito distinta era a situação econômica. No final de 1898, o déficit público havia quadruplicado em relação ao exercício anterior, a dívida externa alcançava mais de 35 milhões de libras esterlinas, a taxa de câmbio não parava de cair e as emissões de papel-moeda cresciam em ritmo

---

[174] Alvim Martins Horcades. *Descrição de uma viagem a Canudos*. Salvador: Tipografia Tourinho, 1899, p. 91.

acelerado. Antes de assumir a presidência, Campos Sales viajou à Europa para renegociar a dívida externa com os maiores credores do Brasil: os Rothschild. O acordo ficou conhecido como Funding-loan. Em troca de novo empréstimo foi dada como garantia a renda da alfândega do Rio de Janeiro, a hipoteca da Estrada de Ferro do Brasil e a renda do abastecimento de água da capital federal.

Para cumprir o acordo, o novo governo limitou os gastos públicos, aumentou os impostos sobre o consumo de produtos populares e diminuiu a circulação monetária. Mas Campos Sales ficou conhecido pela criação da "política dos governadores", espécie de condomínio entre o poder central e as oligarquias estaduais: o presidente da República garante o apoio do Congresso Nacional e em contrapartida não se envolve nas polêmicas intraoligárquicas. O objetivo era ter um dócil Legislativo federal que referendasse, sem pestanejar, projetos do Executivo. Para o presidente, é da soma "das unidades autônomas que se encontra a verdadeira soberania da opinião. O que pensam os estados pensa a União. [...] É de lá [dos estados] que se governa a República por cima das multidões que tumultuam, agitadas, nas ruas da capital da União".[175]

O sistema era produto de um processo eleitoral viciado. A maioria do eleitorado vivia no interior e em precárias condições econômicas:

> São, pois, os fazendeiros e chefes locais quem custeiam as despesas do alistamento e da eleição. Sem dinheiro e sem interesse direto, o roceiro não faria o menor sacrifício nesse sentido. Documentos, transporte, alojamento, refeições, dias de trabalho perdidos, e até roupa, calçado para o dia da eleição, tudo é pago pelos mentores políticos empenhados na sua qualificação e comparecimento. [...] É, portanto, perfeitamente compreensível que o eleitor da roça obedeça à orientação de quem tudo lhe paga, e

---

[175] Manuel de Campos Sales. *Da propaganda à presidência*. São Paulo: Tipografia A Editora, 1908, p. 330.

com insistência, para praticar um ato que lhe é completamente indiferente.[176]

"A força de uma oligarquia estadual advinda do controle exercido sobre os grandes coronéis municipais, condutores da massa eleitoral incapacitada e impotente para participar do processo político que lhes fora aberto com o regime representativo imposto pela Constituição de 1891."[177]

As atas das eleições eram encaminhadas às capitais. Geralmente os candidatos oposicionistas que, porventura, tivessem sido eleitos não tomavam posse. Isto porque não era reconhecida a eleição – sempre se encontrava algum pretexto legal. Exceções poderiam ocorrer nas maiores cidades, nas capitais, onde a presença do eleitorado proveniente das camadas médias, ao longo da Primeira República, foi crescendo. Esse desejo de participação política encontrava na estrutura tradicional oligárquica um obstáculo. O sistema eleitoral blindava o aparelho de Estado e impedia sua oxigenação pelos novos setores sociais provenientes do progresso econômico e da modernização do país e que desejavam agir politicamente de forma independente.

A dinâmica do processo impedia a solução harmônica das contradições políticas. A violência era uma componente intrínseca desse sistema. Disputas entre famílias nos estados foram rotineiras. As mais influentes junto ao poder central levavam vantagem e instituíam um domínio mais longevo da máquina governamental nos seus estados. Outras vezes, a mudança na correlação de forças com a capital federal levava à derrubada da oligarquia que era substituída por outra, como durante a presidência de Hermes da Fonseca (1910-1914). E assim sucessivamente.

---

[176] Victor Nunes Leal. *Coronelismo, enxada e voto*. São Paulo: Alfa Omega, 1975, pp. 35-36.
[177] Maria do Carmo Campello de Souza. "O processo político-partidário na Primeira República". *In*: Carlos Guilherme Mota (org.). *Op. cit.*, p. 185.

Em São Paulo, o Partido Republicano Paulista manteve o controle absoluto do estado vencendo todas as eleições, coagindo eventuais frações que rompiam com a direção partidária ou, mesmo, quando foi criado, em 1926, o Partido Democrático. No Sul, o Partido Republicano Rio-grandense também dominou a cena política ininterruptamente de 1892 a 1930, utilizando dos amplos poderes da Constituição estadual positivista, do controle do processo eleitoral municipal e estadual e da poderosa Brigada Militar.

CAPÍTULO 17

A borracha

A região amazônica, onde se desenvolveu o "ciclo da borracha", esteve presente na história colonial com a extração das "drogas do sertão", uma economia extrativista e de coleta. A agricultura teve alguma relevância somente no século XIX, mas foi com a extração do látex da seringueira em larga escala que efetivamente a região – a maior floresta tropical do mundo – se integrou à economia nacional e, durante três décadas, à internacional. A extração do látex era realizada desde tempos imemoriais, mas foi necessário um fato externo que levou a uma mudança radical na região. Em 1839 e 1842, com as descobertas de Charles Goodyear e Hancock sobre o processo de vulcanização do látex associado com o enxofre, foram dadas as condições para a utilização industrial da borracha justamente no momento da segunda Revolução Industrial: "A borracha logo se tornou material para a confecção de gaxetas para máquinas a vapor. Assim, essa matéria-prima obscuramente obtida acompanhou o ferro e o aço onde quer que se instalassem máquinas industriais, bombas de minas e ferroviais".[178]

A exploração começou pelo Pará (ilha de Marajó, rios Jari e Xingu), mas logo alcançou o Amazonas e o entorno do grande rio e seus afluentes. A região desde o século XVI contava com uma

---

[178] Warren Dean. *A luta pela borracha no Brasil*. São Paulo: Nobel, 1989, p. 32.

ocupação populacional rarefeita. Pelo recenseamento de 1872, a região era a menos populosa do país com 337 mil habitantes. A extração, inicialmente, foi realizada por indígenas e caboclos. Utilizando-se de técnicas rudimentares, penetravam na selva abrindo caminho onde encontravam maior concentração de seringueiras. De lá extraíam o látex por meio de incisões realizadas no caule da seringueira. A goma, depois de um processo de purificação, era enrolada formando uma bola. Com o produto do trabalho, o seringalista dirigia-se ao rio mais próximo, isto após semanas de isolamento completo. Em um pequeno núcleo de povoamento entregava a produção ao "aviador", o comerciante, que em troca fornecia gêneros de primeira necessidade. As bolas eram levadas a Manaus ou Belém e de lá exportadas.

Esse processo foi alterado devido ao aumento constante da demanda por borracha e os altos preços do mercado internacional. Era necessário racionalizar a extração. A posse e a legalização dos seringais – processo não isento de violência – fez com que surgisse a figura do capitalista. Este recebia uma área a ser explorada, reunia trabalhadores e iniciava a exploração. Fixava um local onde instalava-se uma sede para recebimento das bolas e a troca por mercadorias. Alguns desses núcleos se transformaram em cidades, sempre às margens dos rios da região.

A tarefa de extração do látex só era possível de ser realizada durante o verão, de maio a novembro. Nos outros meses, o "inverno", as chuvas impediam a circulação pelos seringais, bem como dificultavam a extração do látex, pois a água da chuva se misturava com a matéria-prima. Era muito dura a vida do seringueiro. Logo cedo percorria um longo caminho instalando nas seringueiras, após uma incisão, uma tigela que era recolhida horas depois. No final do dia, realizava a defumação do látex em forma de bola. Estas eram entregues a cada quinzena ou semana ao proprietário do seringal.

Os trabalhadores viviam isolados no meio da Floresta Amazônica. As instituições de Estado estavam distantes, nas capitais:

Manaus e Belém. Tudo era determinado pela vontade do patrão. Longas jornadas de trabalho, precárias condições de moradia e de saúde. Epidemias de varíola, cólera, malária, entre outras, grassavam a todo momento. A taxa de mortalidade era alta.

> Nessa região semideserta de escassa mão de obra, a estabilidade do trabalho tem a sua maior garantia no endividamento do empregado. As dívidas começam logo ao ser contratado: ele adquire a crédito os instrumentos que utilizará e que embora rudimentares (o machado, a faca, as tigelas onde recolhe a goma), estão acima de suas posses, em regras nulas. Frequentemente ainda estará devendo as despesas de passagem desde a sua terra natal até o seringal. Estas dívidas iniciais nunca se saldarão porque sempre haverá meios de fazer as despesas do trabalhador ultrapassarem seus magros salários.[179]

Os nordestinos, desde a grande seca de 1877-1879, foram deslocados para a Amazônia. Milhares

> de cearenses acabaram forçados a emigrar para a Amazônia. Só entre janeiro e junho de 1878, pelos portos de Fortaleza e Aracati, cerca de 35 mil retirantes deixaram a província. […] Apesar das notícias de maus-tratos, os portos do Ceará, durante meses, embarcaram milhares de homens, mulheres e crianças para a Amazônia, tamanho o desespero dos flagelados. O próprio governo acabou estimulando a emigração ao diminuir as rações para os flagelados. […] É provável que 250 mil nordestinos tenham ido para a região desde 1877 até o final do século XIX, a maioria deles provenientes do Ceará.[180]

Vindos de uma outra realidade geográfica, sem recursos e ou experiência para esse tipo de atividade econômica, chegavam ao seringal endividados, sem recursos para a subsistência ou para pagar os gastos de transporte, e sem nem sequer possuir os

---

[179] Caio Prado Júnior. *Op. cit.*, p. 238.
[180] Marco Antonio Villa. *Op. cit.*, pp. 63-64.

instrumentos de trabalho para a extração do látex. O endividamento acorrentava o nordestino ao seringal.

Devido ao aumento da demanda do mercado internacional, a exportação da borracha começou a ser efetivamente significativa nos anos 1880. Atingiu o ápice no primeiro decênio do século XX, quando representou 28% das exportações – o café foi responsável por 51%. O maior destino das exportações era a Inglaterra.

> Até 1910, a posição do Brasil na produção de borracha é privilegiada. Sua exportação representa quase 100% do comércio mundial em 1878, pouco mais de 90% em 1890, e 75% em 1900, com pequena diminuição nos próximos anos. [...] Extraem-se, por exemplo, do vale do Amazonas, 24.302 toneladas, [...] Mas o importante é que a demanda mundial é superior a 53 mil toneladas, o que dá margem ao aumento de produção e à necessidade de suprir estes déficits permanentes.[181]

Ainda nos anos 1870, mudas da *Hévea brasiliensis* – a seringueira nativa da Amazônia – foram levadas clandestinamente para a Inglaterra. Depois de aclimatadas foram enviadas para as colônias inglesas e holandesas na Ásia. A produção asiática suplantaria a brasileira em 1913. E a Malásia e a Indonésia serão os grandes concorrentes. Se no caso brasileiro a extração do látex era diretamente da floresta, na Ásia a plantação era racional e não silvestre. A abundância de força de trabalho, amplos financiamentos, técnicas modernas e facilidade nos transportes permitiram diminuir os custos e oferecer preços inferiores aos do Brasil.

A prosperidade de Manaus e Belém escondeu as mazelas dessa exploração econômica com características únicas na nossa história e que quando entrou em decadência pouco deixou como legado, diferentemente das empresas açucareira e mineradora. No caso de Manaus ficou célebre o teatro onde foram encenadas peças e óperas; além de concertos, com importantes artistas e músicos; além

---

[181] Edgard Carone. *A República Velha (Instituições e classes sociais)*. São Paulo: Difel, 1970, p. 61.

de construções de mansões com matérias do que havia de mais moderno na Europa.

A estrutura da economia da borracha não permitiu que permanecesse uma infraestrutura e nem capitais para um novo ciclo de crescimento. Parte devido à presença de intermediários estrangeiros que se apropriaram da maior parte dos lucros na esfera da circulação com empréstimos e fornecimentos de produtos importados. Parte devido à ausência de um setor agrícola que possibilitaria uma diversificação econômica, além da inexistência de um setor industrial, mesmo que incipiente. Além disso, "o Brasil nunca passara de mero produtor de matéria-prima; todo negócio propriamente da borracha, desde o financiamento e o comércio até a manipulação até o consumo do produto industrializado, era-lhe alheio".[182]

Tentativas de defender o preço da borracha, bem como de modernizar a produção, fracassaram. As concessões de terras a estrangeiros nos anos 1920 não deram resultado positivo, tanto a japoneses, como a norte-americanos com a Fordlândia, que chegou a ser a terceira maior cidade da Amazônia. Mesmo durante a Segunda Guerra Mundial, com a "batalha da borracha"[183] – parte do esforço de guerra para que os Estados Unidos obtivessem o látex, tendo em vista que regiões produtoras da Ásia estavam sob ocupação japonesa – jamais foi possível recuperar os tempos de glória.

Como decorrência do processo de exploração, os seringalistas chegaram a um território litigioso cuja soberania era disputada por Bolívia, Peru e Brasil. A tensão aumentou quando o governo boliviano arrendou as terras para um grupo anglo-americano.

---

[182] Caio Prado Júnior. *Op. cit.*, p. 239.

[183] "O desaparecimento de trabalhadores recrutados para a extração da borracha era uma questão levantada no Congresso Constituinte federal, convocado após a queda da ditadura Vargas. Estimou-se que 17 mil a 20 mil trabalhadores não retornaram – perda maior do que a sofrida pela Força Expedicionária Brasileira na Itália." (Warren Dean. *Op. cit.*, p. 151).

Choques armados levaram a um confronto aberto. Os brasileiros, liderados por Plácido de Castro, saíram vitoriosos. A pendência foi resolvida diplomaticamente por iniciativa do barão do Rio Branco, ministro das Relações Exteriores. Era uma situação delicada, pois envolvia, além do Brasil, mais dois outros países. A Bolívia e o Peru haviam sido derrotados na Guerra do Pacífico contra o Chile. Os dois perderam territórios e a Bolívia, inclusive, o acesso ao mar. O Peru acabou recebendo 39 mil quilômetros quadrados. Com a Bolívia houve uma permuta de territórios, com favorecimento ao Brasil, e, a fim de equilibrar a desigualdade, o Brasil comprometia-se a construir uma estrada de ferro em território brasileiro, ligando Santo Antonio no Madeira a Vila Bela, na confluência [dos rios] Beni e Mamoré, bem como a garantir a liberdade de trânsito por essa estrada e pelos rios até o oceano, com as correspondentes facilidades aduaneiras. Obrigava-se também a pagar em duas prestações a soma de 2 milhões de libras esterlinas.[184]

---

[184] Rubens Ricupero. *Op. cit.*, pp. 276-277.

CAPÍTULO 18

Café e indústria

A Primeira República tem no café o eixo central da economia nacional. É o principal responsável pelas divisas recebidas pelo país. A área dinâmica tem seu foco principal no estado de São Paulo. A rápida expansão dos plantios produz sucessivas crises de superprodução. Em 1882, ainda no Império, a produção mundial – a maior parte proveniente do Brasil – superou o consumo. Os preços, como seria de se esperar, caíram sensivelmente. No início da República – facilitado pela presença da burguesia cafeeira no aparelho de Estado – o câmbio foi desvalorizado, o que permitiu aos cafeicultores diminuir a perda em moeda nacional. A repetição desse processo trazia ônus à população, pois encarecia os produtos importados, isto em um momento em que boa parte do que era consumido, principalmente no meio urbano, era importado. E, também, levava a um aumento geral dos preços e à inflação. Sem esquecer que a dívida externa, em moeda nacional, também aumentava. É célebre a passagem de Celso Furtado tratando da correção desse desequilíbrio através de taxa cambial:

> A redução do valor externo da moeda significava, demais, um prêmio a todos os que vendiam divisas estrangeiras, isto é, aos exportadores. [...] O processo de correção do desequilíbrio externo significava, em última instância, uma transferência de

renda daqueles que pagavam as importações para aqueles que vendiam as exportações. Como as importações eram pagas pela coletividade em seu conjunto, os empresários exportadores estavam na realidade logrando socializar as perdas que os mecanismos econômicos tendiam a concentrar em seus lucros.[185]

As sucessivas crises de superprodução – com a consequente queda dos preços –, quando o Brasil controlava 75% da oferta mundial do café, levaram os produtores a buscar uma forma de retirar o excedente e valorizar o produto. Em fevereiro de 1906, em Taubaté, foi criado um convênio com objetivos ousados. O primeiro, o de estabelecer um relativo equilíbrio entre oferta e procura com o compromisso de o governo comprar o excedente. Isto seria realizado com empréstimos contraídos no exterior e cobertos com imposto sobre o café exportado. Além disso, haveria uma ação governamental para desestimular novos plantios. Concretamente terminou por estimular a expansão da área plantada com consequências nefastas para a cultura cafeeira e para o país:

> "Os lucros elevados criavam para o empresário a necessidade de seguir com suas inversões. Destarte, tornava-se inevitável que essas inversões tendessem a encaminhar-se para a própria cultura do café. Dessa forma, o mecanismo de defesa da economia cafeeira era, em última instância, um processo de transferência para o futuro da solução de um problema que se tornaria cada vez mais grave".[186]

A expansão dos cafezais estava, naquele momento, no chamado Oeste paulista – oeste em relação ao Vale do Paraíba. As terras eram extremamente férteis, a idade média dos cafezais e técnicas agrícolas mais eficientes – a produtividade era cinco vezes maior que das antigas áreas produtoras – davam à região a primazia na produção. Isto também facilitou a atração de trabalhadores

---

[185] Celso Furtado. *Op. cit.*, pp. 164-165.
[186] *Ibidem*, pp. 180-180.

imigrantes, a base da cultura cafeeira. Dos que chegaram ao Brasil entre 1890 e 1920, a maioria se dirigia a São Paulo. Foram predominantes os italianos, seguidos por espanhóis, portugueses e japoneses – estes a partir de 1908 –, alemães, austríacos, russos, poloneses, especialmente. Durante certo período, as passagens eram pagas pelo governo. Com a proibição do incentivo por alguns países europeus, o próprio imigrante arcava com os custos da passagem, o que não diminuiu o fluxo, e pode ser explicado pelas difíceis condições de vida na Europa e as possibilidades de ascensão social no Brasil, apesar das inúmeras dificuldades, que já começavam na travessia do Atlântico em navios desconfortáveis e péssimas condições de higiene – além dos surtos epidêmicos nos portos brasileiros.

> Os governos europeus criticavam o tratamento dispensado aos imigrantes nas fazendas de café, as condições de trabalho e o não pagamento de salários. O contrato celebrado entre o fazendeiro e o colono exigia que ele cuidasse de um número determinado de pés de café, concedia-lhe o direito de plantar gêneros de subsistência nas leiras do cafezal e disponibilizava-lhe pasto para a criação de animais. Os imigrantes preferiam os cafezais novos que eram mais produtivos e facilitavam a produção de gêneros alimentícios. [...] Foram inúmeros os conflitos entre fazendeiros e imigrantes, especialmente quando caíam os preços internacionais do café. [...] Denúncias de atraso no pagamento de salários foram constantes, assim como de más condições de trabalho.[187]

Dessa forma, o complexo cafeeiro gerava diversificação agrícola, que aumentava a renda dos colonos e criava um mercado consumidor. O colono recebia um salário fixo, outra variável, e também ocupava parte do seu tempo de trabalho com a cultura de

---

[187] Marco Antonio Villa. *Breve história do estado de São Paulo*. São Paulo: Imprensa Oficial, 2009, p. 98.

subsistência que, com o passar do tempo, foi crescendo e o excedente sendo destinado ao meio urbano.

O incentivo à imigração europeia era uma necessidade da economia cafeeira. A carência de força de trabalho teria de ser resolvida rapidamente. Houve uma conjunção favorável entre um exército industrial de reserva, que poderia produzir tensão social na Europa, e a expansão da área plantada de café no estado de São Paulo. Vale recordar que entre 1884 e 1887 chegaram ao Brasil

> 146 mil imigrantes, dos quais 53 mil vieram para São Paulo; entre 1888 e 1890 aportaram 304 mil, pouco mais da metade em São Paulo. Dessa data até 1920, o estado recebe 1 milhão e 590 mil estrangeiros, ao passo que para outras áreas do país dirigiam-se pouco mais de 1 milhão de imigrantes. [...] Estava montado um amplo processo que visava importar força de trabalho abundante e barata para a grande propriedade, famílias pobres que não pudessem adquirir terras ou abrir pequenos negócios. "Imigrantes com dinheiro" – diria Martinho Prado na Assembleia Legislativa de São Paulo, às vésperas da Abolição – "não são úteis para nós".[188]

Se, naquele momento, não se colocava como possibilidade a transferência de mão de obra de áreas em que havia excedente de força de trabalho, como o Nordeste, restava a transmigração de trabalhadores que pudessem potencializar o processo de branqueamento tão desejado pela elite brasileira. A negritude e mesmo a mestiçagem eram consideradas elementos que afastavam o Brasil da civilização ocidental. Enfrentar essa "mácula" seria tarefa da nova elite republicana. Isto explica o fracasso, ainda no final do período imperial, da vinda de trabalhadores chineses.

Deve ser destacado que o fluxo de imigrantes em direção ao Sul, desde a chegada do estrangeiro, tinha como objetivo criar núcleos coloniais de pequenos proprietários:

---

[188] Lúcio Kowarick. *Trabalho e vadiagem: a origem do trabalho livre no Brasil*. São Paulo: Editora 34, 2019, p. 89.

Esperava-se criar com esse tipo de colonização um campesinato à europeia e uma classe média que pudesse se opor ao latifundiário, já que para os defensores da pequena propriedade, a grande era a responsável por muitos dos males que assolavam o país. Nessas pequenas propriedades, o imigrante devia dedicar-se principalmente à policultura, aparecendo, entretanto, conforme a área e a época uma especialização em determinada cultura que se prestava melhor para a comercialização.

No caso da zona cafeeira, o processo é distinto, o

> ciclo curto do sistema, devido ao rápido esgotamento do solo, e as crises econômicas provocam o gradual abandono das fazendas não mais lucrativas, dando lugar ao retalhamento sistemático das fazendas de café em áreas mais antigas. A rápida urbanização do estado, possibilitando o aparecimento de um mercado consumidor apreciável, criou a necessidade de culturas de produtos de subsistência que em geral não podiam ser realizadas na grande propriedade.[189]

A economia cafeeira proporcionou também uma revolução nos transportes. A construção das estradas de ferro esteve vinculada aos caminhos do café, especialmente no estado de São Paulo. Se inicialmente buscou ligar o Rio de Janeiro ao Vale do Paraíba fluminense e paulista, logo chegou à capital paulista em busca do interior cafeeiro, conhecido, à época, como o Oeste – tendo como referência a região vale-paraibana – e ligando ao porto de Santos. Os trilhos seguiam ou antecipavam a chegada dos cafezais, muitas vezes em áreas despovoadas, como com a construção da Noroeste. Entre "1900 e 1920 a estrada de ferro se coloca em algumas áreas à frente do café e da população. Por isso mesmo, o desempenho dessas estradas como empresas, não poderia ser dos mais brilhantes

---

[189] Maria Tereza Schorer Petrone. "Imigração". *In*: Boris Fausto (coord.). *O Brasil republicano:* sociedade e instituições (1889-1930). São Paulo: Difel, 1977, pp. 122 e 118 (História Geral da Civilização Brasileira, t. III, v. 2).

e justifica o caráter estatal de tais ferrovias".[190] Os trajetos das estradas eram motivos de disputas:

> Primeiro, conflito entre empresas que querem reservar áreas de influências; segundo, conflitos de interesses individuais e locais que procuram orientar para próximo de suas propriedades; terceiro (o de menor importância para nós), o conflito entre a imprensa conservadora e a liberal sobre as estradas de ferro que deve refletir o próprio conflito partidário.[191]

O desenvolvimento fabril associado à expansão cafeeira teve em São Paulo o seu epicentro. No início do século XX, a nascente indústria se desenvolveu com oferta abundante de força de trabalho e, consequentemente, com baixos salários, isso até a Primeira Guerra Mundial. Dedicava-se à produção de bens de consumo não duráveis. O mercado era expressivo, acima da capacidade de produção da indústria local. O conflito mundial deu um impulso expressivo à indústria tendo em vista que os países centrais reestruturaram suas indústrias para a produção bélica. Por outro lado, a dificuldade em importar máquinas e equipamentos limitou a ampliação da produção. Deve ser lembrado que

> enquanto os Estados Unidos não entraram na guerra, o comércio ultramarino do Brasil pouco sofreu. Os Estados Unidos compravam a maior parte das exportações brasileiras e forneciam muitos artigos manufaturados anteriormente fornecidos pela Europa. O comércio com os países neutros também aumentou, em parte porque os exportadores alemães estavam organizando frentes na Suécia e na Dinamarca. O ano de 1917 assinalou o início da verdadeira crise. Em março os ingleses suspenderam todas as importações de café por falta de recursos de embarque e começaram a restringir a quantidade de espaço de carga que as exportações brasileiras poderiam ocupar em seus

---

[190] Flávio Azevedo Marques de Saes. *As ferrovias de São Paulo, 1870-1940*. São Paulo: Hucitec, 1981, p. 53.
[191] *Ibidem*, p. 64.

cargueiros, com receio de que algumas mercadorias pudessem chegar às potências centrais. A entrada dos Estados Unidos na guerra reduziu acentuadamente as possibilidades comerciais do Brasil. Finalmente, o Brasil revogou sua neutralidade em junho e declarou guerra em outubro.[192]

O término do conflito mundial, em 1918, com o restabelecimento das trocas internacionais, atingiu o setor industrial. Contudo, mesmo com a normalização das relações comerciais, acabou resistindo e a capacidade então instalada será fundamental para os anos posteriores, quando uma política de Estado terá nesse setor um dos seus vetores. Também a "contribuição dos impostos internos de consumo foi particularmente importante durante o período das hostilidades, quando pela grande diminuição da importação, deu-se uma grande redução das rendas provenientes dos direitos aduaneiros".[193]

Ao final da Primeira Guerra Mundial, os Estados Unidos suplantam a Inglaterra como principal fornecedor das importações brasileiras. Pode ser atribuída essa mudança à queda da hegemonia mundial britânica. Mas o

> refluxo inglês se dá também porque o capital daquele país não soube acompanhar a nova etapa que se abria na história econômica do Brasil com a industrialização de importações. O capital britânico procurou se aproveitar da industrialização brasileira para vender equipamentos, mas aparentemente não confiou em sua continuidade para nela arriscar inversões próprias [...]. Desta maneira, o capital britânico deixou passar uma oportunidade que os [norte-]americanos e alemães aproveitaram.[194]

---

[192] Warren Dean. *A industrialização de São Paulo*. São Paulo: Difel, 1971, pp. 98-99.
[193] Nícia Vilela Luz. *A luta pela industrialização do Brasil*. São Paulo: Alfa Omega, 1975, p. 152.
[194] Paul Singer. "O Brasil no contexto do capitalismo internacional". *In*: Boris Fausto (coord.) *História geral da civilização brasileira*, t. III, v. I. São Paulo: Difel, 1975, p. 370.

O próprio núcleo central da burguesia industrial nascente encontra as suas origens na emigração europeia. [...] Grande parte dos mais importantes representantes da burguesia industrial nascente, em particular da burguesia industrial paulista, a principal fração da burguesia industrial brasileira, chega ao Brasil no final do século XIX ou no início do século XX e trabalha como importador. [...] Os investimentos diretos de capital estrangeiro na indústria são relativamente pouco importantes. [...] O estabelecimento de laços familiares entre a burguesia industrial nascente e a grande burguesia cafeeira facilitou uma certa fusão de capitais.[195]

Esse processo foi complexo, pois ainda era dominante o pensamento de que a vocação do Brasil era agrícola e que as indústrias seriam artificiais, onerosas e ineficientes – e "a participação cada vez maior do imigrante estrangeiro na industrialização de São Paulo contribuía, assim, para que a hostilidade para com a indústria nacional adquirisse uma feição nacionalista, xenófoba mesmo".[196]

Vale destacar que durante os anos da Primeira República não havia uma política protecionista em relação ao nascente setor industrial. A política fiscal estava voltada às necessidades do Tesouro Público. Eventualmente, pode colaborar com a indústria, mas como efeito residual. A desvalorização cambial, por exemplo, mecanismo adotado pelos governos para a manutenção dos rendimentos do setor cafeeiro, implicava o encarecimento dos produtos de importação e favorecia, em certa medida, a produção da indústria nacional. Contudo, esteve subordinada aos interesses da burguesia cafeeira que detinha o poder político, associada a setores agrários menos relevantes.

---

[195] Sérgio Silva. *Expansão cafeeira e origens da indústria no Brasil*. São Paulo: Alfa Omega, 1976, pp. 91, 96 e 97.
[196] Nícia Vilela Luz. *Op. cit.*, p. 157.

CAPÍTULO 19

Operários, camponeses, marinheiros e classes populares insurgentes

Durante a Primeira República, o Brasil passou por um processo de transformação. Isto levou a profundas mudanças na sociedade. A intensificação da imigração, a ocupação territorial de áreas virgens pela agricultura, o crescimento das cidades, a chegada das ideias socialistas ao país, tudo isso acabou conduzindo a novos tipos de conflitos sociais devido à complexidade da sociedade, produto da modernidade e da inserção do Brasil no processo de globalização.

Paradoxalmente, em relação à população aborígene, os indígenas, manteve-se a mesma política de extermínio quando se colocavam na rota da expansão econômica. Naquele momento, no oeste geográfico[197] do estado de São Paulo, chegavam o café, os imigrantes e a ferrovia – além da presença da imprensa que noticiou, quase que ao calor da hora, o processo de ocupação territorial. Foram inevitáveis os conflitos com os caingangues, também conhecidos como coroados. Resistiram, atacando os pioneiros que organizaram expedições punitivas. A hostilidade indígena acabou, por exemplo, criando enormes dificuldades para a construção da estrada de ferro de Bauru ao Mato Grosso, que assinalou o

---

[197] Oeste geográfico para diferir do Oeste cafeeiro, como ficou consagrado na historiografia a região ocidental em relação ao vale do Paraíba paulista.

declínio definitivo dos índios. Primeiro, porque dentre eles morreu um número muito grande, seja nas matanças, seja nas epidemias contraídas no contato com os brancos, e também voluntariamente disseminadas. Mas, principalmente, porque, ao início das viagens ferroviárias, seguiu-se um fluxo considerável de pioneiros que se dispersaram pelo território. A superioridade numérica dos colonizadores aniquilou o pequeno grupo indígena.[198]

Denúncias internacionais, que acusavam o Brasil de cometer chacinas contra os indígenas, como as realizadas no Congresso de Viena, em 1908, fizeram com que, dois anos depois, fosse criado o Serviço de Proteção aos Índios (SPI), que teve no marechal Cândido Rondon seu principal incentivador.

> A política indigenista republicana foi institucionalizada com o decreto 8072, que estabeleceu as normas de tratamento das populações indígenas. Os objetivos gerais que nortearam a elaboração desse regimento foram dois: colocar as populações indígenas sob a égide do estado, a fim de assegurar-lhes assistência e proteção, e tornar efetiva e segura a expansão capitalista nas áreas onde havia conflito entre índios e fazendeiros.[199]

No caso do mundo fabril, a maior parte da classe trabalhadora era estrangeira, especialmente em São Paulo. Onde estava a mão de obra negra?

> Os anos posteriores à Abolição foram extremamente duros para as populações negras concentradas nas cidades. Depois de decorrido mais de meio século, ainda se fazem sentir agudamente no seio dessas populações os efeitos das comoções que destruíram a ordem social escravocrata e projetaram os ex-escravos

---

[198] Pierre Monbeig. *Pioneiros e fazendeiros de São Paulo*. São Paulo: Hucitec-Polis, 1984, pp. 131-132.
[199] José Mauro Gagliardi. *O indígena e a República*. São Paulo: Hucitec; Edusp, 1989, p. 253.

na arena de competição aberta com os brancos. De fato, a lei de 13 de maio (1888) nada concedeu ao elemento negro, além do status de homem livre.

Houve

uma lenta reabsorção do elemento negro no sistema de trabalho, a partir das ocupações mais humildes e mal remuneradas. [...] A concentração nas cidades representava, naturalmente, uma fonte de desajustamentos sociais e econômicos. O acesso às oportunidades de trabalho, de outro lado, obedecia em regra os limites estabelecidos por tais condições: somente as atividades mais simples, que exigiam aptidões elementares, ou as atividades confinadas aos serviços domésticos, todas elas em conjunto pessimamente retribuídas, é que podiam ser disputadas aos brancos pelos egressos do regime servil.[200]

Longas jornadas de trabalho, utilização massiva de mulheres e menores de idade, castigos físicos, demissões arbitrárias, péssimas condições de trabalho, descontos salariais imotivados, não havia nenhuma forma de representação sindical, direito de férias, aposentadoria. Inexistia uma legislação trabalhista. Os operários viviam em bairros fabris próximos às fábricas. As condições de moradia eram precárias e muitas vezes em habitações coletivas chamadas de cortiços.

A nascente classe operária era formada, em sua maioria, por estrangeiros, que vão liderar os primeiros movimentos grevistas e conquistar direitos obtidos em anos posteriores, extensivos ao conjunto dos trabalhadores. Greves foram reprimidas, líderes foram deportados – quando estrangeiros – e uma legislação antioperária foi aprovada.[201] Ao longo da Primeira República, conforme

---

[200] Florestan Fernandes. "Do escravo ao cidadão." *In*: Roger Bastide e Florestan Fernandes. *Brancos e negros em São Paulo*. São Paulo: Companhia Editora Nacional, 1959, pp. 54-55.

[201] A mais conhecida foi a Lei Adolfo Gordo de 1907 que permitiu a expulsão de líderes operários estrangeiros. No seu artigo 1º rezava: "O estrangeiro que,

Réplica de uma nau portuguesa da época da expansão marítima. Ao fundo a Torre de Belém.

Quadro de Victor Meirelles representando a primeira missa no Brasil a 1º de maio de 1500.

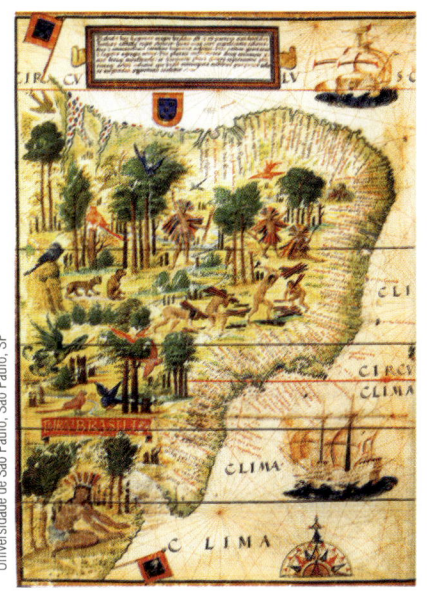

Mapa do cartógrafo Lopo Homem representando o Brasil nas primeiras décadas do século XVI, destacando a extração do pau-brasil (1519).

Mapa considerado um dos mais antigos do Brasil, obra do cartógrafo italiano Giovanni Battista Ramusio.

Ilustração do livro de André Thévet "As singularidades da França Antártica".

Um engenho de açúcar em Pernambuco. Vale observar as diversas atividades realizadas pelos escravos.

Quadro de Albert Eckhout. Representa uma índia tupinambá. O pintor esteve no Brasil durante parte do domínio holandês.

Quadro de Frans Post. Vista da Cidade Maurícia e do Recife. O pintor esteve no Brasil durante o domínio holandês.

Exploração aurífera nos rios, o ouro de aluvião. Litografia de Johann Moritz Rugendas.

Paisagem de Vila Rica (atual Ouro Preto). Aquarela de Thomas Ender (1817-1818).

Quadro de Aurélio de Figueiredo representado o martírio de Tiradentes.

Óleo sobre tela representando D. João VI. Quadro de Jean-Baptiste Debret.

A execução de Frei Caneca. Óleo sobre tela de Murillo La Greca.

A coroação de D. Pedro II. Óleo sobre tela de François-René Moreaux.

A batalha do Avaí. Óleo sobre tela de Pedro Américo.

Um terreiro de secagem do café de uma fazenda paulista. Fotografia de Marc Ferrez.

Trabalhadores escravos em uma fazenda de café do interior de São Paulo. Fotografia de Marc Ferrez.

A célebre Rua do Ouvidor, no Rio de Janeiro, em 1890. Fotografia de Marc Ferrez.

Uma bateria instalada na baía da Guanabara durante a Revolta da Armada. Fotografia de Marc Ferrez.

Fotografia de Flávio de Barros de um destacamento do Exército. Ele acompanhou a Quarta Expedição até Canudos.

Avenida Central, atual avenida Rio Branco, no Rio de Janeiro (1904), quando da remodelação da capital federal. Fotografia de Marc Ferrez.

Reunião de grevistas no largo do Palácio, em São Paulo.

Coluna Prestes em Foz de Iguaçu (PR), no marco das três fronteiras.

Cartaz de propaganda para arregimentação de voluntários à Revolução Constitucionalista de 1932.

Soldados paulistas durante a Revolução Constitucionalista de 1932. A bandeira paulista ainda não tinha a sua forma atual.

Fachada do Quartel do Regimento Policial de Natal (RN) atingido durante a rebelião comunista de 1935.

Comício do movimento queremista no largo da Carioca, no Rio de Janeiro.

João Goulart em comício no Ceará.

Multidão acompanhando o cortejo fúnebre de Getúlio Vargas, no Rio de Janeiro.

A construção do edifício do Congresso Nacional, em Brasília (1959).

O Presidente Juscelino Kubitschek em um caminhão com trabalhadores durante a construção da estrada Belém-Brasília.

Marcha da Família com Deus pela Liberdade, março de 1964.

Forças militares, a 31 de março de 1964, em frente ao Ministério da Guerra, no Rio de Janeiro.

Manifestação estudantil em 1968, no Rio de Janeiro. O orador é o líder estudantil Vladimir Palmeira.

Presidentes Emílio Garrastazu Médici e Ernesto Geisel.

Ato em defesa da convocação da Assembleia Nacional Constituinte, livre, democrática e soberana (1977).

Ato público pelas Diretas Já, em 25 de janeiro de 1984, na Praça da Sé, em São Paulo.

Presidente João Figueiredo, do Brasil, e Alfredo Stroessner, do Paraguai, na inauguração da Usina Hidrelétrica de Itaipu.

Tancredo Neves e Ulysses Guimarães. O primeiro vai ser eleito Presidente da República em 15 de janeiro de 1985.

Deputado Ulysses Guimarães durante a sessão solene de promulgação da Constituição em 5 de outubro de 1988.

Manifestação em Brasília pelo impeachment do Presidente Fernando Collor de Mello em 29 de setembro de 1992.

Nota de cem reais, nova moeda adotada em 1994.

Luis Inácio Lula da Silva assume a presidência do país tendo o senador José Alencar como o seu vice.

Os Presidentes Luís Inácio Lula da Silva e Fernando Henrique Cardoso, a 1º de janeiro de 2003.

cresceu os movimentos reivindicatórios dos trabalhadores, a resposta do poder, além da ação policial, foi a de ampliar o ordenamento legal repressivo.

Ficou célebre a greve de 1917. Começou em São Paulo e se espalhou pelo interior do estado. Os motivos foram a defesa de melhores condições de trabalho, aumento salarial, diminuição dos preços dos gêneros alimentícios e até o fim de uma colaboração de guerra que algumas empresas cobravam de trabalhadores de empresas italianas e que seria destinada ao esforço bélico da Itália. Houve muita repressão – e com mortes de operários:

> A greve está generalizada em toda a cidade. O comércio fechou, as ruas do centro estão desertas. Nenhum veículo, a não ser algum do Corpo de Bombeiros conduzindo praças armadas e sonolentas, esgotadas pelas vigílias. Há tiroteios em todos os bairros proletários, desde o Brás até a Lapa. [...] Durante a noite, bandos volantes de populares quebraram os combustores e globos de luz de grande número de ruas e praças, deixando tais logradouros na penumbra. [...] A paralisação é completa. [...] Os armazéns de mercadorias do Pari, da Mooca e do Brás são assaltados pela multidão, que se abastece dos gêneros de que necessita para a sua alimentação.[202]

Depois de uma semana, na maioria das fábricas, os trabalhadores retornaram ao trabalho com a obtenção de algumas das reivindicações.

O ano de 1919 e os três primeiros meses de 1920 delimitam o momento mais alto da conjuntura, coincidindo com o fim da guerra e a expansão da vaga anticapitalista na Europa. São Paulo reaparece como centro das mobilizações, com 64 greves na capital e quatorze no interior, em 1919, onde se inclui a grande

---

por qualquer motivo, comprometer a segurança nacional ou a tranquilidade pública, pode ser expulso de parte ou de todo o território nacional".

[202] Everardo Dias. *História das lutas sociais no Brasil*. São Paulo: Alfa Omega, 1977, pp. 298-29.

paralisação do mês de maio que abrange só na capital, mais de 45 mil trabalhadores, e a greve generalizada do mês de outubro.

Apesar da significativa participação da classe trabalhadora –, e com repercussões em outros estados –, que apresentou uma relação de identidade entre as reivindicações encabeçadas pela liderança e a massa operária, o anarquismo – a ideologia dominante entre os dirigentes grevistas –, com a recusa da participação política e a simplificação dos conflitos à esfera econômica, teve como consequência "não se formular o problema do partido como núcleo agregador de interesses. No plano sindical, as concepções espontaneístas tiveram efeito particularmente desorganizador, nas condições de um país que oferecia enormes dificuldades a qualquer tipo de organização".[203]

Já a capital federal foi teatro de duas revoltas – uma em terra e outro no mar. Em novembro de 1904, durante a presidência de Rodrigues Alves, explode a Revolta da Vacina. Por determinação governamental e visando enfrentar um problema histórico da cidade – marcada por surtos epidêmicos desde o período colonial – foi determinada a vacinação obrigatória. A oposição politizou a medida. Foi até criada uma liga contra a vacinação obrigatória. Havia um clima de tensão, que já estava potencializado pela reforma urbanística da capital federal, quando cortiços e habitações populares[204] do centro da cidade foram destruídos para que, no lugar, fossem abertas avenidas, praças e construídos prédios modernos. Recebeu o nome popular de "bota-abaixo". Opositores de Rodrigues Alves resolveram incentivar uma rebelião, que ganhou apoio

---

[203] Boris Fausto. *Trabalho urbano e conflito social*. São Paulo: Difel, 1976, pp. 161 e 247.

[204] "Residi em uma casa de cômodos na altura do Rio Comprido. Era longe; mas escolhera-a por ser barato o aluguel. [...] Os dois andares do antigo palacete que ela fora estavam divididos em duas ou três dezenas de quartos, onde moravam mais de cinquentas pessoas. Num cômodo (em alguns) moravam às vezes famílias inteiras." (Lima Barreto. *Recordações do escrivão Isaías Caminha*. Rio de Janeiro: Garnier, 1989, pp. 172-173).

de uma parcela dos militares identificados com o que, à época, era chamado de jacobinismo – saudosos do florianismo. Durante uma semana a cidade esteve envolta em conflitos com muitos mortos. A revolta militar acabou contida e, pouco depois, a popular.

Em 1910, ocorreu um levante na Marinha. Marinheiros protestavam contra o regime de castigos físicos. Em sua maioria, eram negros. O regulamento disciplinar era abusivo e marcado pela aplicação da chibata. A rebelião teve início após o protesto contra a aplicação de 250 chibatadas em um marinheiro. Foi liderada por João Cândido, que ficou conhecido como o Almirante Negro. Ameaçaram bombardear a capital se não tivessem atendidas suas reivindicações, entre as quais a reforma do código disciplinar. Depois de várias negociações, que contaram com a participação de parlamentares, ficou acordado que a chibata e os demais castigos corporais seriam abolidos e que os rebelados não seriam punidos. A revolta foi encerrada, porém, o acordo acabou não sendo cumprido pelo governo. Líderes foram presos na ilha das Cobras, que foi bombardeada, após uma rebelião dos prisioneiros contra as péssimas condições da prisão.[205] Muitos foram condenados e enviados para a Amazônia.

---

[205] João Cândido, anos depois, relatou as condições da cadeia: "A prisão era pequena e minava água por todos os lados. As paredes estavam pichadas. A impressão era de que estávamos sendo cozinhados dentro de um caldeirão. Alguns, corroídos pela sede, bebiam a própria urina. Fazíamos as nossas necessidades num barril que, de tão cheio de detritos, rolou e inundou um canto da prisão. A pretexto de desinfetar o cubículo jogaram água com bastante cal. Havia um declive e o líquido, no fundo da masmorra, se evaporou, ficando com a cal. A princípio ficamos quietos para não provocar poeira. Pensamos resistir os seis dias de solitária, com pão e água. Mas o calor ao cair das dez horas, era sufocante. Gritamos. As nossas súplicas foram abafadas pelo rufar dos tambores. Tentamos arrebentar a grade. O esforço foi gigantesco. Nuvens de cal se desprendiam do chão e invadiam os nossos pulmões sufocando-nos. A escuridão tremenda. A única luz era um candeeiro a querosene. Os gemidos foram diminuindo, até que caiu o silêncio dentro daquele inferno [...]. Quando abriram a porta já tinha gente podre [...]. Retiraram os cadáveres e lavaram a prisão com água limpa, e nós dois, os únicos sobreviventes [João Cândido e um outro],

Outra resistência ao status quo ocorreu dessa vez no meio rural, no norte de Santa Catarina e sul do Paraná. Posseiros estavam sendo expulsos para a construção de uma ferrovia controlada por um grupo estrangeiro – que também explorava a extração de madeira. As terras eram consideradas devolutas, mas foram apropriadas por oligarcas locais e acabaram em mãos estrangeiras. Na região, com baixa densidade demográfica, havia também um conflito territorial entre os estados do Paraná e de Santa Catarina, daí a denominação Guerra do Contestado. "O sistema de dominação vigente, [...] via-se abalado pela penetração na área de forças políticas, sociais e econômicas inteiramente novas. Cada vez seria possível a manutenção de um estilo de convivência social quase idílico, onde a condição heteronômica do agregado e do camarada era amenizada por um difuso paternalismo."[206] A resistência dos camponeses – tendo um beato (lá chamado de monge) como líder e o caráter messiânico do movimento[207] – ante a expropriação das terras acabou conduzindo a um longo conflito militar que se estendeu de 1912 a 1915. Forças do exército foram mobilizadas – estima-se em 6 mil homens – e pela primeira vez foi utilizada no Brasil a aviação para bombardear os rebeldes, que acabaram dizimados.

---

fomos metidos, novamente, na desgraçada prisão. Lá fiquei até ser internado como louco no hospício". (Edmar Morel. *A revolta da chibata*. Rio de Janeiro: Graal, 1979, pp. 181-182)

[206] Duglas Teixeira Monteiro. *Os errantes do novo século: um estudo sobre o surto milenarista do Contestado*. São Paulo: Duas Cidades, 1974, p. 31.

[207] "O movimento messiânico corresponde, pois, às necessidades de restauração, de reforma ou de revolução de determinada categoria estrutural de sociedade e, como tal, desempenha efetivamente sua função: cria nova estrutura e organização sociais, formando nova configuração sociopolítica a reger os comportamentos dos adeptos ou reforma as que já estão decadentes. O fato de perseguir uma quimérica realização terrena do Paraíso Terrestre não invalida a constatação de que realmente um novo grupo passou a existir no qual os indivíduos vivem o Reino Messiânico". (Maria Isaura Pereira de Queiroz. *O messianismo no Brasil e no Mundo*. São Paulo: Alfa Omega, 1976, p. 157).

CAPÍTULO 20

A República Velha em crise

O Brasil, senhores, sói vós. O Brasil é esta assembleia. O Brasil é este comício de almas livres. Não são os comensais do erário. Não são as ratazanas do tesouro. Não são os mercadores do Parlamento. Não são as sanguessugas da riqueza pública. Não são os falsificadores de eleições. Não são os compradores de jornais. Não são os corruptores do sistema republicano. Não são os oligarcas estaduais. Não são os ministros de tarraxa. Não são os presidentes de palha. Não são os publicistas de aluguel. Não são os estadistas de impostura. Não são os diplomatas de marca estrangeira. São as cédulas ativas da vida nacional. E a multidão que não adula, não teme, não corre, não recua, não deserta, não se vende. Não é a massa inconsciente, que oscila da servidão à desordem, mas a coesão orgânica das unidades pensantes, o oceano das consciências, a mole das vagas humanas, onde a Providência acumula reservas inesgotáveis de calor, de força e de luz para a renovação das nossas energias. É o povo, em um desses movimentos seus, em que se descobre toda a sua majestade.[208]

Foram as palavras de Rui Barbosa, em 20 de março de 1919, no Rio de Janeiro, quando participava como candidato à eleição presidencial que se realizaria três semanas depois. Foi uma eleição

---

[208] Marco Antonio Villa. *A história em discursos: 50 discursos que mudaram o Brasil e o mundo. Op. cit.*, p. 166.

sui generis, até para os padrões políticos da época. Tudo porque o presidente eleito em 1918, Rodrigues Alves, o único caso de reeleição na Primeira República, acabou não tomando posse em 15 de novembro. Era senador e passou todo o ano de 1918 sem comparecer a uma sessão do Senado, devido ao seu grave estado de saúde. Nem sequer fez campanha. Na prática foi candidato único. Recebeu 98% dos votos. Seu estado de saúde, que já era precário, foi agravado quando, pouco antes da posse, contraiu a gripe espanhola. Enfermo, faleceu em janeiro de 1919.[209] De acordo com a Constituição de 1891, artigo 42, se "no caso, por qualquer causa, da presidência ou vice-presidência, não houverem ainda decorridos dois anos, do período presidencial, proceder-se-á a nova eleição". Assumiu o vice, Delfim Moreira, interinamente. E a eleição foi realizada em 13 de abril. Apesar do esforço de Rui Barbosa, acabou derrotado por larga margem. Recebeu 116.414 votos contra 286.373 de seu opositor. Enfrentou Epitácio Pessoa, que nem estava no país durante o processo eleitoral. Era o delegado brasileiro na Conferência de Versalhes.[210] Somente retornou ao Brasil dois meses após a eleição. Iria tomar posse em 28 de julho.

Essa eleição simboliza o início da crise da Primeira República. Com o fim da Primeira Guerra Mundial, há uma profunda alteração nas relações internacionais e no processo de expansão capitalista. O grande marco é a Revolução Russa de 1917. O socialismo – no caso, de viés marxista – deixa de ser uma ideia para se transformar em ideologia de Estado. Pouco depois surge a União Soviética. Na Europa antigos impérios e monarquias ruem. Na América Latina se consolida a Revolução Mexicana. Na Ásia, além do expansionismo japonês, o nascimento da república, na China, altera a correlação de forças no Oriente.

---
[209] Ver Afonso Arinos de Melo Franco. *Rodrigues Alves: apogeu e declínio do presidencialismo*. Brasília: Senado Federal, 2001, pp. 461-502. Para a referência à gripe espanhola, ver p. 475.
[210] O Brasil declarou guerra, em 26 de outubro de 1917, ao Império alemão após o afundamento de vários navios brasileiros pela ação da marinha alemã.

No Brasil há o esgotamento de uma política econômica – com forte sustentáculo político – de centralidade da economia cafeeira. O país estava mudando rapidamente. A cidade de São Paulo, por exemplo, nos trinta anos anteriores havia quase que decuplicado sua população. As diversas frações das classes médias não encontravam no sistema político e no modelo de Estado espaço suficiente para manifestar suas demandas e abrir caminho para a ascensão social.

A petrificação do sistema político, controlado pelas oligarquias, não permitia que as manifestações de oposição pudessem ser absorvidas. Pelo contrário, eram imediatamente repelidas. O recurso à rebelião armada passou a ser um instrumento de renovação política. Os anos 1920 foram marcados pelas rebeliões tenentistas. Eram jovens oficiais que estavam reciclando a noção positivista do soldado-cidadão associada a uma visão de mundo que combinava o liberalismo clássico – em relação ao voto e à transparência nas eleições – com o autoritarismo reformista produzido pelos desiludidos da República, aqueles que desde os primeiros anos do novo regime estavam decepcionados com seus resultados. Os tenentistas defendiam diversas reformas como o voto secreto, a modernização do Estado, a moralização no trato da coisa pública, além de medidas mais radicais identificadas com o nacionalismo econômico. Em um país onde não havia partidos nacionais, o Exército exerceu a função. Nessa visão de mundo, excluía-se a participação popular como elemento de mudança política. Caberia aos jovens oficiais esse papel transformador.

"O que conferiu um caráter dramático às revoltas 'tenentistas' não foi tanto o seu programa político, mas o fato de não se recusarem a utilizar em escala nacional – isto é, contra o próprio poder central – um recurso com o qual estavam profissionalmente familiarizados, a força armada."[211] A primeira manifestação foi a 5

---

[211] Décio Saes. *Classe média e política na Primeira República*. Petrópolis: Vozes, 1975, p. 101.

de julho de 1922, a rebelião conhecida como os "18 do Forte". O forte é o de Copacabana, no Rio de Janeiro. Tudo começou quando da sucessão de Epitácio Pessoa. A tensão política aumentou quando foram publicadas, no jornal *Correio da Manhã*, cartas atribuídas a Artur Bernardes, candidato oficial, atacando o marechal Hermes da Fonseca, ex-presidente da República, que tinha sido eleito presidente do Clube Militar, pouco depois de retornar ao Brasil depois de cinco anos na Europa. Bernardes denunciou que as cartas eram falsas. Em meio à agitação foi realizada a eleição. Bernardes enfrentou e venceu Nilo Peçanha, da aliança "Reação Republicana", apoiado por oficiais militares.

A rebelião, que deveria ser seguida em outros estados, mas acabou restrita ao forte de Copacabana, teve início na madrugada de 5 de julho. Os rebeldes acabaram cercados. Na manhã do dia seguinte, dezessete dos últimos resistentes resolveram enfrentar as tropas legalistas. Receberam a adesão de um civil na caminhada. No confronto restaram dois sobreviventes: Siqueira Campos e Eduardo Gomes. Hermes da Fonseca foi preso acusado de ligação com os revoltosos – foi libertado seis meses depois. O Clube Militar foi fechado – reabriu somente em maio de 1923. Em novembro de 1922, Bernardes tomou posse como presidente da República. Mais do que a rebelião propriamente dita, o que ficou registrado para o momento político foi o heroísmo dos jovens militares[212] que, segundo essa narrativa, teriam enfrentado, colocando em risco a própria vida, o sistema político, o que chamavam de "república carcomida". E que não havia possibilidade de destruí-la pela via eleitoral.

Dois anos depois, em São Paulo, em 5 de julho, explode mais uma rebelião tenentista. Dessa vez os jovens oficiais conseguiram

---

[212] Entre os 33 condenados, dois eram aspirantes, nove segundos-tenentes, nove primeiros-tenentes, sete capitães, um major, um tenente-coronel, três coronéis e apenas um era general. Ver José Murilo de Carvalho. "As Forças Armadas na Primeira República: o poder desestabilizador". *In*: Boris Fausto (coord.). *História geral da civilização brasileira*, t. III, v. 2.. São Paulo: Difel, 1977, p. 221.

o apoio de um general da reserva, Isidoro Dias Lopes. A cidade foi rapidamente ocupada. O governador do estado abandonou a capital. Saques se espalharam por toda São Paulo. O governo federal rapidamente fechou os caminhos que ligavam a capital aos estados vizinhos, isolando o movimento. Começaram os bombardeios sobre São Paulo pelas tropas legalistas. Inicialmente as tropas federais tinham como alvo a Zona Leste da cidade: "Os bairros do Brás, Belenzinho e Mooca foram os primeiros a sofrer, na manhã do dia 11, as consequências cruéis desse plano. À tarde, os bombardeios se estenderam ao bairro da Luz. Em desespero, os moradores começaram a abandonar suas casas".[213] Os mais ricos fugiram para as cidades próximas, outros mudaram para hotéis na região central e muitos acamparam com barracas improvisadas em áreas que consideravam seguras. Nos dias posteriores, outras regiões foram bombardeadas, inclusive com a utilização da aviação. O movimento não obteve apoio em outras regiões do país. Isolados, os rebeldes abandonam a cidade no dia 27. Pela estrada de ferro dirigiram-se a Bauru, no centro do estado, e de lá até o rio Paraná. Sem conseguir entrar no Mato Grosso, os rebeldes foram para o Paraná, fixando-se próximo a Foz de Iguaçu, onde lá permanecem no primeiro trimestre de 1925.

No final de outubro de 1924, também como parte do movimento tenentista, teve início em Santo Ângelo uma rebelião militar liderada pelo capitão Luís Carlos Prestes. Cercado por tropas legalistas, resolveu dirigir-se ao Paraná, onde estavam os rebeldes vindos de São Paulo. De lá, depois de algumas semanas de discussões, entre emigrar para o Paraguai ou continuar a luta pelo interior do Brasil, a segunda opção acabou vencedora. Tem início a Coluna Prestes que, de abril de 1925 a fevereiro de 1927, quando adentrou a Bolívia, havia percorrido o Centro-Oeste e o Nordeste enfrentando as tropas legalistas. Chegaram ao exílio com pouco

---

[213] Duarte Pacheco Pereira. *1924: o diário da revolução – os 23 dias que abalaram São Paulo*. São Paulo: Imprensa Oficial, 2010, p. 75.

mais de quinhentos homens, a maior parte sem armas de fogo. Nos dois anos de luta, o apoio entre a população sertaneja foi quase nulo: "A Coluna percorrera quase todo o Brasil sem conseguir galvanizar as energias do povo para a conquista da sua liberdade. Em nossa longa marcha, apenas em dois estados houve movimentos sérios de caráter popular a nosso favor, e dos quais resultou o aumento das nossas forças. Nos demais, o número de voluntários foi simplesmente ridículo".[214]

Em meio às rebeliões tenentistas, Artur Bernardes governou utilizando-se do estado de sítio durante três anos e meio do seu mandato, e preparou o caminho para que Washington Luís fosse eleito presidente, em 1926, quase por unanimidade: recebeu 688.528 votos contra 1.116 de Assis Brasil. A tranquila eleição escondia um cenário de crise política: as rebeliões tenentistas, as pressões das classes médias e a turbulência no meio operário, além de contínuas divergências nos estados entre as frações oligárquicas.

Duas centelhas vão incendiar a pradaria. A primeira delas veio de fora, foi a crise iniciada nos Estados Unidos e que vai se espalhar para todo o mundo:

> No início de outubro de 1929, a despeito das observações tranquilizadoras dos maiores economistas, algumas baixas brutais poderiam parecer inquietantes. É na quinta-feira, 24 de outubro, (a quinta-feira negra) que o pânico eclode com uma venda de aproximadamente 13 milhões de ações e uma oferta de compra quase nula. Os preços caem. Os bancos compram então para restabelecer a confiança. No fim do *black thursday*, a baixa dos cursos varia entre 12 e 25 pontos. A sexta-feira e o sábado são calmos. Mas na segunda-feira, 28 de outubro, o pânico retoma com uma baixa de 49 pontos. O dia seguinte, 29, foi o pior dia que conheceu Wall Street: 33 milhões de títulos são oferecidos a venda. A queda continuará em 1933. De setembro de 1929 a

---

[214] Lourenço Moreira Lima. *A Coluna Prestes: marchas e combates*. São Paulo: Brasiliense, 1945, pp. 181-182.

janeiro de 1933, 30 ações industriais passaram de uma média de 365 para 63 dólares e o valor do capital cotado diminuiu 70 bilhões de dólares.[215]

Internamente, a política de valorização do café fomentava novos plantios pelos preços obtidos no mercado internacional. Dependia também de como cresceria a demanda externa e os preços. A cada safra a situação ficava mais complicada, pois aumentava o estoque do excedente que não era absorvido pelo mercado. Entre

> 1925 e 1929 tal crescimento foi de quase cem por cento, o que revela a enorme quantidade de arbustos plantados no período imediatamente anterior. Enquanto aumentava dessa forma a produção, mantêm-se praticamente estabilizadas as exportações. Em 1927-29, as exportações apenas conseguiam absorver as duas terças partes da quantidade produzida. A retenção da oferta possibilitava a manutenção de elevados preços no mercado internacional.[216]

O sistema entrou em crise externamente

> por uma rápida generalização do desemprego e uma violenta queda do nível do rendimento, o que deslocou para baixo a curva de procura do café. Em virtude mesmo das dificuldades à expansão das linhas de crédito que precederam a crise nos Estados Unidos e a inversão das expectativas dos empresários a queda dos preços não podia estimular uma ampliação das compras. Esses fatores pressionavam, portanto, para a baixa, com força até então desconhecida, os preços do café.[217]

O desequilíbrio estrutural era mantido também pelo modelo político em que a burguesia cafeeira tinha enorme poder. Evitar a superprodução exigiria um rearranjo político e econômico, algo

---

[215] Frédéric Mauro. *História econômica mundial: 1790-1970*. Rio de Janeiro: Zahar, 1976, pp. 344-345.
[216] Celso Furtado. *Op. cit.*, p. 181.
[217] Delfim Netto. *Op. cit.*, p. 117.

que, naquela conjuntura, não era possível. Deve ser destacado que a compra dos estoques era efetuada por meio de empréstimos obtidos em bancos estrangeiros.

O principal comprador do café brasileiro eram os Estados Unidos. Quando eclode a crise em Wall Street há uma enorme contração na compra do café. Isto ainda foi agravado pelo volume dos estoques acumulados no último lustro da década de 1920. Assim, "deflagrada a crise no último trimestre, não foram necessários mais que alguns meses para que todas as reservas metálicas acumuladas à custa de empréstimos externos fossem tragadas pelos capitais em fuga do país". O preço do café caiu 60% no mercado internacional. Houve uma desvalorização da moeda em 40%. A "socialização das perdas" em uma conjuntura internacional que não indicava, a curto prazo, uma recuperação levou a uma disparada da inflação e um aumento da insatisfação política, especialmente, da população urbana.

Para agravar ainda mais o quadro econômico, a sucessão de Washington Luís estava envolta em uma fratura entre as elites políticas dos principais estados. Desde o Pacto de Ouro Fino, o Partido Republicano Paulista (PRP) e o Partido Republicano Mineiro (PRM) estipularam que haveria uma alternância entre os dois estados na Presidência da República. A morte de Rodrigues Alves abriu um precedente, porém, e em 1922 foi restabelecido o acordo. Em 1930, depois de uma presidência paulista, seria a vez de um mineiro assumir o cargo. Contudo, a intransigência de Washington Luís[218] abriu uma crise sucessória. A insistência na candidatura de Júlio Prestes, governador de São Paulo, como seu sucessor, levou à formação da Aliança Liberal, uma articulação entre o PRM, o Partido Republicano Rio-grandense (PRR), João Pessoa, governador da Paraíba e oposições às situações em vários estados, inclusive em São Paulo, onde

---

[218] Apesar de nascido em Macaé, no estado do Rio de Janeiro, toda sua carreira política desenvolveu-se em São Paulo.

a formação do Partido Democrático (fevereiro de 1926) pôs fim ao monopólio do PRP. Reunindo nomes das antigas dissidências e algumas figuras novas, o PD de São Paulo era essencialmente uma organização representativa da classe média tradicional, vinculada a setores do café. [...] Voltava-se para uma classe média nacional, com um programa liberal-democrático, temperado por algumas tintas vagamente reformistas, tendo por objetivo central a reforma política: voto secreto e obrigatório, representação da minoria, independência dos poderes, entrega ao Judiciário da fiscalização eleitoral.[219]

O candidato indicado pela Aliança Liberal foi o governador do Rio Grande do Sul, Getúlio Vargas, tendo como vice João Pessoa. Vargas participou de apenas dois comícios, um na capital federal e outro em São Paulo, em janeiro de 1930.[220] A plataforma eleitoral incorporava algumas demandas das classes trabalhadoras como aposentadoria, férias, regulamentação do trabalho das mulheres e dos menores, advogava uma anistia política, nesse caso o objetivo era obter apoio especialmente dos tenentistas, e esboçava uma tímida reforma política.

Como em todas as eleições da Primeira República, o candidato oficial venceu.[221] Recebeu pouco mais de 1 milhão de votos

---

[219] Boris Fausto. "A crise dos anos vinte e a Revolução de 1930". *In: Idem. Op. cit.*, t. III, v. 2, p. 415.

[220] "Assim que, por volta das vinte horas, despontou o cortejo na Várzea do Carmo, tive um arrepio. Não era possível o que via! Caminhava não um cortejo, mas uma multidão. [...] Hoje, posso dizer com toda segurança que nenhum dos cidadãos que assistiram àquele espetáculo poderá tê-lo esquecido. No amplexo daquela multidão, em meio ao frenesi coletivo, alguém bradou: 'Nós que-re-mos Ge-tú-lio'. A multidão como nunca São Paulo vira igual, repetia: 'Nós queremos, nós queremos Getúlio'!" (Paulo Nogueira Filho. *Ideais e lutas de um burguês progressista*, v. 2. São Paulo: Anhembi, 1958, pp. 405-406).

[221] "Das onze escolhas diretas, somente quatro – as de 1910, 1919, 1922 e 1930 – envolveram uma efetiva disputa. Mesmo nessas ocasiões, os vencedores – Hermes da Fonseca, Epitácio Pessoa, Artur Bernardes e Júlio Prestes – alcançaram, respectivamente, 64%, 71%, 59% e 59% dos votos." (Walter Costa Porto. *O voto no Brasil*. Rio de Janeiro: Topbooks, 2002, p. 183.)

contra 742 mil de Getúlio Vargas. Em eleições passadas, a divisão entre frações das elites políticas tendia a ser esquecida após o processo eleitoral. Dessa vez, devido à grave crise econômica internacional e nacional, ao desgaste do modelo político das últimas quatro décadas e aos novos atores presentes na cena política, a tradicional recomposição pós-eleitoral não se efetivou. Algumas correntes da Aliança Liberal – os mais exaltados – e os tenentes, que continuavam conspirando clandestinamente no Brasil e na Argentina e Uruguai, onde estavam exilados, começaram a conspirar preparando uma rebelião militar. Em julho, em Recife, foi assassinado João Pessoa. O crime não teve motivação nas disputas políticas nacionais, mas foi explorado pelos adversários do governo. Em 3 de outubro foi deflagrado o movimento. Combates ocorreram por todo o Brasil. Em 24 de outubro, Washington Luís foi deposto. Uma breve junta militar tentou permanecer no poder. Fracassou. De Porto Alegre, por via ferroviária, Getúlio Vargas dirigiu-se ao Rio de Janeiro. Em cada parada recebia manifestações de apoio. Em 3 de novembro assumiu a Presidência da República como chefe do governo provisório. Era o fim da Primeira República, que, a partir de então, recebeu, dos novos donos do poder, a denominação de República Velha.

PARTE IV

A República Populista (1930-1964)

CAPÍTULO 21

A República Nova (1930-1937)

Getúlio Vargas, chefe do governo provisório, pouco mais de duas semanas na Presidência da República, escreveu no seu diário:

> Neste dia [20 de novembro], embarcaram para a Europa os primeiros presos políticos: o ex-presidente Washington Luís, o ex-prefeito do Distrito [Federal] e o ex-ministro da Guerra. Observo que não foi a primeira leva. [...] Bem amargas deveriam ser as reflexões do dr. Washington Luís. Recordei-me que muito mais havia eu sofrido em torturas morais, pela quebra de amizades e compromissos resultantes da Aliança, e pelas perspectivas e ameaças que de futuro poderiam advir, acarretando prejuízos e desgraças para o Rio Grande e para os que o acompanharam, e por tudo atribuído a mim, como responsável. Quantas vezes desejei a morte como solução da vida. E, afinal, depois de humilhar-me e quase suplicar para que os outros nada sofressem, sentindo que tudo era inútil, decidi-me pela revolução, eu, o mais pacífico dos homens, decidido a morrer. E venci, vencemos todos, triunfou a Revolução! Não permitiram que o povo se manifestasse para votar, e inverteram-se as cenas. Em vez de o sr. Júlio Prestes sair dos Campos Elísios para ocupar o Catete, entre as cerimônias oficiais e o cortejo dos bajuladores, eu entrei de botas e esporas nos Campos Elísios, onde acampei como soldado, para vir no outro dia tomar posse do governo no

Catete, com poderes ditatoriais. O sr. Washington Luís provocou a tormenta, e esta o abateu.[222]

O ex-presidente tinha permanecido preso, no forte de Copacabana, desde o dia 24 de outubro. Saiu do palácio do Catete após a intermediação do cardeal Leme. Partiu para o exílio na Europa.

Getúlio Vargas tomou posse em 3 de novembro, após a capital federal estar sob controle de mais de 3 mil soldados gaúchos. Apresentou um breve, vago e, ao mesmo tempo, ousado programa do que chamou de "reconstrução nacional". Falou em anistia aos revoltosos dos anos 1920, na difusão do ensino técnico-profissional, em combater a corrupção, remodelação das Forças Armadas, reorganização do Judiciário, em reforma eleitoral – só depois de sua efetivação é que haveria eleições –, instituição do Ministério do Trabalho e a extinção progressiva do latifúndio com o fomento da pequena propriedade.[223] Osvaldo Aranha foi mais adiante nos propósitos dos revolucionários de 30: "A Revolução não reconhece os direitos adquiridos. Esses direitos eram decorrentes da Constituição: mas esta não mais existe. Estamos diante duma situação de fato e não de direito. Estamos, enfim, numa situação revolucionária plenamente vitoriosa".[224]

Pelo decreto nº 19.398, de 11 de novembro de 1930, foram dissolvidos o Congresso Nacional, as assembleias legislativas e as câmaras municipais. Os governadores foram substituídos por interventores, com a exceção de Olegário Maciel, que foi mantido no cargo de presidente do estado de Minas Gerais. No artigo 1º, "o governo provisório exercerá discricionariamente, em toda sua plenitude, as funções e atribuições, não só o Poder Executivo, como também do Poder Legislativo". Pelo artigo 5º, "ficam suspensas

---

[222] Getúlio Vargas. *Getúlio Vargas: diário*, v. I. São Paulo; Rio de Janeiro: Siciliano; FGV, 1995, p. 27.
[223] Cf. Hélio Silva. *1931: os tenentes no poder*. Rio de Janeiro: Civilização Brasileira, 1972, p. 55.
[224] Hélio Silva. *Op. cit.*, p. 56.

as garantias constitucionais e excluída a apreciação judicial dos decretos e atos do governo provisório ou dos interventores federais, praticados na conformidade da presente lei ou de suas modificações ulteriores". A Constituição federal e as estaduais ficaram "sujeitas às modificações e restrições estabelecidas por decretos ou leis adotadas pelo governo ou seus delegados".

Em fevereiro de 1931, o Supremo Tribunal Federal (STF) teve seis ministros cassados.[225] A justificativa era que "imperiosas razões de ordem pública reclamam o afastamento de ministros que se incompatibilizaram com suas funções por motivos de moléstia, idade avançada ou outros de natureza relevante".[226] Foi um meio de controlar o STF e transformá-lo em órgão legitimador de medidas discricionárias do poder revolucionário.

Getúlio Vargas havia prometido reconstitucionalizar o país. Os tenentistas, que contavam com forte presença na estrutura estatal, tanto na esfera federal como na estadual, queriam postergar o restabelecimento da legalidade constitucional. Sabiam que em um processo eleitoral para a formação da Assembleia Constituinte seriam derrotados pelo que chamavam de "políticos carcomidos".

> Os tenentes advogavam ou ao menos tendiam a aceitar a mudança autoritária imposta de cima. Acostumados à hierarquia militar, os tenentes presumiam que a mudança social e econômica podia ser conseguida através de ordens e decretos. Essa mentalidade autoritária, junto com a crença de que os militares eram em última instância os responsáveis pela nação, foram responsáveis pelo afastamento dos elementos de classe média para quem o constitucionalismo, as eleições livres e a soberania eram essenciais.[227]

---

[225] Quinze generais foram também aposentados pelo governo provisório.
[226] A idade foi um subterfúgio, pois teve ministro aposentado aos 61 anos e outro mantido na ativa com 73.
[227] John D. Wirth. "O tenentismo na Revolução de 30." *In*: Eurico de Lima Figueiredo. *Os militares e a revolução de 30*. Rio de Janeiro: Paz e Terra, 1979, p. 41.

Por meio de um decreto, em maio de 1932, foi marcada para maio do ano seguinte a realização da eleição. Havia desconfiança de que não fosse efetivamente realizada. Em São Paulo, onde a tensão entre Vargas e a elite política do estado era grande – especialmente pela nomeação sucessiva de interventores –, eclodiu, em 9 de julho, a Revolução Constitucionalista, o maior conflito bélico da história brasileira do século XX. Foram mais de 100 mil homens envolvidos no combate. Estima-se que o exército federal teve cerca de 55 mil homens nas frentes de batalha; os constitucionalistas, aproximadamente 30 mil soldados, dos quais 10 mil eram voluntários, e mais de 30 mil das forças policiais do Rio de Janeiro, Minas Gerais, Rio Grande do Sul e Mato Grosso.

A guerra ficou restrita fundamentalmente a São Paulo: o apoio sinalizado por Flores da Cunha, interventor no Rio Grande do Sul, não ocorreu, e as oposições estaduais também não tiveram força militar para criar outros focos de rebelião, mesmo onde havia apoio popular, como no Pará, Rio Grande do Norte e Piauí. No Rio Grande do Sul ocorreram alguns combates, mas as forças locais acabaram derrotadas. Em Minas Gerais, o máximo que os rebeldes conseguiram foi a tomada da cidade de Pirapora por três dias.

O maior apoio aos constitucionalistas veio de Mato Grosso: o sul do estado foi o teatro de violentos combates e o exército federal deslocou milhares de homens para lá. No Rio de Janeiro ocorreram, principalmente, manifestações estudantis, e as passeatas foram duramente reprimidas pela polícia.

A indecisão no avanço pelo Vale do Paraíba em direção à capital federal, que poderia, por meio do efeito surpresa, criar sérias dificuldades ao governo, a ausência de apoios militares em outros estados e o fechamento dos portos paulistas – especialmente o de Santos – pela Marinha selaram a sorte militar da revolução já na segunda quinzena de julho. A derrota era uma questão de tempo.

A rendição dos constitucionalistas foi considerada uma traição. O governo civil imputou à Força Pública assinar a paz em condições humilhantes. Porém, a resistência militar seria inútil, além de criar uma fratura social e política de proporções inimagináveis. Nunca mais o Brasil teria uma guerra civil. Os principais líderes foram presos, tiveram seus direitos políticos suspensos e dezenas deles foram exilados. Um ano depois, a maioria já havia regressado ao Brasil, graças aos indultos concedidos pelo governo.

No campo econômico, o governo teve de enfrentar a questão do café, que combinou uma crise do lado da procura – esta sem possibilidade de ação governamental – e outra do lado da oferta. Sobre esta não bastava aplicar, como em momentos anteriores, a política de socialização das perdas. A depreciação da moeda aumentava a gravidade do problema, pois sinalizava ao cafeicultor a continuar a colher e até, para alguns, a ampliar a produção. A grave conjuntura exigia medidas drásticas para equilibrar oferta e procura. Eram necessárias ações inovadoras. Novos plantios foram proibidos, pois não havia previsão razoável de quando o mercado internacional poderia absorver a produção brasileira; os excedentes foram comprados pelo governo e parte dele acabou sendo incinerado – estima-se que até o início dos anos 1940 tenham sido destruídos mais de 75 milhões de sacas de café, o que corresponderia a três anos de consumo mundial.

O objetivo era equilibrar a oferta com a procura, evitar o acúmulo de excedentes, devido ao grande número de plantios na segunda metade dos anos 1920, e manter a circulação monetária, essencial em um momento de grave crise econômica.

> Ao garantir preços mínimos de compra, remuneradores para a grande maioria dos produtores, estava-se na realidade mantendo o nível de emprego na economia exportadora e, indiretamente, nos setores produtores ligados ao mercado interno. Ao evitar-se uma contração de grandes proporções da renda monetária do setor exportador, reduziam-se proporcionalmente os efeitos do multiplicador de desemprego sobre os demais setores da economia. [...] Dessa forma, a política de defesa do setor cafeeiro nos anos da grande depressão concretiza-se num verdadeiro

programa de fomento da renda nacional. Praticou-se no Brasil, inconscientemente, uma política anticíclica de maior amplitude que a que se tenha sequer preconizado em qualquer dos países industrializados. [...] Explica-se, assim, que já em 1933 tenha recomeçado a crescer a renda nacional no Brasil, quando nos Estados Unidos os primeiros sinais de recuperação só se manifestam em 1934.[228]

O mercado interno acabou favorecido, especialmente o setor industrial. Isto porque a contração da economia cafeeira fez com que que capitais excedentes fossem destinados à indústria, onde encontrava maior rentabilidade. Houve também, durante breve período, o deslocamento para a cultura algodoeira que alcançava bons preços no mercado internacional.[229] Contudo, foi no setor industrial, naquele momento concentrado na produção de bens de consumo não duráveis, que ocorreu um crescimento significativo. Também incentivou o desenvolvimento do setor de bens de capital para atender à crescente demanda interna.

Isso fez com que a economia brasileira se recuperasse rapidamente:

> A produção industrial cresceu em cerca de 50% entre 1929 e 1937 e a produção primária para o mercado interno cresceu em mais de 40 por cento, no mesmo período. Dessa forma, não obstante a depressão imposta de fora, a renda nacional aumentou em 20% entre aqueles dois anos, o que representa um instrumento per capita de 7%. Este aumento não é de nenhuma forma desprezível, se se tem em conta que nos Estados Unidos, no mesmo período, decresceu a renda per capita sensivelmente. Aqueles países de estrutura econômica similar à do Brasil, que seguiram uma política muito mais ortodoxa, nos anos da crise, e ficaram, portanto, na dependência do impulso externo para

---

[228] Celso Furtado. *Op. cit.*, pp. 190, 192 e 193.
[229] A produção de algodão saltou de 30.416 toneladas, em 1930, para 126.548, em 1934, e 236.181 toneladas, em 1937.

recuperar-se, chegaram a 1937 com suas economias ainda em estado de depressão.²³⁰

Buscando diversificar, inicialmente, o destino das exportações, o governo estabeleceu um acordo com a Alemanha, no final de 1934, que encontrou oposição diplomática por parte dos Estados Unidos.

O acordo estabeleceu o comércio de compensação como forma básica para o intercâmbio de mercadorias entre o Brasil e a Alemanha, ou seja, eventuais saldos comerciais bilaterais resultariam na acumulação de depósitos inconversíveis em mil réis ou marcos compensados caso a Alemanha ou o Brasil vendessem mais do que comprassem no outro mercado. Vargas fez o que se pode considerar a defesa clássica do acordo com a Alemanha; o mercado alemão absorvia produtos brasileiros que não eram exportados para os Estados Unidos e eram produzidos em regiões politicamente importantes, como o Nordeste e o Rio Grande do Sul.²³¹

Em maio de 1933 foram realizadas eleições para a Assembleia Constituinte. Pela primeira vez as mulheres puderam votar em todo o país. O Brasil era o quarto país do continente americano a conceder o direito de voto às mulheres, depois do Canadá, Estados Unidos e Equador. A participação numericamente foi pouco relevante. Na capital federal apenas 15% dos eleitores registrados eram mulheres.²³² Foram eleitas para a Constituinte duas mulheres: uma pelo voto direto e outra como representante classista. Foi criada a Justiça Eleitoral e adotado o voto secreto. Dos 254 constituintes, quarenta foram indicados: vinte pelos sindicatos

---

²³⁰ Celso Furtado. *Op. cit.*, pp. 200-201.
²³¹ Marcelo de Paiva Abreu. "Crise, crescimento e modernização autoritária". *In*: *Idem* (org.). *A ordem do progresso: cem anos de política econômica republicana, 1889-1989*. Rio de Janeiro: Campus, 1990, p. 88.
²³² Cf. June E. Hahner. *A mulher brasileira e suas lutas sociais e políticas: 1850--1937*. São Paulo: Brasiliense, 1981, pp. 120-121.

(indicados pelo Ministério do Trabalho) e outros vinte por entidades representativas do empresariado.

Foram reconhecidos os sindicatos, mas controlados pelo Ministério do Trabalho. Como sinal dos novos tempos, foram estabelecidos limites para a jornada de trabalho, férias, proibição de trabalho de menores de quatorze anos, regulamentação do trabalho feminino e a criação da Carteira Profissional. Também foram adotados obstáculos à imigração, bem como ao trabalho de estrangeiros em empresas, estabelecendo-se que poderiam empregar, no máximo, um terço de mão de obra estrangeira. A suposta proteção ao operário nacional era muito mais voltada à perseguição das lideranças sindicais, quase todas elas formadas por estrangeiros, especialmente espanhóis e italianos.

Seguindo o que determinava a Constituição, a primeira eleição presidencial seria indireta, tendo como eleitores apenas os constituintes. Getúlio Vargas apresentou sua candidatura – foram eliminadas as incompatibilidades, pois estava no exercício da chefia do governo provisório. Como opositor foi indicado Borges de Medeiros – que tinha governado o Rio Grande do Sul por vinte e cinco anos, sido o padrinho político de Vargas, que o havia sucedido no governo estadual e ficado um ano preso por ter apoiado os constitucionalistas de São Paulo. Getúlio Vargas venceu facilmente com 175 votos contra apenas 59 de Borges de Medeiros.

Apesar da reconstitucionalização do país, nada indicava que a tensão política iria arrefecer. O que estava ocorrendo no Brasil não era uma exceção. Na América Latina, a crise econômica mundial iniciada em outubro de 1929 havia levado a um conjunto de profundas mudanças políticas. Na Argentina, em setembro de 1930; na Bolívia, em junho de 1930; Peru, em agosto de 1930; Equador, agosto de 1931; Chile, junho de 1932; para ficarmos na América do Sul. Na Europa, o domínio do autoritarismo e totalitarismo, como em Portugal, Espanha, Itália, Alemanha e União Soviética, entre outros, apresentava um cenário marcado pela limitação das liberdades públicas e imposição de regimes ditatoriais.

A década de 30 viu consolidar-se um discurso intelectual de crítica ao liberalismo econômico e à democracia representativa. Esses intelectuais advogavam a instauração de um regime forte, voltado para a arbitragem dos conflitos entre o capital e o trabalho, bem como de um modelo corporativo que realizasse a tão necessária aproximação entre a sociedade e o Estado. A tônica era, portanto, a descoberta do "Brasil real", soterrado durante séculos por práticas políticas inspiradas em ideologias importadas e o abandono de estruturas políticas obsoletas que não atendiam às necessidades do país.[233]

O Brasil também estava imerso nesse confronto ideológico. Em 1922 foi fundado o Partido Comunista do Brasil. O movimento operário estava em refluxo. Foi, nas duas primeiras décadas do século, dominado por anarquistas. A fundação do partido esteve relacionada diretamente com a Revolução Russa de 1917. Na Europa, as alas esquerdas dos partidos socialistas ou social-democratas acabaram formando os partidos comunistas de seções nacionais da Terceira Internacional, sob o comando de Moscou. No Brasil, onde a organização partidária à esquerda era inexpressiva, a formação do PCB não teve impacto no movimento operário ou nas disputas políticas. Tudo mudou quando Luís Carlos Prestes aderiu, em 1931, ao comunismo – mas só seria aceito no partido em 1934. O mais célebre tenentista não tinha apoiado a Revolução de 30, apesar dos insistentes pedidos dos líderes revolucionários. Desde maio de 1930, quando lançou manifesto crítico à conspiração e de simpatia pelo marxismo, demonstrou que se afastava do tenentismo: substituiu a devoção a Auguste Comte por Karl Marx. Acabou viajando à União Soviética, onde permaneceu por três anos. Retornou ao Brasil clandestinamente com o objetivo de deflagrar uma revolução popular, nos moldes preconizados pela Terceira Internacional.

---

[233] Aspásia Camargo *et al. O golpe silencioso.* Rio de Janeiro: Rio Fundo, 1989, pp. 253-254.

Em janeiro de 1935 foi criada a Aliança Nacional Libertadora (ANL). Rapidamente obteve a adesão de milhares de filiados em centenas de núcleos espalhados pelo país. Incorporou muitos dos opositores de Vargas e estabeleceu um amplo arco de alianças no campo da esquerda. Seu programa previa a suspensão do pagamento da dívida externa, a reforma agrária, a nacionalização das empresas estrangeiras e um governo popular, ou seja, de esquerda.

Prestes retornou ao Brasil clandestinamente acompanhado de uma funcionária da Internacional Comunista, a alemã Olga Benário, com quem acabaria se casando. Formalizou sua adesão à ANL através de uma carta amplamente divulgada:

> Adiro à ANL. Nela quero combater, lado a lado, com todos os que estando vendidos ao imperialismo, desejem lutar pela libertação nacional do Brasil com todos os que queiram acabar com o regime feudal em que vegetamos e defender os direitos democráticos que vão sendo sufocados pela barbárie fascista ou fascistizante. [...] A tarefa da ANL, o segredo do seu sucesso está na rapidez com que souber e puder passar da agitação à ação. Precisamos agir com rapidez e decisão.[234]

O governo colocou a organização na ilegalidade em 11 de julho do mesmo ano, após a divulgação de um manifesto insurrecional escrito por Prestes que advogava a queda de Vargas e a entrega do poder à ANL. Várias lideranças, não comunistas, acabam abandonando a organização que ficou restrita fundamentalmente ao PCB. Seguindo os preceitos da Terceira Internacional foi organizada uma rebelião com base nos quartéis. Em 23 de novembro, eclodiu a revolta em Natal e no dia seguinte em Recife. Ambas foram rapidamente derrotadas. No dia 26, foi a vez do Rio de Janeiro, tendo como foco o 3º Regimento de Infantaria. Foi debelada no dia seguinte.

---

[234] Para o programa da ANL, ver Edgard Carone. *A Segunda República*. São Paulo: Difel, 1974, pp. 425-430.

A histeria anticomunista tomou conta do governo. Milhares foram presos. Através do Tribunal de Segurança Nacional, por todo o país, em processos sumários, centenas foram condenados, boa parte deles sem qualquer ligação com os levantes. Navios de guerra foram improvisados como presídios. Prestes foi condenado a dezesseis anos e meio de prisão. Sua mulher, Olga Benário, foi presa e deportada para a Alemanha nazista, terminando morta em um campo de concentração em 1942.[235] A máquina de propaganda governamental espalhou que oficiais teriam sido mortos dormindo, o que nunca ocorreu e nem sequer foi mencionado como acusação nos processos do Tribunal de Segurança Nacional (TSN).

> O movimento grevista e operário fica tolhido após a revolução aliancista de novembro de 1935. [...] As prisões enchem-se de líderes operários que nada têm a ver com os acontecimentos revolucionários. Entre 1936 e 1937 não se registra nenhuma greve, pois a Lei de Segurança Nacional, estado de sítio e estado de guerra são "argumentos" de força contra qualquer pretensão. As prisões e intimidações levam ao recuo operário, o que, por sua vez, permite ao Ministério do Trabalho começar a substituir gradativamente a verdadeira liderança sindical operária. Os "pelegos", isto é, os operários de confiança do governo tornam-se os representantes "oficiais" do proletariado. [...] Desta manei-

---

[235] Desde então se ampliou o intercâmbio de informações entre a polícia política brasileira e a Gestapo alemã: "A colaboração anticomunista geral entre agências alemãs e o Rio de Janeiro tornara-se cada vez mais íntima. [...] enviou longo ofício ao Itamarati contendo informações fornecidas pela Gestapo sobre uma reunião pelo Comintern na Holanda, da qual emissários do Brasil e da Argentina teriam participado. [...] Em meados de setembro, o Itamarati, por seu turno, enviou à embaixada, para transmissão à Gestapo, vários documentos dos arquivos de Prestes e Berger [...] A Gestapo retribuiu, fornecendo informações adicionais sobre as atividades do Comintern, dados biográficos sobre agentes comunistas conhecidos e advertências sobre indivíduos específicos no Brasil". (Stanley Hilton. *A rebelião vermelha*. Rio de Janeiro: Record, 1986, p. 157.)

ra, para o operariado, o Estado Novo começa em novembro de 1935.[236]

No campo autoritário navegava também a Ação Integralista Brasileira (AIB). Fundada em outubro de 1932, em São Paulo, teve em Plínio Salgado o seu principal líder. Tinha como modelo o fascismo italiano. A AIB foi a maior organização de tipo fascista no Brasil. Logo transformou-se em um partido de massa nacional e participou, sem muito êxito, de várias eleições. Buscou seguir os moldes organizativos do fascismo tendo como referência teórica especialmente Benito Mussolini. O nacionalismo exacerbado fazia parte do ideário da AIB, assim como o uniforme verde – em referência às matas –, a saudação dos militantes – com origem, supostamente, no passado indígena –, e também seguindo a forte tradição autoritária dos desiludidos com a República, que desde o início do século criticavam a Constituição de 1891 e o modelo político adotado.

> É verdade que seu conteúdo ideológico se apoiou amplamente no fascismo europeu. Não se pode dizer, entretanto, que o integralismo tenha sido exclusivamente um mimetismo ideológico. A adesão ao fascismo de setores importantes da população e a aceitação de sua organização paramilitar, não se explicam sem condições internas favoráveis. Na realidade, tais condições surgem durante a evolução histórica entre duas guerras mundiais pela conjugação dos conflitos econômicos, sociais e políticos com a crise ideológica das elites intelectuais. [...] Enraizado num nacionalismo telúrico, fundado sobre o messianismo místico do destino histórico da nova raça mestiça, a ideologia integra, incorpora uma nova síntese, o tradicionalismo social e religioso do integralismo lusitano e do salazarismo, o estatismo romano

---

[236] Edgard Carone. *A República Nova (1930-1937)*. São Paulo: Difel, 1974, pp. 122-123.

e o corporativismo do fascismo italiano e o antissemitismo de inspiração nacional-socialista.[237]

Era muito significativa a presença do integralismo na região Sul, onde viviam 100 mil alemães e 800 mil teuto-brasileiros. "Em 1935 mais de 50% dos oficiais do partido no Rio Grande do Sul eram de descendência germânica, e quase metade dos líderes em Santa Catarina tinham nomes alemães. Os oito municípios onde os integralistas conseguiram maioria dos votos, nas eleições catarinenses em 1936, eram todos centros de colonização alemã."[238]

Nesse universo político, dificilmente seriam mantidas as instituições criadas pela Constituição de 1934. Vários dispositivos constitucionais tinham sido suspensos desde a rebelião comunista de novembro de 1935. Parlamentares foram presos. Em 1936, o estado de sítio foi prorrogado pelo Congresso, por quatro períodos de noventa dias cada. Em 1938 deveria ocorrer a eleição presidencial e Vargas não poderia concorrer à reeleição. Para Vargas, a Constituição de 1934 estava "antedatada em relação ao espírito do tempo. Destinava-se a uma realidade que deixara de existir. Conformada em princípios cuja validade não resistira ao abalo da crise mundial, expunha as instituições por ela mesma criadas a investida dos seus inimigos, com a agravante de enfraquecer e amenizar o poder público".[239]

Apesar de uma acirrada campanha eleitoral, que tinha entre seus principais candidatos José Américo de Almeida[240] – formal-

---

[237] Hélgio Trindade. *Integralismo: o fascismo brasileiro na década de 30*. São Paulo; Porto Alegre: Difel; UFRGS, 1974, pp. 288-289.

[238] Stanley Hilton. *O Brasil e a crise internacional (1930-1945)*. Rio de Janeiro: Civilização Brasileira, 1977, p. 31.

[239] Getúlio Vargas. *A nova política do Brasil*, v. V. Rio de Janeiro: José Olympio, 1938, pp. 23-24.

[240] José Américo de Almeida tinha se destacado como ministro da Viação e Obras Públicas (1930-1934), especialmente no enfrentamento, no Nordeste, da seca de 1932. Era autor de um importante livro da literatura regionalista: *A Bagaceira*.

mente candidato oficial, mas que nunca recebeu apoio formal de Vargas – e Armando de Salles Oliveira[241] – como representante da oposição liberal –, poucos acreditavam na realização do pleito. Em 22 de setembro de 1937, jornais publicaram o Plano Cohen, documento forjado pelo Exército e apresentado como um plano comunista para tomar o poder. Vargas solicitou a adoção do estado de guerra, que acabou sendo mais uma vez aprovado pelo Congresso Nacional.

Em 10 de novembro de 1937, depois de inúmeras ameaças às liberdades democráticas, prisões de opositores, fechamento de jornais, Getúlio Vargas, com apoio das Forças Armadas, lidera o golpe de Estado e impõe a ditadura do Estado Novo. Fechou o Congresso Nacional, todas as assembleias legislativas e as câmaras municipais. Como escreveu ao embaixador brasileiro em Washington, Oswaldo Aranha: "Não nos podemos deter em filigranas doutrinárias, em falsas noções de liberdades públicas e outras questões teóricas, quando o primordial é a ordem".[242]

---

[241] Armando de Salles Oliveira tinha sido interventor de São Paulo (1933-1935), nomeado por Getúlio Vargas, e depois foi eleito governador do estado (1935-1936)

[242] Hélio Silva. *1937: todos os golpes se parecem*. Rio de Janeiro: Civilização Brasileira, 1970, p. 526.

CAPÍTULO 22

O Estado Novo (1937-1945)

Com o golpe de Estado, Getúlio Vargas impôs uma nova Constituição, que ficou conhecida como a "Polaca", pois teria sido inspirada na Constituição fascista polonesa. A Carta teve como autor Francisco Campos, considerado brilhante jurista, ultraconservador e simpatizante do fascismo italiano. Apesar de imposta ditatorialmente, no artigo 1º dispunha que "o poder emana do povo e é exercido em nome dele e do interesse do seu bem-estar, de sua honra, da sua independência e de sua prosperidade". O governo central recebeu plenos poderes. A União poderia intervir em estados, criar territórios e desmembrar estados. Os símbolos estaduais foram suprimidos (bandeiras, hinos, escudos). Os interventores não poderiam se deslocar de seus estados sem autorização do governo federal.

Foi criado um novo Poder Legislativo. Seria formado pelo Parlamento (Câmara dos Deputados e Conselho Federal), pelo Conselho de Economia Nacional e pelo presidente da República – este também participava do Legislativo. Um dos artigos mais repressivos era o 177: "Dentro do prazo de sessenta dias a contar da data desta Constituição, poderão ser aposentados ou reformados de acordo com a legislação em vigor os funcionários civis e militares cujo afastamento se impuser, a juízo exclusivo do Governo, no interesse do serviço público ou por conveniência do regime".

O artigo 180 dispunha que enquanto o Parlamento não fosse instalado, o que nunca ocorreu, caberia ao presidente da República "o poder de expedir decretos-lei sobre todas as matérias de competência legislativa da União". O presidente da República deveria ser eleito indiretamente por um colégio eleitoral, o que não foi colocado em prática, pois durante o Estado Novo não ocorreu nenhuma eleição. A pena de morte foi admitida, além do caso de guerra com país estrangeiro, para crimes políticos. O penúltimo artigo impôs em todo o país o estado de emergência – que vigorou durante toda a ditadura. A Constituição – no artigo 187, o último – dispôs que seria submetida a um plebiscito nacional, o que também nunca ocorreu.

No processo de construção do golpe, Vargas buscou o apoio dos integralistas. Teria chegado a prometer o Ministério da Educação a Plínio Salgado. Para surpresa deste, não só não cumpriu a promessa, como também colocou na ilegalidade a AIB e todos os outros partidos políticos. Os integralistas, na clandestinidade, organizaram um golpe em 11 de maio de 1938. Atacaram o palácio Guanabara, moradia presidencial, e tentaram matar Vargas e sua família. Era uma das etapas para a tomada do poder. Acabaram sendo contidos. Oito dos assaltantes foram fuzilados nos jardins do palácio.

Em meio à ditadura, à supressão das liberdades e à imposição do terror estatal, Vargas adotou uma ousada legislação trabalhista, consubstanciada na Consolidação das Leis do Trabalho, a CLT, em 1943. Três anos antes implantou o salário mínimo. Criou a Justiça do Trabalho (1939) e concedeu aos sindicatos o imposto sindical, recurso descontado dos trabalhadores e controlado pelo Ministério do Trabalho que repassava os valores aos sindicatos, federações e confederações. No processo de cooptação dos trabalhadores, os sindicatos serviam como correias de transmissão da ideologia varguista. As comemorações do 1º de Maio passaram a ser utilizadas pelo governo como momento de propaganda do regime e de sua relação com os trabalhadores. Os desfiles no estádio São Januário, do Vasco da Gama, contavam impreterivelmente com o discurso de encerramento do ditador. Sempre fez questão de deixar marcada a diferença do seu governo com os anos da "República Velha" na relação com os trabalhadores: "Como vedes, no regime vigente, participas diretamente das atividades organizadoras do Estado, em contraste flagrante com a situação anterior a 1930, quando vossos reclamos não eram sequer ouvidos e morriam nos recintos estreitos das delegacias de polícia".[243] Mas o contrato social varguista era entre ele e os trabalhadores, sem mediadores:

> Hoje, o governo não tem mais intermediários entre ele e o povo. Não mais mandatários e partidos. Não há mais representantes de grupos e não há mais representantes partidários. Há sim o povo no seu conjunto e o governante dirigindo-se diretamente a ele, a fim de que, auscultando os interesses coletivos, possa ampará-los e realizá-los, de modo que o povo, sentindo-se amparado nas suas aspirações e nas suas conveniências, não tenha necessidade de recorrer a intermediários para chegar ao chefe de Estado.[244]

A ditadura organizou um amplo aparato repressivo. Prisões arbitrárias se espalharam pelo país. O arcabouço legal produzido tinha como inspiração a Constituição de 1937, sem as amarras do que o ministro da Justiça, Vicente Rao, em 1936, na Câmara dos Deputados, tinha atacado: "O doloroso anacronismo da liberal democracia que desarmava o Estado na luta contra seus inimigos".[245] Com a metamorfose do arbítrio em ordenamento legal, após o golpe de novembro de 1937, só o Tribunal de Segurança Nacional

---

[243] Getúlio Vargas. *A nova política do Brasil*, v. VI. Rio de Janeiro: José Olympio, 1938, p. 182.
[244] Idem. *A nova política do Brasil*, v. V. Rio de Janeiro: José Olympio, 1938, p. 134.
[245] Reynaldo Pompeu Campos. *Repressão judicial no Estado Novo: esquerda e direita no banco dos réus*. Rio de Janeiro: Achiamé, 1982, p. 39.

condenou mais de 4 mil pessoas. Os julgamentos eram sumários. Cada acusado não poderia ter mais que duas testemunhas. Ao advogado de defesa era concedido, no máximo, quinze minutos para defender seu cliente. A decisão do juiz era proferida trinta minutos após o fim da sessão.

A censura impedia a livre circulação da informação e das ideias. De acordo com a Constituição, a censura prévia seria adotada para "garantir a paz, a ordem e a segurança pública", da "imprensa, do teatro, do cinematógrafo, da radiodifusão, facultando à autoridade competente proibir a circulação, a difusão ou a representação". Jornais foram tomados pelo governo, como *O Estado de S. Paulo*, que permaneceu cinco anos, até 1945, sob controle estatal. As reuniões públicas eram formalmente permitidas, mas "podem ser interditadas em caso de perigo imediato para a segurança pública". Apesar de tantas restrições, o artigo 123 da Constituição criou mais um: "O uso desses direitos e garantias terá por limite o bem público, as necessidades da defesa, do bem-estar, da paz e da ordem coletiva, bem como as exigências de segurança da Nação e do Estado em nome dela constituído e organizado nesta Constituição".

A criação, em 1939, do Departamento de Imprensa e Propaganda (DIP) – com os respectivos sucedâneos estaduais – serviu para fortalecer a imagem de Vargas como o condutor da nação e como um meio de divulgar as realizações do regime. Foi estabelecido um culto pessoal a Vargas, algo sem similitude em nossa história. O dia do seu nascimento – 19 de abril – foi transformado em feriado escolar. Inúmeras biografias foram produzidas, louvando o ditador. Darcy Vargas, sua esposa, também assumiu um papel que até então, na política brasileira, inexistia: o da primeira-dama voltada aos trabalhos sociais. Foi criada o "Hora do Brasil", programa radiofônico que divulgava as ações do governo e se dedicava a louvar a cultura brasileira com a participação de artistas populares, como Carmen Miranda, e até o maestro Heitor Villa-Lobos.

O posicionamento do Brasil na ordem mundial complexa da década de 1930 levou Vargas a verdadeiros malabarismos diplomáticos. Dentro do governo havia uma forte corrente – especialmente nas Forças Armadas – simpática à Alemanha nazista. A política do marco compensado e o recebimento de material bélico alemão – a Alemanha era a maior fornecedora de armas para o Brasil – fortaleceram esses laços, que já eram sólidos no campo ideológico. Havia uma importante comunidade germânica no Brasil, e a maior parte dela nutria fortes simpatias pelos nazistas. A posição geográfica do país e seus portos lhe permitiam desempenhar um importante papel na navegação do Atlântico Sul, especialmente em momento de guerra. O Brasil

> era importante produtor de produtos estratégicos – como a própria Alemanha bem sabia: entre 1934 e 1939 seu comércio com este país dobrou! Em 1938 o Brasil forneceu mais de trinta por cento das importações do Reich, e este foi o maior comprador de borracha brasileira. Os depósitos brasileiros de minério de ferro, manganês, quartzo e outros artigos seriam de grande valor a países em guerra.[246]

No início da Segunda Guerra Mundial, em setembro de 1939 – o Brasil se declarou neutro. As vitórias arrasadoras do exército alemão fortaleceram a corrente pró-nazista do governo. Esse processo se acentuou ainda mais com a fragorosa derrota francesa em junho de 1940. Em 11 de junho, a bordo do encouraçado *Minas Gerais*, Vargas, em discurso, sinaliza simpatia pelo Reich:

> Marchamos para um futuro diverso do quanto conhecíamos em matéria de organização econômica, social ou política, e sentimos que os velhos sistemas e fórmulas antiquadas entram em declínio. Não é, porém, como pretendem os pessimistas e os conservadores empedernidos, o fim da civilização, mas o início,

---

[246] Stanley Hilton. *Suástica sobre o Brasil:* a história da espionagem alemã no Brasil. Rio de Janeiro: Civilização Brasileira, 1977, p. 22.

tumultuoso e fecundo, de uma era nova. Os povos vigorosos, aptos à vida, necessitam seguir o rumo das suas aspirações, em vez de se deterem na contemplação do que se desmorona e tomba em ruína. É preciso, portanto, compreender a nossa época e remover o entulho das ideias mortas e dos ideais estéreis.[247]

É o momento mais complexo e intrincado das relações diplomáticas do Brasil no século XX. As contradições entre as grandes potências e o intervencionismo militar nos anos 1930 em meio a uma grave situação econômica internacional – ainda sob os efeitos da crise iniciada em outubro de 1929 – foram ainda mais agravadas pela eclosão da Segunda Guerra. As rápidas vitórias do exército alemão, o isolamento da Inglaterra, o pacto Ribbentrop-Molotov, de agosto de 1939, desenhavam um novo cenário internacional. Os governos alemão e italiano saudaram o posicionamento de Vargas. Já os Estados Unidos manifestaram preocupação e "Vargas mandou declarações apaziguadoras particulares ao Departamento de Estado, e, divulgou, através do Departamento de Imprensa e Propaganda, uma nota dizendo que seu discurso visara a opinião interna e que a política externa do país continuaria a ser uma de 'inteira solidariedade americana na defesa comum do continente'".[248]

As relações com a Alemanha nazista e a Itália fascista eram tão próximas que o governo brasileiro assumiu a representação dos interesses diplomáticos da Itália nos países aliados e dos dois jornais editados em polonês, críticos à Alemanha nazista, um foi fechado e o outro colocado sob censura, após pedido da embaixada alemã. O chefe do DIP, Lourival Fontes, foi condecorado pela Itália por um enviado especial de Benito Mussolini, como reconhecimento do apoio ao regime fascista.[249]

---

[247] Getúlio Vargas. *A nova política do Brasil*, v. VII. Rio de Janeiro: José Olympio, 1940, p. 331.
[248] Stanley Hilton. *Suástica sobre o Brasil:* a história da espionagem alemã no Brasil. *Op. cit.*, p. 188.
[249] *Ibidem*, p. 191.

A entrada dos Estados Unidos na Segunda Guerra, em dezembro de 1941, mudou o quadro do posicionamento do governo brasileiro.[250] Em janeiro de 1942, pouco mais de um mês após o bombardeio japonês de Pearl Harbor, em reunião realizada no Rio de Janeiro entre os chanceleres dos países americanos, foi aprovado o rompimento com os países do Eixo (Alemanha, Itália e Japão). As pressões para que o Brasil entrasse na guerra ao lado dos aliados aumentaram com o afundamento de navios brasileiros por submarinos alemães. Em 31 de agosto, o Brasil declarou guerra ao Eixo.

Em meio à participação brasileira na guerra foram concluídas as negociações para a construção da usina siderúrgica de Volta Redonda – que só entraria em operação em 1946. A usina era importante para o processo de industrialização. As tratativas com o governo norte-americano foram longas – e, algumas vezes, infrutíferas. Finalmente, em 1941, com financiamento dos Estados Unidos e presença de capital estatal – os investidores privados brasileiros se recusaram a participar do projeto –, teve início a construção entre os dois maiores núcleos populacionais do país: Rio de Janeiro e São Paulo, e a meio caminho de Minas Gerais, estados produtores de carvão. Foi uma vitória política de Vargas. Deve ser observado ainda que

> é importante considerar esta decisão à luz dos objetivos estratégicos da política norte-americana referente à América Latina, que se baseava no fortalecimento do Brasil às expensas da Argentina. Embora alguns círculos mais conservadores nos Estados Unidos insistissem que o projeto contrariava a teoria das vantagens comparativas, as condições de guerra tornaram possível a vitória daqueles que pensavam que um maior desenvol-

---

[250] A União Soviética foi invadida pela Alemanha em 22 de junho de 1941. Pouco depois, a URSS estabeleceu uma aliança militar com o Reino Unido e que, após o ataque japonês a Pearl Harbor, teve também a participação dos Estados Unidos.

vimento econômico no Brasil facilitaria a expansão do mercado para as exportações norte-americanas.[251]

Desde 1930, o governo criou diversas empresas e órgãos com o objetivo de conseguir uma intervenção mais eficaz na sociedade, especialmente na economia. Foram criados diversos institutos para a proteção da produção nacional, como o do café, açúcar, cacau; órgãos essenciais para a construção de políticas públicas, como o Instituto Brasileiro de Geografia e Estatística; códigos para o controle das águas e minas; conselhos, como o voltado ao comércio exterior, o de economia e o de petróleo; o Serviço Social da Indústria, a Companhia Vale do Rio Doce, Fábrica Nacional de Motores, entre outros. A deflagração da Segunda Guerra levou à criação da Coordenação de Mobilização Econômica:

> Durante os anos da guerra, esse órgão governamental teve (não só formalmente) o caráter de um verdadeiro superministério. Por seu intermédio, o governo coordenava assuntos econômicos, financeiros, tecnológicos e organizatórios da economia nacional, considerada como a economia de um país em estado de guerra. [...] Nos anos 1930-45, o nacionalismo passou a ser um elemento importante nos debates sobre problemas políticos e econômicos brasileiros. Nesses anos, o nacionalismo passou a figurar de modo mais frequente nos discursos dos governantes, nas diretrizes constitucionais e nas próprias realizações do governo.[252]

---

[251] Marcelo de Paiva Abreu (org.). *Op. cit.*, p. 98.
[252] Octávio Ianni. *Estado e planejamento econômico no Brasil (1930-1970)*. Rio de Janeiro: Civilização Brasileira, 1977, pp. 48 e 58. Foram mobilizados milhares de sertanejos, a maior parte, cearenses, que foram levados para a Amazônia com o objetivo de elevar a produção de borracha. A mobilização foi facilitada pela seca de 1942 e seus efeitos. Estima-se que foram levados 50 mil retirantes, destes, 10 mil morreram na Amazônia. Cf. Marco Antonio Villa. *Vida e morte no sertão: história das secas no Nordeste nos séculos XIX e XX*. Op. cit., pp. 161-165.

A ênfase na industrialização e no nacionalismo marcou o período. A tarefa colocada pelo momento histórico levou a um novo tipo de Estado. Segundo Vargas, o

> problema básico da nossa economia estará, em breve, sob novo signo. O país semicolonial, agrário, importador de manufaturas e exportador de matérias-primas, poderá arcar com as responsabilidades de uma vida industrial autônoma, provendo as suas urgentes necessidades de defesa e aparelhamento. Já não é mais adiável a solução. Mesmo os mais empedernidos conservadores agraristas compreendem que não é possível de pender da importação de máquinas e ferramentas, quando uma enxada, esse indispensável e primitivo instrumento agrário custa ao lavrador 30 cruzeiros, ou seja, na base do salário comum, uma semana de trabalho.[253]

A entrada do Brasil na guerra levou a uma série de alterações do governo. Os mais identificados com o nazifascismo acabaram saindo. Teve início a formação da Força Expedicionária Brasileira (FEB) que deveria participar do esforço de guerra. Inicialmente não se sabia onde atuariam os soldados brasileiros. Com as vitórias aliadas no Norte da África abriu-se a possibilidade da invasão da Itália, pouco mais de um mês após a queda de Benito Mussolini da chefia de governo por decisão inicial do Grande Conselho Fascista e, posteriormente, do rei Vitor Emanuel III. A FEB foi criada em agosto de 1943 e somente onze meses depois chegou ao teatro da guerra na Itália. Foram cedidas aos Estados Unidos bases em Fortaleza, Natal e em Fernando de Noronha.

O arsenal legal-repressivo do Estado Novo manteve-se em funcionamento durante a guerra. E, em alguns casos, foi até ampliado. A lei constitucional nº 5 de 10 de março de 1942 emendou alguns artigos da Polaca. O presidente poderia

---

[253] *Apud* Octávio Ianni. *Op. cit.*, p. 63.

decretar a suspensão das garantias constitucionais atribuídas à propriedade e à liberdade de pessoas físicas e jurídicas, súditos de Estado estrangeiro, que, por qualquer forma, tenham praticado atos de agressão de que resultem prejuízos para os bens e direitos do Estado brasileiro, ou para a vida, os bens e os direitos das pessoas físicas ou jurídicas brasileiras, domiciliadas ou residentes no país.

Alemães, italianos e japoneses e seus descendentes sofreram humilhações, independentemente do fato de concordarem ou não com os regimes nazista ou fascista, ou de serem ou não colaboradores. A ampla maioria não representava a "quinta coluna". Porém, o Estado Novo precisava ampliar os inimigos internos para justificar a máquina repressiva e as dificuldades econômicas originadas pela guerra.

Desde a segunda metade dos anos 1930, os Estados Unidos mudaram sua política em relação à América Latina. O intervencionismo tão característico desde a metade do século anterior – como a guerra contra o México, ocorrida em 1846-1848 – foi deixado de lado. A política da boa vizinhança buscou estabelecer relações que transcendiam questões econômicas e geopolíticas. O estabelecimento de um amplo programa de intercâmbio cultural fez com que, no caso brasileiro, artistas, intelectuais e jornalistas visitassem os Estados Unidos e muitos norte-americanos estiveram no Brasil. A partir de então se consolidou a forte presença cultural dos Estados Unidos que substituiu as hegemonias inglesa e francesa, presentes no Brasil desde o final do século XVIII.

As derrotas do exército alemão, o avanço dos aliados nas duas frentes no teatro da guerra europeu, as derrotas japonesas na Ásia, tudo isso foi desenhando um cenário de que era só questão de tempo para a debacle do Eixo. No caso brasileiro estava presente a contradição da luta na Europa contra o nazifascismo e a existência interna de um forte Estado repressivo que, apesar das mudanças discursivas, ainda mantinha o arcabouço legal fortemente influenciado especialmente pela Itália fascista.

Manifestações de desaprovação ao regime começam a ocorrer, desde a organização do Manifesto dos Mineiros (1943), passando por passeatas estudantis, como em São Paulo, quando estudantes da Faculdade de Direito do Largo São Francisco foram atacados pela polícia política, resultando em dezenas de feridos e dois mortos.

Em 1945, com a proximidade do final da guerra, Vargas começou a construir um caminho político para se manter na política ou, preferencialmente, no poder. Em fevereiro foi decretado o Ato Adicional que estabeleceu o prazo de noventa dias para a fixação das eleições para a formação da Assembleia Constituinte, para a Presidência da República e para os governos estaduais e suas respectivas assembleias legislativas. No mesmo mês, a censura foi rompida por uma entrevista de José Américo de Almeida ao *Correio da Manhã*. Em abril veio a anistia política, que libertou 563 presos políticos, e no mês seguinte foi concedido o direito de legalidade ao Partido Comunista. Rapidamente foram sendo organizados os novos partidos políticos, agora na esfera nacional, rompendo com o modelo de partidos estaduais que vinha da Primeira República. O Partido Social Democrático (PSD) teve como base os interventores estaduais e o incentivo de Vargas, que também estimulou a criação do Partido Trabalhista Brasileiro (PTB), com base nos sindicatos criados e legalizados durante seu longo governo – também a sua criação tinha o objetivo de concorrer com os comunistas na arregimentação dos operários. Com forte presença urbana e seguindo a tradição do liberalismo brasileiro foi fundada a União Democrática Nacional (UDN).

No final de maio foi estabelecida a data das eleições: 2 de dezembro para a presidência e as eleições estaduais para 6 de maio de 1946. O PSD lançou para a Presidência da República o general Eurico Gaspar Dutra, chamado de Condestável do Estado Novo. A UDN indicou o brigadeiro Eduardo Gomes e o PCB o engenheiro Yedo Fiúza, que não era um quadro do partido. Em meio à indefinição política, Vargas, segundo seus opositores, estaria manobrando para permanecer no poder e estimulando um movimento chamado de "queremismo", de "nós queremos Getúlio" – e que advogava a convocação da Constituinte, mas com Vargas ocupando a Presidência da República.

Em 3 de outubro, aniversário de quinze anos da Revolução de 30,

> os queremistas organizaram um comício em frente ao palácio Guanabara. Era a maior demonstração do movimento até então. Getúlio falou aos manifestantes, afirmando firmemente que não era candidato às eleições, mas acrescentou que o público tinha o direito de exigir uma Assembleia Constituinte, e advertiu que havia "forças reacionárias poderosas, ocultas umas, ostensivas, outras, contrárias todas à convocação da Constituinte".[254]

Os comunistas passam a advogar a mesma tese. Para Luís Carlos Prestes, que em maio tinha sido anistiado, após nove anos preso, "o melhor caminho para a efetiva democratização do país não é certamente o estabelecido pelo Ato Adicional. Reclamamos a convocação de uma Assembleia Constituinte, em que os verdadeiros representantes do povo possam livremente discutir, votar e promulgar a Carta Constitucional que pede a Nação".[255] A tensão política cresceu até que, em 29 de outubro, um golpe militar derrubou Getúlio Vargas.

---

[254] Thomas Skidmore. *Brasil: de Getúlio a Castelo*. Rio de Janeiro: Paz e Terra, 1969, p. 76.
[255] *Apud* Edgard Carone. *O Estado Novo (1937-1945)*. São Paulo: Difel, 1976, p. 336. A citação é do livro *Problemas atuais da democracia* de Luís Carlos Prestes.

CAPÍTULO 23

De Dutra ao suicídio de Vargas

Em 2 de dezembro de 1945 foram realizadas eleições para a Presidência da República e para a Assembleia Constituinte. Com o apoio, na última hora, de Getúlio Vargas, Gaspar Dutra foi eleito presidente da República com 55% dos votos, Eduardo Gomes ficou com 35% e o candidato do PCB com 10%. Não houve eleição para vice-presidente da República, pois o pleito foi realizado ainda sob a égide da Constituição de 37, que havia abolido o cargo. A questão da extensão do mandato, assim como a do restabelecimento ou não da Vice-Presidência, deveriam ser resolvidas pelos constituintes.

Para a formação da Assembleia Constituinte foram eleitos pelo PSD 151 deputados e 26 senadores, a UDN fez 77 deputados e 10 senadores, o PTB 22 deputados e 2 senadores e a bancada comunista elegeu 14 deputados e 1 senador (Luís Carlos Prestes). Vargas foi eleito senador por dois estados e deputado por sete[256] – à época era permitido a candidatura por diferentes estados e não havia a exigência de domicílio eleitoral. Obteve 1.150.000 votos no total, cerca de 40% dos votos obtidos por Dutra para a Presidência.

---

[256] Senador por São Paulo e Rio Grande do Sul e deputado por estes dois estados e Minas Gerais, Bahia, Rio de Janeiro, Paraná e Distrito Federal (então denominação da cidade do Rio de Janeiro).

Após a posse de Dutra – em 31 de janeiro de 1946 – foram iniciados os trabalhos da Constituinte. Dessa vez não havia um anteprojeto enviado pelo Executivo. O clima político era tenso. O presidente era ultraconservador, tendo na década anterior simpatizado com o nazismo e apresentava enorme dificuldade de conviver com o clima democrático, produto do entusiasmo da vitória aliada na Segunda Guerra Mundial. Na capital federal, passeatas foram reprimidas, militantes de esquerda presos e sedes do Partido Comunista, recém-legalizado, invadidas e depredadas.

Em 18 de setembro foi promulgada a nova Constituição – era a quarta, desde a primeira Carta republicana, a de 1891. Foi recriada a Vice-Presidência da República,[257] o mandato presidencial foi estabelecido em cinco anos (pela Constituição de 1891 era de quatro anos e a de 1937, de seis). E as eleições para os Executivos municipais, estaduais e federais, não haveria uma chapa, mas escolhas individualizadas. Ampliaram-se os direitos políticos, foi reconhecido o direito de greve (mas a lei complementar nunca foi votada), foram garantidos amplos direitos trabalhistas e até houve, nas disposições transitórias, uma homenagem a Mascarenhas de Morais, promovido a marechal pelos constituintes.

O entusiasmo democrático durou pouco, isto porque o presidente da República seguiu pelo caminho da Guerra Fria – o conflito, especialmente ideológico, entre Estados Unidos e União Soviética. O Partido Comunista foi colocado na ilegalidade em 1947 e os mandatos dos comunistas foram cassados no início do ano seguinte. A repressão ao movimento operário foi intensa – a reivindicação de aumento de salário foi a marca do período devido ao aumento do custo de vida e ao congelamento do salário-mínimo –, houve dezenas de intervenções governamentais nos

---

[257] Com a promulgação da Constituição foi eleito pelos constituintes como vice-presidente da República Nereu Ramos, que recebeu 178 votos. Teve como principal opositor José Américo de Almeida, que recebeu 139 votos.

sindicatos e a censura também esteve presente, apesar das garantias constitucionais.

No campo econômico,

> as reservas cambiais que, em 1945, totalizavam US$ 708 milhões, foram virtualmente dissipadas depois de um ano e meio. [...] A política de satisfazer a procura interna mantendo um alto nível de importações entrara em choque com o fato da limitada capacidade do Brasil para importar. Em essência, o Brasil tentara voltar ao nível de importações que havia prevalecido em 1929. Mas a renda nacional crescera de 50% sobre a de 1929, ao passo que a capacidade de importação permanecera a mesma. Um equilíbrio a curto prazo só poderia ser conseguido pela adoção de uma dentre duas medidas: a desvalorização ou controle do câmbio. Escolhendo esta última, o regime de Dutra, provavelmente sem perceber as implicações de sua própria atitude, forneceu um poderoso estímulo à industrialização brasileira.[258]

O governo esperava uma entrada significativa de capitais norte-americanos, como resultado da aliança na Segunda Guerra e a intensificação dessa aproximação nos primeiros anos da Guerra Fria. O Itamaraty estava plenamente alinhado com o Departamento de Estado. Porém, os Estados Unidos estavam preocupados com outras regiões do mundo e com a disputa geopolítica com a União Soviética. O Plano Marshall, voltado principalmente para a reconstrução da Europa, transferiu para países europeus, em valores atuais, US$ 200 bilhões. "Os latino-americanos receberam um total de US$ 400 milhões (menos de 2% da ajuda [norte-]

---

[258] Thomas Skidmore. *Op. cit.*, pp. 98-99. Cabe ressaltar que "as célebres divisas amealhadas durante a Guerra eram compostas, em boa parte, de moedas inconversíveis; apenas pouco mais de 12% das cambiais eram dólares norte-americanos, ou seja, representavam efetivo poder de compra para a economia brasileira". (Fausto Saretta. "O governo Dutra na transição capitalista no Brasil". *In*: Tamás Szmrecsanyi e Wilson Suzigan (org.). *História econômica do Brasil contemporâneo*. São Paulo: Hucitec, 1997, p. 104).

americana à Europa), inferior ao reservado aos minúsculos Bélgica e Luxemburgo!"[259]

Getúlio Vargas pouco participou dos trabalhos constituintes. Optou por permanecer em São Borja, em sua estância, distante das disputas políticas. De lá articulou sua candidatura à sucessão de Dutra. Estabeleceu uma aliança política com Ademar de Barros, então governador de São Paulo, e importante liderança populista e com um partido – o Partido Social Progressista (PSP) – presente em importantes centros urbanos. Coube a ele indicar, para as eleições de 1950, o vice-presidente: Café Filho. A UDN lançou novamente o brigadeiro Eduardo Gomes e o PSD, Cristiano Machado. A campanha demonstrou a popularidade de Vargas. Como havia afirmado, voltaria ao poder nos braços do povo. A UDN atacou, durante o processo eleitoral, duramente o ex-presidente:

> Esse traidor profissional aí está [...], morrerá um dia de morte convulsa e tenebrosa. Pois ninguém como ele para morrer de morte indigna, da morte de mãos aduncas em busca do poder, ó pobre milionário do poder, ó insigne tratante, ó embusteiro renitente! Ele louva e lisonjeia o povo que, todo o seu ser, despreza. Ele não tem com o povo senão a mesma relação que teve com esse mesmo povo a tuberculose, a febre amarela, a sífilis. É uma doença social, o getulismo.[260]

Getúlio Vargas, na campanha, fez severas críticas à gestão econômica de Dutra. Apontou o erro de ter desperdiçado as reservas acumuladas durante a guerra: "Transformaram-se em bugigangas, em ouropéis e enfeites, como no tempo dos índios. Em lugar de bens reprodutivos, compramos contas e miçangas. Em vez de má-

---

[259] Rubens Ricupero. *Op. cit.*, p. 351.
[260] Artigo de Carlos Lacerda no jornal *Tribuna da Imprensa* publicado em 12 de agosto de 1950. Citado por Maria Victoria de Mesquita Benevides. *A UDN e o udenismo: ambiguidades do liberalismo brasileiro (1945-1965)*. Rio de Janeiro: Paz e Terra, 1981, p. 81.

quinas elétricas de alto rendimento, adquirimos velhas ferroviais deficitárias".[261]

Em 3 de outubro de 1950, Vargas venceu as eleições. Recebeu 48,7% dos votos (venceu em 18 das 24 unidades da federação), contra 29,7% de Eduardo Gomes e 21,5% de Cristiano Machado. A UDN invocou a tese da necessidade de maioria absoluta dos votos, sem nenhum tipo de base constitucional. Acabou sendo derrotada também no tribunal. Em 31 de janeiro do ano seguinte, Getúlio Vargas retornou ao palácio do Catete. As conjunturas nacional e internacional eram muito diferentes das de 1930. Vargas tentou contemplar os setores conservadores do PSD na formação do seu governo e entregou ao PTB apenas um ministério, o do Trabalho. Proclamou que faria um governo de colaboração entre as classes sociais, que chamou de "política trabalhista do Brasil". Tentou esclarecer o que significava essa política no discurso do 1º de Maio, no estádio de São Januário – onde durante o Estado Novo eram realizados os grandes eventos de apoio à ditadura:

> Preciso de vós, trabalhadores do Brasil, meus amigos, meus companheiros de uma longa jornada [...]. Preciso da vossa união; preciso que formeis um bloco forte e coeso ao lado do governo, para que este possa dispor de toda a força de que necessita para resolver os vossos próprios problemas. [...] Chegou por isso mesmo, a hora do governo apelar aos trabalhadores e dizer-lhes: uni-vos todos nos vossos sindicatos, como forças livres e organizadas. [...] O povo me acompanha na esperança de que o meu governo possa edificar uma nova era de verdadeira democracia social e econômica – e não apenas para emprestar o seu apoio e sua solidariedade a uma democracia meramente política, que desconhece a igualdade social.

A situação econômica das classes populares era preocupante, apesar da expansão da economia. O último reajuste do salário mí-

---

[261] Maria Celina Soares D'Araújo *O segundo governo Vargas, 1951-1954: democracia, partidos e crise política*. Rio de Janeiro: Zahar, 1982, p. 92.

nimo havia ocorrido em 1943. Em janeiro de 1952 foi concedido um aumento de 216%, que, segundo o governo, compensaria uma inflação de 200% no período, e os oito anos aguardando reajuste. Permaneciam as limitações à capacidade de importar, o que dificultava o processo de modernização da economia. As exportações estavam crescendo, especialmente do café, pois também havia no horizonte a possibilidade de um grande conflito mundial. A Guerra da Coreia, que acabou restrita à península coreana, envolveu os Estados Unidos – sob a cobertura da Organização das Nações Unidas – no conflito. Em certo momento, Vargas tentou repetir o jogo que antecedeu a entrada do Brasil na Segunda Guerra. Contudo, os Estados Unidos deixaram claro que dessa vez – e devido à magnitude do conflito e de sua especificidade – não haveria qualquer tipo de contrapartida. Internamente houve um grande movimento contra a participação do Brasil no conflito. Isto fez com que o governo recuasse. Na América Latina apenas a Colômbia aceitou o convite norte-americano e enviou tropas para a Coreia.

Vargas adotou um ousado programa de modernização e inserção do Estado na economia. Criou em 1952 o Banco Nacional de Desenvolvimento Econômico (BNDE) e o Banco do Nordeste. O primeiro para financiar especialmente a expansão do setor industrial e o segundo com o intuito de propiciar recursos ao Nordeste, com o intuito de enfrentar a seca que estava se abatendo sobre a região – inclusive, no ano seguinte, nomeou José Américo de Almeida ministro da Viação e Obras Públicas, que, em 1932, havia enfrentado outra seca – e voltado também para diminuir as desigualdades inter-regionais. Criou o Conselho Nacional de Pesquisas (CNPq) e a Coordenadoria de Aperfeiçoamento de Pessoal de Nível Superior (CAPES), ambos em 1951.

No final de 1951, foi encaminhado ao Congresso o projeto de criação da Petrobras. O tema era controverso e vinha sendo discutido no país desde os anos 1930. Ficará célebre o livro de Monteiro Lobato tratando do petróleo. Em 1938, havia sido criado o Conselho Nacional de Petróleo, que seguia disposições que tinham sido tratadas, pela primeira vez, pela Constituição de 1934. Depois de uma longa batalha parlamentar – e com importante participação das ruas –, o projeto passou por modificações: inicialmente, a proposta era de uma companhia de capital misto. Acabou sendo adotado o monopólio do petróleo e no dia 3 de outubro de 1953 foi oficialmente criada a Petrobras. A decisão

> exprimiu a convergência de vários componentes essenciais do sistema político e econômico brasileiro daquela época: defesa nacional, nacionalismo econômico, emancipação do país, ideologia desenvolvimentista, crescimento da função econômica do Estado, etc. Além disso, a criação da Petrobras exprimiu a preocupação dos governantes e de alguns setores políticos, econômicos e militares do Brasil com relação ao planejamento. Não se tratava apenas de eliminar um ponto de estrangulamento da economia brasileira. Para esses setores (principalmente nacionalistas e esquerdistas) tratava-se, também, de fortalecer o controle estatal dos instrumentos de política econômica.[262]

Getúlio Vargas encontrou um outro Brasil, muito diferente daquele que governou durante quinze anos. Paradoxalmente, as modificações, em grande parte, tinham sido geradas pela sua ação presidencial. Intensificou-se o êxodo rural, a migração Nordeste--Sudeste e a formação de uma classe média urbana. É o momento em que se consolida o populismo como forma de fazer e participar da política:

> O populismo é algo mais complicado que a mera manipulação e sua complexidade política não faz mais que ressaltar a complexidade das condições históricas em que se forma. O populismo foi um modo determinado e concreto de manipulação das classes populares mas foi também um modo de expressão de suas insatisfações. Foi, ao mesmo tempo, uma forma de estruturação do

---

[262] Octávio Ianni. *Op. cit.*, pp. 128-129.

poder para os grupos dominantes e a principal forma de expressão política da emergência popular no processo de desenvolvimento industrial e urbano.[263]

A Guerra Fria estava presente no cotidiano dos debates políticos. A presença (suposta ou real) de comunistas era a todo momento trazida à tona pelo movimento anti-Vargas. Na imprensa – a maior parte dela opositora ao governo – os ataques eram constantes. No Parlamento, a UDN tinha a sua "banda de música" – parlamentares, quase todos bacharéis em direito, que se destacavam pela oratória, conhecimento jurídico e presença constante nos trabalhos legislativos criticando Vargas. Nas Forças Armadas, em especial no Exército, digladiavam-se "nacionalistas" e "entreguistas". As eleições do Clube Militar eram acompanhadas como se as instituições armadas fossem partidos políticos.

A conjuntura no campo sindical foi marcada por greves. As maiores foram em São Paulo, onde se localizava o maior parque industrial do país. A greve dos 300 mil durou vinte e nove dias. Houve também a paralisação dos marítimos no Rio de Janeiro, Santos e Belém. Para combater os grevistas, Segadas Viana, ministro do Trabalho, invocou a legislação de guerra e convocou militarmente os marítimos ao trabalho: a negativa significava a deserção. No segundo dia de greve e ante à resistência, o ministro pediu demissão. Vargas nomeou para o cargo João Goulart, que vinha sendo preparado, diante de uma possível reforma ministerial, para ser indicado ministro da Agricultura. A paralisação terminou pela negociação liderada por Jango, como era conhecido o novo ministro do Trabalho. Deve ser destacado que o getulismo "manteve um apelo político não organizativo, pois sua conclamação aos trabalhadores era feita a partir da imagem de Vargas como 'pai dos

---

[263] Francisco Weffort. *O populismo na política brasileira*. Rio de Janeiro: Paz e Terra, 1980, pp. 62-63.

pobres', e essa pregação paternalista excluía formas independentes e autônoma de expressão de interesses".[264]

O crescimento das importações aumentou o déficit em conta corrente, com os consequentes atrasos comerciais. A nova administração republicana dos Estados Unidos – depois de vinte anos de governos democratas – colocou uma série de obstáculos econômicos ao Brasil. O governo insistiu na necessidade de controlar a remessa de lucros das empresas estrangeiras. Como resposta foram suspensos novos empréstimos ao Brasil. O nacionalismo econômico não encontrou, necessariamente, amparo correspondente na política externa, tanto que o Brasil apoiou a resolução da Organização dos Estados Americanos (OEA)

> que equiparou o eventual controle de um país das Américas por um regime comunista a uma ameaça a todos os países das Américas. Visando ao governo esquerdista de Jácobo Árbenz, na Guatemala, [a resolução] foi aprovada por dezoito votos, contra o voto guatemalteco, e a abstenção da Argentina e do México. Três meses depois, numa operação comprovadamente montada pela CIA, forças chefiadas pelo coronel Castillo Armas invadiam a Guatemala e punham fim à experiência esquerdista. Mais uma vez, o Brasil sustentou, agora no Conselho de Segurança da ONU, a posição dos Estados Unidos.[265]

O ambiente político ficou ainda mais tensionado quando foi divulgado o "Manifesto dos Coronéis" com críticas ao governo, em fevereiro de 1954. Era assinado por quatro coronéis e 39 tenentes-coronéis. Defendiam o aumento dos soldos, melhoras do equipamento militar e falavam em corrupção. O tom era de desagravo ao governo. Relacionaram a contenção no aumento dos soldos com o desejo governamental de duplicar o salário mínimo, que havia

---

[264] Maria Celina Soares D'Araújo. *Op. cit.*, p. 99.
[265] Rubens Ricupero. *Op. cit.*, p. 370.

sido proposto por Vargas.²⁶⁶ Em 1952, a inflação atingiu 11,6%, no ano seguinte, 21,4% e em 1954, 23,6%. Jango se demitiu do Ministério do Trabalho, mas o aumento foi oficializado em 1º de maio por Vargas numa cerimônia que contou com a presença de 2 mil líderes sindicais.

As críticas vinham de todos os lados do espectro ideológico. A UDN acusava Vargas de querer implantar uma ditadura sindicalista – e acenava com uma aliança do Brasil com a Argentina peronista, o que nunca foi nem sequer pensada pelo presidente. Os comunistas – que apoiaram o voto nulo na eleição de 1950 – diziam que Vargas era "um agente ianque e obediente aos seus patrões [norte-]americanos, que pretendia criar um ambiente de nervosismo, ou de pânico mesmo, que lhe permita conseguir do Congresso as leis de exceção para implantar 'democraticamente' a ditadura aberta".²⁶⁷ Nesse contexto a UDN, em junho, apresentou um pedido de impeachment do presidente. Recebeu 36 votos a favor, 136 contra e 40 abstenções.

Quando o clima político parecia serenar, veio o atentado de 5 de agosto, na rua Tonelero, no Rio de Janeiro. Foi uma tentativa de assassinato do jornalista Carlos Lacerda, mas que acabou levando à morte o major Rubem Vaz, da Aeronáutica, que o estava acompanhando. Durante os dezenove dias seguintes, até a manhã de 24 de agosto, o país foi invadido por denúncias de que o presidente da República teria sido o mandante do crime e que o seu governo, como afirmou Afonso Arinos, era "um estuário de lama". A Aeronáutica insistiu em fazer o seu próprio inquérito. Militares pressionaram para que Vargas renunciasse. Um manifesto foi divulgado em 22 de agosto. O presidente recusou renunciar e disse

---

²⁶⁶ "Getúlio decidira conceder o aumento de 100%, contrariando o parecer de quase totalidade dos assessores econômicos que consultara. O Conselho Nacional de Economia, por exemplo, tinha recomendado um aumento de 40%." (Thomas Skidmore. *Op. cit.*, p. 171.).

²⁶⁷ Transcrito em Denis de Morais (org.). *Prestes com a palavra*. Campo Grande: Letra Livre, 1997, pp. 118-119.

que só sairia da Presidência morto. Com o ultimato dado pelo ministro da Guerra, Vargas comete o suicídio. Pouco depois foi divulgada sua carta-testamento. Milhares de populares compareceram ao velório no palácio do Catete. Dos governadores, somente dois compareceram: Juscelino Kubitschek, de Minas Gerais, e Amaral Peixoto, do Rio de Janeiro, genro de Vargas.

CAPÍTULO 24

De Café Filho à euforia desenvolvimentista de JK

Café Filho assumiu a Presidência da República no próprio 24 de agosto. Tinha pouca expressão nacional. Fez parte do acordo entre Vargas e Ademar de Barros, que controlava o Partido Social Progressista (PSP) para a eleição de 1950. Rompera com Vargas durante a crise que levou ao suicídio do presidente. Designou um ministério com forte influência da UDN, inclusive na Fazenda, onde nomeou Eugênio Gudin, o que indicava uma guinada no campo econômico. Gudin era um crítico da presença do Estado na economia e de diversas políticas varguistas. Sua atuação ministerial ficou marcada especialmente pela instrução 113, da Superintendência da Moeda e do Crédito, que permitia a importação de equipamentos sem a devida cobertura cambial.

Em meio à nova situação política, a sucessão presidencial começou a se desenhar nos primeiros meses de 1955. O PSD foi o primeiro partido a indicar um candidato: Juscelino Kubitschek. Pouco depois, o partido se aliou ao PTB, que apontou o nome de João Goulart como candidato à Vice-Presidência. O PSP lançou Ademar de Barros e a UDN, em meio a divisões internas, acabou chegando ao nome de Juarez Távora, antigo tenentista dos anos 1920 – era a terceira eleição consecutiva em que a UDN indicava um candidato militar à Presidência da República. Távora foi chefe da Casa Militar de Café Filho e acabou recebendo apoio também do Partido Democrata Cristão (PDC).

Os três principais candidatos – isto porque Plínio Salgado, antigo líder integralista, lançou sua candidatura pelo Partido da Representação Popular (PRP) – davam um matiz relativamente distinto em relação à eleição anterior: um líder populista clássico, Ademar de Barros; um militar antivarguista, Juarez Távora; e um político que havia realizado sua carreira no Estado Novo, como prefeito de Belo Horizonte, e em 1950 sido eleito governador de Minas Gerais. Não era alguém da tradição do varguismo, mas também não poderia ser identificado com seus opositores. Dialogava com a herança varguista, mas tinha a sua própria visão de mundo, que estava à esquerda da média do seu partido, o PSD.

Em 3 de outubro foi realizada a eleição. Juscelino obteve 36% dos votos; Juarez Távora, 30%; Ademar de Barros, 26% e Plínio Salgado, 8%. Em números absolutos, JK teve menos votos que Dutra, em 1945, e do que Vargas, em 1950. Foi uma eleição muito disputada. Em São Paulo, Juscelino recebeu apenas um oitavo dos votos. A UDN, novamente, invocou a "tese" da maioria absoluta. E agregou a acusação de que a diferença de votos com Távora devia-se aos votos dos comunistas – o PC estava na ilegalidade desde 1947. Aliados de JK imputavam a Plínio Salgado o papel de ter ajudado, com sua candidatura, a retirar votos dos eleitores mais à direita, que iriam para a UDN, e garantir a vitória do candidato do PSD.

O golpismo voltou a dominar a cena política. A UDN insistia no golpe, acusando JK de instrumento dos varguistas e dos comunistas. Em 1° de novembro, no enterro de um general, um coronel fez questão de discursar e atacou o resultado eleitoral de outubro. O ministro da Guerra, o general Teixeira Lott, decidiu punir o coronel de acordo com o regimento disciplinar do Exército. Café Filho discordou da punição. Para agravar ainda mais a situação, o presidente da República precisou ser internado devido a problemas cardiovasculares. Em 8 de novembro, Carlos Luz, presidente da Câmara dos Deputados, adversário político de JK, assumiu a Presidência da República. Luz também não aceitou punir o coronel, o que levou Teixeira Lott a pedir demissão do cargo. Falava-se na necessidade de "um regime de emergência", o que significava, na prática, não reconhecer a eleição presidencial do mês anterior. Era um golpe de Estado.

Porém, no dia 11 de novembro, a resposta veio da legalidade. Tropas do Exército, sob comando de Lott, depuseram Carlos Luz. Este rumou para São Paulo, por via marítima, esperando encontrar apoio do governador Jânio Quadros. Contudo, antes de chegar a Santos, o Congresso Nacional, em reunião extraordinária, depôs Luz e elegeu Nereu Ramos, o presidente do Senado – próximo na linha de sucessão – como presidente da República, com 185 votos favoráveis e 72 contrários. A crise parecia não ter fim. Em 21 de novembro, Café Filho saiu do hospital e exigiu retornar à Presidência da República – afinal, estava apenas licenciado. No dia seguinte, o Congresso Nacional aprovou e confirmou a posse de Nereu Ramos e dois dias depois foi decretado o estado de sítio, que vigorou até a posse de JK.

Em 31 de janeiro de 1956, Juscelino Kubitschek e João Goulart tomaram posse na Presidência e Vice-Presidência da República, respectivamente. Seria a última vez que a transferência de cargo ocorreria no Rio de Janeiro. Isto porque Kubitschek tinha prometido na campanha eleitoral que cumpriria o disposto na Constituição no artigo 4º das disposições transitórias.[268] Relata em suas memórias que estava realizando um comício em Jataí, em 1955, quando foi indagado por um assistente do porquê de não pôr em prática o dispositivo da Constituição sobre a transferência da capital: "Não hesitei um segundo e respondi, com firmeza: 'Acabo de prometer que cumprirei, na íntegra, a Constituição, e não vejo razão para ignorar esse dispositivo. Durante meu

---

[268] Desde a primeira Constituição republicana de 1891 estava determinada a transferência da capital.

quinquênio, farei a mudança da sede do governo e construirei a nova capital'".[269]

Os "cinquenta anos em cinco" representaram um período de rápido crescimento econômico, abertura ao capital estrangeiro – como no caso da indústria automobilística –, de marcha para o Oeste – tema muito presente desde a era Vargas – como a construção da Belém-Brasília, com 2 mil quilômetros, a Belo Horizonte-Brasília, com setecentos quilômetros, a Fortaleza--Brasília, com 1.500 quilômetros e a Acre-Brasília, com 2.500 quilômetros. O objetivo da integração nacional estava associado também à estruturação de um mercado interno para a indústria nacional.

Nesse processo, a construção de Brasília está inserida nesse contexto histórico. Já no final de 1956, tiveram início os trabalhos. A localização da futura capital federal era de difícil acesso. Mesmo assim, milhares de trabalhadores do Centro-Oeste e do Nordeste se dirigiram ao enorme pátio de obras. O projeto arquitetônico ficou sob a responsabilidade do arquiteto Oscar Niemeyer. A radicalidade dos prédios públicos – muito distante da tradição greco-romana – dava à nova capital um ar futurista. O projeto urbanístico teve em Lúcio Costa o seu responsável, e distinguiu-se pela originalidade na distribuição das construções no espaço urbano. Era uma demonstração de que o Brasil almejava um papel de liderança no espaço mundial e queria se apresentar com originalidade, buscando o novo, deixando uma marca especial que o diferenciava dos outros grandes países.

O rápido crescimento industrial teve na indústria automobilística o seu principal modelo. Aproveitando algumas disposições adotadas no governo Café Filho, como a possibilidade de importação de máquinas e equipamentos sem cobertura cambial, foi instalado um parque industrial em grande parte situado na região

---

[269] Juscelino Kubitschek. *Meu caminho para Brasília: a escalada política*, v. 2. Brasília: Senado Federal, 2020, p. 430.

do ABC paulista (São Bernardo do Campo, São Caetano do Sul e Santo André). Ali foi formado um conjunto de empresas que estabeleceram uma cadeia de produção permitindo eficácia produtiva e com uma formação de mão de obra em grande parte originária do Nordeste e de Minas Gerais, mas que rapidamente se adaptou ao trabalho fabril.

Buscando articular o processo de desenvolvimento econômico, o governo elaborou o Plano de Metas, a primeira tentativa efetiva de planejamento econômico do país – o Plano Salte, do governo Dutra, que tinha como finalidade desenvolver os setores de saúde, alimentação, transporte e energia, jamais passou de um conjunto de intenções não realizáveis e sem conexão interna que conferisse uma visão de totalidade. Dessa vez o objetivo foi ter uma visão geral do país e estabelecer metas a serem atingidas – eram trinta, no total. O Plano de Metas "constituiu, provavelmente, a mais ampla ação orientada pelo Estado, na América Latina, com vistas à implantação de uma estrutura industrial integrada".[270] Nesse momento, o planejamento econômico tinha se transformado em instrumento de indutor do crescimento econômico em vários países do mundo e, no caso latino-americano, com forte influência da Comissão Econômica para a América Latina (Cepal) sediada em Santiago do Chile.[271]

A euforia desenvolvimentista atingiu também o esporte brasileiro, com diversas conquistas mundiais. Chegou ao cinema, às artes plásticas, à literatura, à arquitetura, como afirmação de um destino nacional que estava sendo cumprido. O otimismo atingiu também a intelectualidade. Inúmeros livros foram produzidos buscando resolver os dilemas do crescimento econômico, da

---

[270] Octávio Ianni. *Op. cit.*, p. 142.

[271] "Este era o percurso ideológico inerente ao pensamento representado por Vargas: a industrialização seria o caminho mais curto para a criação de um capitalismo nacional. No pensamento representado por Kubitschek, por outro lado, o percurso ideológico era o seguinte: a industrialização somente seria possível no contexto da interdependência e associação." (Octávio Ianni. *Op. cit.*, p. 184.)

desigualdade regional, da distribuição de renda, da necessidade de amplos investimentos estatais na infraestrutura.

Em 1957, teve início as reuniões do Grupo de Trabalho para o Desenvolvimento do Nordeste (GTDN). O relatório final ficou sob responsabilidade do economista Celso Furtado e levou o título de "Uma política de desenvolvimento econômico para o Nordeste":

> Neste documento produziu a análise mais completa da região [...]. Demonstrou que a seca tinha um efeito mais perverso do que uma crise típica da economia capitalista: "Esta última decorre de um colapso da demanda efetiva, e por isso mesmo sua carga tende a distribuir-se por todo o sistema econômico. No caso da seca, o impacto concentra-se no segmento mais frágil do sistema: a agricultura de subsistência. As repercussões sociais são, por conseguinte, muito mais profundas".[272]

A seca de 1958, a segunda da década, fez com que os estudos fossem apressados. Em dezembro de 1959, depois de uma batalha no Congresso Nacional, foi criada a Superintendência do Desenvolvimento do Nordeste (Sudene). Seu papel foi de justamente colocar em prática os estudos iniciais do GTDN e iniciar a transformação econômica do Nordeste. Naquele momento, a região concentrou as atenções nacionais e internacionais. Isto devido ao grande êxodo em direção ao sul, que foi facilitado pela inauguração da estrada de rodagem Rio-Bahia. A imprensa e até o cinema retrataram o deslocamento dos paus de arara, caminhões improvisados para o transporte de dezenas de sertanejos, em longa viagem que poderia durar até duas semanas. Por via ferroviária, partindo da divisa entre Bahia e Minas Gerais, passando pelo estado do Rio de Janeiro, até chegar a São Paulo, era um trajeto que percorria 1.637 quilômetros e 225 estações.[273]

---

[272] Marco Antonio Villa. *Vida e morte no sertão: história das secas no Nordeste nos séculos XIX e XX*. Op. cit., p. 189.

[273] Para detalhes das viagens por estrada de rodagem e por via ferroviária, ver Marco Antonio Villa. *Quando eu vim-me embora: história da migração nordestina*

Kubitschek demonstrou muita habilidade política para obter recursos no Congresso para seu amplo programa de obras públicas e incentivo à industrialização. Contou com o apoio do ministro da Guerra, o marechal Teixeira Lott, que deu solidez no campo militar, algo que, naquele momento histórico, era considerado indispensável. Mesmo assim, ocorreram duas tentativas de golpe (Jacareacanga e Aragarças), ambas fracassadas.

Em 21 de abril de 1960, foi inaugurada Brasília. Foi uma vitória política de JK. Contudo, o crescimento dos gastos públicos, o aumento das taxas de inflação (em parte devido à elevação da demanda urbana por alimentos, produto do êxodo rural), do déficit público e do endividamento do governo, além das dificuldades do balanço de pagamentos, desenhavam um cenário que exigia uma pronta ação das autoridades econômicas. A carência de divisas ante as necessidades internas levou ao corte de subsídios à importação de itens sensíveis, como o trigo (para o pão) e a gasolina e o diesel (para o transporte coletivo). No campo do comércio exterior,

> no último ano de governo, 1960, o montante das exportações (US$ 1,27 bilhão) foi menor que dez anos antes, em 1950, ano do encerramento do governo Dutra (US$ 1,35 bilhão). O ponto mais baixo da década foi atingido justamente na metade do governo Kubitschek, em 1958 (US$ 1,24 bilhão), e decorrente, sobretudo, do desabamento das cotações do café, que correspondiam a 60% das exportações.[274]

As dificuldades impostas pelo Fundo Monetário Internacional (FMI) para a realização de um empréstimo – e que sinalizaria aos banqueiros internacionais confiança nas autoridades econômicas do Brasil – levaram ao rompimento das negociações em meio a um clima político conturbado.[275] Havia um desejo por

---

para São Paulo. São Paulo: LeYa, 2017, pp.41-65.
[274] Rubens Ricupero. *Op. cit.*, pp. 375-376.
[275] Neste processo, no ano anterior, Kubitschek propôs a criação da OPA, a Operação Pan-Americana. O objetivo era o de redefinir as relações entre os

parte dos Estados Unidos de criar dificuldades para a consolidação de um sólido setor industrial no Brasil, que poderia ocupar, internamente, o espaço das suas mercadorias, bem como no mercado sul-americano.

As mudanças econômicas oriundas do juscelinismo foram tornando mais complexa a sociedade brasileira. E as exigências sociais cresceram, o que é inevitável em um processo democrático. Nas cidades, os sindicatos exigiam aumentos de salários. No campo, a formação das Ligas Camponesas, em Pernambuco, inicialmente, apontava para a necessidade de alterar a estrutura fundiária.

Por outro lado, o crescimento médio do quinquênio juscelinista foi expressivo. Entre

> 1955 e 1961, a produção industrial cresceu 80% (em preços constantes), com as porcentagens mais altas registradas pelas indústrias de aço (100%), indústrias mecânicas (125%), indústrias elétricas e de comunicações (380%) e indústrias de equipamentos de transportes (600%). De 1957 a 1961, a taxa de crescimento real foi de 7% ao ano e, aproximadamente, 4% per capita. Para a década de 1950, o crescimento per capita efetivo do Brasil foi aproximadamente três vezes maior do que o do resto da América Latina.[276]

Em 1959, o grande tema político era a sucessão presidencial. No final do ano, o PSD lançou o marechal Lott. Havia um desejo de manter a aliança com o PTB. O partido acabou se dividindo, especialmente no Rio Grande do Sul, quando o deputado Fernando Ferrari se lançou à Vice-Presidência da República, em fevereiro, e criou o Movimento Trabalhista Renovador. Em janeiro de 1960 – a eleição era em outubro –, Oswaldo Aranha chegou a aceitar o convite para a mesma candidatura, mas veio a falecer no final do mês. Ademar de Barros, pelo PSP, apresentou-se

---

países latino-americanos e os Estados Unidos. Acabou não se consolidando, pois não contou com o efetivo apoio do governo norte-americano.
[276] Thomas Skidmore. *Op. cit.*, p. 204.

novamente como candidato à Presidência da República. Para o mesmo cargo, depois de uma vitoriosa carreira política em São Paulo – de vereador suplente, em 1947, deputado estadual, em 1950, prefeito de São Paulo, 1953, a governador do estado, em 1954, e elegeu o sucessor em 1958, Carvalho Pinto –, Jânio Quadros lançou a sua candidatura. Venceu com 48% dos votos. Foi apoiado também pela UDN – e dessa vez o partido não invocou o "princípio" da maioria absoluta. Para vice-presidente foi eleito, novamente, João Goulart. Durante a campanha, tanto Jânio, como Jango, optaram por uma aliança informal que ficou conhecida como Jan-Jan.

Em 31 de janeiro de 1961, pela primeira vez na história republicana, a transferência de cargo ocorreu em Brasília e não no Rio de Janeiro. Outra novidade foi que Juscelino Kubitschek, entre 1930 e 1964, foi o primeiro presidente civil, eleito pelo voto direto, que conseguiu completar o seu mandato e transferir o cargo democraticamente ao sucessor.

CAPÍTULO 25

De Jânio a Jango: a crise final da República Populista (1961-1964)

Jânio Quadros organizou um ministério com forte presença de conservadores. De acordo com sua peculiar personalidade, ausentou-se do país após o processo eleitoral por longas semanas. O destaque em seu ministério foi a presença de Afonso Arinos de Melo Franco como ministro das Relações Exteriores, que propunha uma política externa independente em um mundo em rápida mudança. A diplomacia de Jânio

> sentia-se atraída pelos continentes e regiões que começavam a alcançar a independência. Despachou missões à África, começou a criar embaixadas e consulados no continente africano, adotou postura autônoma e divergente da ocidental na crise do Congo. Mais forte ainda foi o interesse que despertou em Jânio o esforço de Nehru, Nasser, Sukarno e Tito de organizarem um terceiro sistema, nem soviético nem ocidental, cobrindo a Ásia, a África e a Iugoslávia comunista e independente de Moscou.[277]

O novo presidente pretendia enfrentar os complexos problemas econômicos. A inflação era um deles, assim como o que chamava de "verdade cambial" – a eliminação de subsídios para importações, que atingiria bens sensíveis, como o trigo e gasolina. Acentuou que combateria a corrupção, pedra de toque do seu

---
[277] Rubens Ricupero. *Op. cit.*, p. 395.

discurso eleitoral, que tinha numa vassourinha o seu principal símbolo. O rompimento com o modelo econômico juscelinista começou a cobrar seu preço com a queda da popularidade presidencial e o surgimento de dificuldades nas relações com o Congresso Nacional, além de ter mantido à distância João Goulart.

A política externa assumiu importante papel. Antes da eleição de outubro de 1960, Jânio havia visitado Cuba. Era um sinal de que iria alterar os rumos diplomáticos do país. Apesar das divergências com Jango, Quadros, no fim de julho, o designou como representante brasileiro em uma longa viagem para a Europa Oriental (o Brasil só tinha relações com três países da região: Polônia, Iugoslávia e Tchecoslováquia), União Soviética (as relações tinham sido rompidas em 1947) e China (com a qual o país não tinham relações e ainda reconhecia Taiwan, considerada pelo governo da República Popular da China, uma província rebelde). Na China foi recebido por Chu En-Lai: era a mais importante autoridade ocidental que tinha, até aquela data, visitado a China. Ficou uma semana no país e esteve duas vezes com Mao Tsé-tung.

Na conferência de Punta del Este, no Uruguai, em agosto, os Estados Unidos lançaram a Aliança para o Progresso, programa de ajuda econômica para os países da América Latina, mas que excluía Cuba. O Brasil manteve uma posição de independência perante as pressões norte-americanas. Ernesto "Che" Guevara, representante cubano na reunião, no retorno a Havana fez uma escala em Brasília, a convite de Quadros. Foi, na manhã de 19 de agosto, condecorado com a Ordem do Cruzeiro do Sul. A crise com a UDN e os artigos incendiários de Carlos Lacerda levaram a uma situação de confronto com sua base política – ao menos, àquela que o apoiou nas eleições do ano anterior.

Em 25 de agosto, de forma súbita, Jânio renunciou à Presidência da República. Nunca se soube as razões de tal ato. Tinha governabilidade no Congresso Nacional e as tensões existentes eram típicas da política brasileira do período. É provável que tenha sido influenciado pelos acontecimentos de 1958, na França, que conduziram o general De Gaulle à Presidência. Esperava retornar ao governo por meio do clamor popular, o que não ocorreu. O Congresso Nacional aceitou a renúncia — não era o caso de qualquer votação — e foi dada posse ao presidente da Câmara dos Deputados, Ranieri Mazzilli, tendo em vista que o sucessor legal, João Goulart, estava fora do país em missão diplomática.

Jango recebeu a notícia em Singapura. Somente treze dias depois da renúncia de Jânio, assumiu a Presidência da República. Enquanto retornava ao Brasil, o país estava próximo a uma guerra civil. Militares antivarguistas não aceitavam João Goulart como presidente, como o disposto na Constituição. Do Rio Grande do Sul, o governador Leonel Brizola, seu cunhado, liderou um movimento de resistência com apoio do comando militar da região. O Exército estava dividido. Em Brasília, o Congresso Nacional rejeitou o impedimento de Jango por 299 votos a 14. Um projeto do deputado Raul Pilla adotando o regime parlamentarista — era a quarta tentativa, desde 1946 — acabou aprovado na Câmara por 233 votos a 55 e no Senado por 47 votos favoráveis e apenas 5 contrários — um dos quais de JK, que havia sido eleito senador por Goiás. A Emenda Constitucional nº 4 foi rapidamente promulgada — o presidente da República passaria a ser eleito pelo Congresso Nacional, com mandato de cinco anos e o comando das Forças Armadas seria exercido pelo primeiro-ministro.

João Goulart foi o primeiro e único presidente da República que governou no sistema parlamentarista. Aceitou o novo regime como um meio mais fácil de chegar ao cargo e evitar um confronto com setores militares antivarguistas. A indicação de Tancredo Neves — à época sem mandato parlamentar — para a chefia do gabinete permitiu uma saída negociada entre as diferentes forças políticas no Parlamento. Teve representantes do PSD, PTB, UDN, PDC e PSP. Foi aprovado por 178 votos, 11 contrários e 149 abstenções. O primeiro-ministro se comprometeu, no discurso de posse, a formular um conjunto de reformas — tema que iria marcar os dois anos e meio seguintes do debate político nacional – a reforma agrária, salarial, bancária, fiscal e monetária.

A situação econômica apresentava alguns sinais preocupantes. A inflação saltou de 26,5% para 33,3% e o déficit público de 0,7% (média dos anos 1956-1960) para 2,9%. O novo regime tinha dificuldade de estabelecer um rígido programa econômico devido às constantes menções de Jango do desejo de retornar ao presidencialismo e de uma tensa conjuntura internacional. A radicalização do regime cubano estava presente, inclusive nos nossos debates internos. O fantasma de uma revolução comunista era levantado por opositores do governo que utilizavam, em larga escala, os meios de comunicação. O agendamento para janeiro de 1962 de uma reunião da Organização dos Estados Americanos (OEA) em Punta del Este, solicitada pela Colômbia, com apoio norte-americano, para tratar de Cuba, tensionou ainda mais o clima político. O Brasil não votou pela exclusão de Cuba da OEA, se absteve, como outros cinco países. A moção acabou aprovada pela maioria dos votos, mas o Brasil concordou com a saída de Cuba da Junta Interamericana de Defesa.

A inter-relação entre o que ocorria na América Latina e no Brasil era uma constante naquele momento. A Revolução Cubana adicionou na relação da região com os Estados Unidos um elemento explosivo. A perspectiva de que algum outro país seguisse o exemplo cubano estava colocada. No caso brasileiro, era muito mais elemento de retórica, da esquerda ou da direita, do que realidade política.[278] O que havia, no campo da esquerda, eram movimentações que desejavam aprofundar o nacionalismo econômico. No Rio Grande do Sul, o governador Leonel Brizola insistia na encampação de empresas norte-americanas de telefonia e eletricidade. Pouco depois, o Congresso dos Estados Unidos aprovou a Emenda Hickenlooper que punia os países que desapropriassem

---

[278] Deve ser agregada à retórica anticomunista a construção do Muro de Berlim, em agosto de 1961, que tensionou ainda mais as relações entre Estados Unidos e a União Soviética.

suas empresas sem que fossem devidamente indenizadas. Nem a visita de João Goulart aos Estados Unidos – que acabou sendo um sucesso no campo das relações públicas – conseguiu enfraquecer a tensão entre o governo norte-americano e correntes nacionalistas brasileiras.

No retorno ao Brasil, Goulart insistiu nas críticas ao parlamentarismo. Chegou até a falar em Assembleia Constituinte:

> Ou marchamos para uma democracia social mais justa, que possibilite melhor distribuição de riquezas, ou então, amanhã, muitos dos que hoje me atacam terão de chorar a estupidez de não terem também lutado em defesa das grandes aspirações populares. É impossível parar a marcha da humanidade". Entre quatro paredes, no entanto, era mais direto: "[eu] poderia levantar o povo da noite para o dia para exigir o fechamento do Congresso.[279]

Com o apoio de um manifesto assinado por dezessete governadores, Jango ampliou as articulações para antecipar o plebiscito sobre o parlamentarismo que, de acordo com a Emenda Constitucional nº 4, deveria ocorrer somente em abril de 1965.

A aprovação pelo Congresso Nacional de um projeto que obrigava os candidatos às eleições de outubro de 1962[280] a se desincompatibilizarem dos cargos três meses antes do pleito – típica de um regime presidencialista, mas não do parlamentarismo – levou à renúncia do gabinete. O próprio primeiro-ministro, Tancredo Neves, que postulava uma cadeira de deputado federal teve de entregar o cargo, em 26 de junho. Daí para a frente, até a ante-

---

[279] Phyllis R. Parker. *1964: o papel dos Estados Unidos no golpe de Estado de 31 de março de 1964*. Rio de Janeiro: Civilização Brasileira, 1977, p. 43. A frase é de uma conversa de João Goulart com Lincoln Gordon, embaixador norte-americano no Brasil.

[280] Na eleição o PSD foi de 115 deputados para 118, a UDN de 70 para 91 e o PTB saltou de 66 para 116 deputados. Houve uma ampliação no total de cadeiras da Câmara de Deputados, de 326 para 404.

cipação do plebiscito aprovado pelo Congresso, após muita pressão de Jango, que contou com apoio de comandantes militares, o parlamentarismo agonizou com gabinetes sem condições políticas de enfrentar os grandes problemas nacionais. Finalmente Jango conseguiu antecipar o plebiscito para o dia 6 de janeiro de 1963.

Nem a divulgação, em 19 de dezembro, do Plano Trienal de Desenvolvimento Econômico e Social elaborado por Celso Furtado ajudou a diminuir a tensão política.

> "Pretendia retomar o crescimento econômico, combater a inflação, diminuir o déficit público, melhorar a distribuição de renda, reduzir as desigualdades regionais e enfrentar a grave situação cambial. [...] De 1961 para 1962, a taxa de crescimento caiu de 7,7% para 3,5%, a inflação saltou de 33,3% para 54,8%, o déficit em relação ao produto nacional bruto aumentou de 2,9% para 4,8% e, em 1963, o débito de capitais e a remessa de lucros representaram 45% do valor total das exportações".[281]

Como era esperado, o presidencialismo venceu facilmente o plebiscito com 9.457.448 votos. Todos os candidatos à eleição presidencial de outubro de 1965 fizeram campanha aberta contra o parlamentarismo.[282] O país acabou paralisado durante meses aguardando a solução da divergência sobre o sistema de governo. Com a Emenda Constitucional nº 6, de 23 de janeiro, João Goulart assumiu a Presidência da República com todos os poderes consagrados para o presidencialismo pela Constituição de 1946.

A radicalização política não diminuiu. Questões como reforma agrária e o tratamento a ser dado ao capital estrangeiro dominavam a cena política e impediam o enfrentamento da grave situação econômica, por um lado devido ao desvio do foco, de outro pelo extremismo discursivo que dificultava alguma solução

---

[281] Marco Antonio Villa. *Jango, um perfil*. São Paulo: Globo, 2008, p. 97.
[282] A Constituição de 1946 proibia a reeleição. Sendo assim, Goulart não poderia se candidatar em 1965. Por outro lado, Leonel Brizola, por ser cunhado do presidente, também estava constitucionalmente vetado pelo artigo 140.

negociada. Era a paralisia decisória com alto custo político e econômico. Entre os vários problemas econômicos, destacava-se a inflação: em 1961 era 38,1%, no ano seguinte passou para 53,3% e em 1963 atingiu 73,5%.

> A luta contra a inflação exigia o sacrifício do populismo, que servia de suporte político do governo. A política cambial, por outro lado, exigia o sacrifício do nacionalismo econômico, que era um dos principais elementos da ideologia governamental. E a luta pela reforma agrária, por fim, mobilizava contra o governo todas as forças políticas tradicionais, então dominantes no Congresso Nacional.[283]

Para deixar o quadro ainda mais complexo, em Brasília explodiu a rebelião dos sargentos. O principal móvel de luta era a sua elegibilidade, que tinha sido negada pelo Supremo Tribunal Federal, seguindo o que determinava a Constituição (artigos 132 e 138). Os rebelados ocuparam edifícios públicos e chegaram a deter, por algumas horas, o presidente em exercício da Câmara dos Deputados e um ministro do STF (Victor Nunes Leal). Logo foram contidos e presos. Foram transferidos para o Rio de Janeiro.

> O jornal francês *Le Monde* definiu bem a conjuntura política brasileira após a rebelião dos sargentos: "A crise de autoridade alcança tais proporções no país que já se começa a considerar que as Forças Armadas são o último foco de energia, em que pese a peculiar desconfiança que inspiram os militares no Brasil. O problema, pois, é de se saber se o Exército resistirá durante muito tempo aos cantos de sereia".[284]

No início de outubro, a tentativa de impor o estado de sítio fracassou.

---

[283] Octávio Ianni. *Op. cit.*, p. 214.
[284] Marco Antonio Villa. *Op. cit.*, p. 116.

As relações com os Estados Unidos sofreram uma mudança após o assassinato de John F. Kennedy, em novembro. Até então, apesar de algumas dificuldades, o contato entre os presidentes vinha obtendo algum êxito. O Brasil era o maior devedor do Eximbank e o governo norte-americano sinalizou que não iria emprestar dinheiro novo, mas que prorrogaria o pagamento de alguns empréstimos prestes a vencer. Havia o temor de uma moratória unilateral. Por outro lado, a nova administração norte-americana, com Lyndon Johnson, estava muito preocupada com o que considerava o avanço do comunismo. O envolvimento do país na Guerra do Vietnã – com o aumento do envio de soldados, além dos conselheiros que lá estavam desde a década anterior –, a radicalização da Revolução Cubana e o fomento às guerrilhas na América Latina fizeram com que os Estados Unidos, para defender seus interesses estratégicos, sinalizassem que apoiariam um golpe de Estado.

A direita organizava vários projetos de golpe desde o início do governo Goulart. Não havia uma coordenação entre grupos de militares e civis. Manifestações golpistas eram verbalizadas, mas sem uma efetiva organização. O mesmo ocorria entre grupos de esquerda e seus diferentes matizes. O cenário indicava que o rompimento da ordem legal seria apenas questão de tempo. Goulart organizou um grande comício para uma sexta-feira, 13 de março, na Central do Brasil, no Rio de Janeiro, ao lado do prédio do Ministério da Guerra. Foi chamado de comício das reformas. Mais de 100 mil pessoas estiveram presentes. Foram assinados decretos sobre reforma agrária, encampação de refinarias privadas e sobre o preço dos aluguéis de imóveis residenciais – uma questão muito importante à época, produto do rápido crescimento urbano e da escassez de habitações. Seis dias depois, em São Paulo, seus opositores organizaram a Marcha da Família com Deus e pela Liberdade com a presença de um grande público.

Apesar de diversas tentativas de setores responsáveis em busca de uma saída negociada que preservasse a eleição de outubro de 1965 – mas que também possibilitasse construir a governabilidade com sustentação congressual e um programa econômico para enfrentar um cenário a cada dia mais preocupante –, o clima golpista se manteve. Em 25 de março, houve a comemoração do segundo aniversário da Associação Marinheiros e Fuzileiros Navais do Brasil e o manifesto lançado pelos marinheiros com severas críticas aos comandantes e à estrutura da Marinha. Em meio às reivindicações que envolviam o código disciplinar, as condições de trabalho e o reconhecimento da entidade, 4.500 compareceram ao local da reunião no Sindicato dos Metalúrgicos, em São Cristóvão, no Rio de Janeiro. O prédio foi cercado por fuzileiros navais. Alguns deles acabaram desertando e entrando no prédio. Jango, que estava no Sul do país, regressou ao Rio de Janeiro. Substitui o ministro da Marinha e os marinheiros se retiram do prédio sem qualquer punição. Em 30 de março, também no Rio de Janeiro, Goulart compareceu a uma nova reunião: agora de uma comemoração de quarenta anos de uma associação de sargentos. Era uma aparente demonstração de concordância com a quebra da hierarquia militar. Fez um discurso incendiário.

Na manhã do dia 31 de março tropas se deslocaram de Minas Gerais em direção à antiga capital federal. Eram lideradas pelo general Olympio Mourão Filho. Em meio às notícias desencontradas, Jango participou de várias reuniões com políticos e militares. Somente no começo da tarde do dia seguinte, 1º de abril, dirigiu-se a Brasília. Tentou articular uma resistência, mas não obteve êxito. Resolveu à noite rumar para Porto Alegre. Quando estava voando para o Sul, o presidente do Congresso Nacional, senador Auro de Moura Andrade, convocou uma reunião extraordinária. Declarou vaga a Presidência da República, o que não correspondia aos fatos. Jango estava em território nacional. Mesmo assim, em meio a uma sessão tumultuada, foi dada posse ao presidente da Câmara dos Deputados, Ranieri Mazzilli. As tentativas de resistência no Sul acabaram fracassando. Jango se dirigiu a São Borja – onde permaneceu por dois dias. Em 4 de abril, chegou a Montevidéu, no Uruguai. Era o fim da República Populista.[285]

---

[285] Para uma análise detalhada dos últimos dias do governo Goulart, ver Marco Antonio Villa. *Op. cit.*, pp. 181-236.

PARTE V

A ditadura militar (1964-1985)

CAPÍTULO 26

De Castelo Branco à Junta Militar (1964-1969)

Os primeiros dias de abril foram marcados pela indefinição política. Em Brasília, Ranieri Mazzilli era formalmente presidente da República. Mas, no Rio de Janeiro, estava o poder de fato, o autoproclamado Comando Supremo da Revolução, sob a liderança do general Costa e Silva. Logo foi redigido um ato institucional – ainda sem número – que buscou legitimar a derrubada de João Goulart:

> É indispensável fixar o conceito de movimento civil-militar que acaba de abrir ao Brasil uma nova perspectiva sobre o seu futuro. O que houve e continuará a haver neste momento, não só no espírito e no comportamento das classes armadas, como na opinião pública nacional é uma autêntica revolução. [...] A revolução vitoriosa se investe no exercício do Poder Constituinte. Este se manifesta pela eleição popular ou pela revolução. Esta é a forma mais expressiva e mais radical do Poder Constituinte. Assim, a revolução vitoriosa, como Poder Constituinte, se legitima por si mesma. Ela destituiu o governo anterior e tem a capacidade de constituir o novo governo. Nela se contém a força normativa inerente ao Poder Constituinte. Ela edita normas jurídicas sem que nisto seja limitada pela normatividade anterior à sua vitória.

Foram suspensas várias garantias constitucionais. As cassações começaram, atingindo políticos, jornalistas, militares, sindicalistas, intelectuais, enfim, todos aqueles que passaram a ser considerados adversários da nova ordem. Na primeira lista, foram escolhidos cem, entre os quais: Luís Carlos Prestes, João Goulart, Jânio Quadros, Celso Furtado, entre outros. Em 14 de abril, outra. E foram dezenas até 1977.

Os parlamentares cassados[286] foram substituídos pelos suplentes e no dia 11 de abril Castello Branco foi eleito para a Presidência da República. Recebeu 361 votos – entre eles de Juscelino Kubitschek e Ulysses Guimarães – e 72 abstenções. Tancredo Neves não compareceu à sessão. Para a Vice-Presidência foi eleito o mineiro José Maria Alckmin, do PSD. Nos estados, a violência contra os opositores, prisões arbitrárias – inclusive de dois governadores: Miguel Arraes e Seixas Dória –, denúncias de tortura,[287] davam os primeiros sinais de que o novo regime não seria uma intervenção militar de curto prazo e que devolveria o poder aos civis. Tancredo Neves, no calor da hora, registrou: "Esta será uma revolução de consequências mais profundas, sobretudo porque vem com uma carga de ódio arrasadora".[288]

---

[286] Entre 1964 e 1977 foram cassados 173 deputados federais. A lista completa está em Débora Bithiah Azevedo e Márcio Nuno Rabat. *Parlamento mutilado: deputados federais cassados pela ditadura de 1964*. Brasília: Câmara dos Deputados, 2012.

[287] Em Pernambuco, Dom Helder Câmara, bispo de Olinda e Recife, diversas vezes procurou autoridades militares denunciando torturas em dependências do Exército. Em uma delas recebeu a seguinte resposta de um coronel: "Muitas vezes o senhor tem vindo ao IV Exército reclamar de torturas contra presos políticos. Traz os nomes e as torturas a que estes homens foram submetidos e não sei como consegue estas informações. Invoco o seu testemunho para dizer que nunca neguei que as torturas existissem. Elas existem e são o preço que nós, os velhos do Exército, pagamos aos jovens. Caso tivessem os oficiais jovens empolgado o poder, os senhores estariam hoje reclamando não de torturas, mas de fuzilamentos. Nós torturamos para não fuzilar". (Márcio Moreira Alves. *Tortura e torturadores*. Rio de Janeiro: Idade Nova, 1966, p. 25.)

[288] Lourenço Dantas Motta (coord.). *A história vivida, v. I*. São Paulo: O Estado de S. Paulo, 1981, p. 228.

Em 15 de abril, Castello Branco tomou posse na Presidência da República. No discurso, citou cinco vezes a palavra "democracia" e garantiu: "Entregarei o cargo a 31 de janeiro de 1966". Disse que "seria escravo das leis do país" e que "cumpriria com honra e lealdade a Constituição. [...] Nossa vocação é a liberdade democrática". E concluiu: "Caminharemos para a frente com a segurança de que o remédio para os malefícios da extrema-esquerda não será o nascimento de uma direita reacionária, mas o das reformas que se fizerem necessárias".[289]

Próximo ao período do fim da vigência do Ato Institucional nº 1, Kubitschek foi cassado juntamente com mais 39 políticos. Em pouco mais de dois meses, foram penalizadas 4.454 pessoas, das quais 2.757 eram militares. Ainda no campo repressivo, o novo regime criou em junho o Serviço Nacional de Informações (SNI), que teve como primeiro titular o general Golbery do Couto e Silva.

No campo econômico, os Estados Unidos liberaram um empréstimo de US$ 50 milhões para o programa de estabilização econômica, em junho. No início do mês seguinte, o Clube de Paris – formado pelos credores do Brasil – reescalonou 70% da dívida que venceria em 1965. A boa vontade para com o Brasil deveu-se ao estabelecimento do Programa de Ação Econômica do Governo (PAEG), elaborado às pressas, para dar um rumo econômico ao novo governo. O objetivo inicial era combater a inflação – que em 1964 alcançara 89,5%. Foi necessário criar mecanismos para incentivar as exportações, estimular a poupança, melhorar o balanço de pagamentos e enfrentar o déficit público. Adotou-se a correção monetária, um mecanismo de proteção dos ativos ante uma inflação galopante, enquanto não fosse debelada. De acordo com seu formulador, Roberto Campos, a medida tinha quatro objetivos: preservar o estímulo à poupança, atualizar pelo valor real

---

[289] Para o discurso completo, ver João Bosco Bezerra Bonfim. *Palavras de presidente: discursos de posse de Deodoro a Lula*. Brasília: LGE, 2004, pp. 291-294.

o ativo das empresas, desencorajar a proteção dos débitos fiscais e criar um mercado voluntário de títulos públicos.[290]

Menos de três meses após o início do governo, começaram a circular rumores da prorrogação do mandato de Castello Branco. O argumento era de que em apenas um ano e meio não seria possível realizar os objetivos do que chamavam de revolução. O Congresso acabou aprovando a extensão do mandato por larga maioria (205 a 96), e no dia 3 de outubro de 1966 haveria a coincidência das eleições para a Presidência da República e ao Congresso Nacional.

As arbitrariedades eram constantes. Em poucas semanas houve 203 denúncias de tortura e vinte mortos (nove, supostamente, teriam cometido suicídio). Somente em onze dias, entre 29 de setembro e 9 de outubro, o governo acusou de corrupção 150 pessoas, entre civis e militares, que foram demitidos, reformados ou aposentados. Numa segunda leva, foram exonerados 310 servidores federais. "Na terceira leva, pouco antes de findar o prazo do AI-1, foram exonerados mais de quinhentos funcionários públicos. Estimou-se em 1.500 pessoas só nesses onze dias, foram atingidas pelo AI-1, sem processo formal nem direito de defesa."[291]

O governo extinguiu a União Nacional dos Estudantes (UNE) e as demais entidades independentes de estudantes. Os sindicatos sofreram intervenção do Ministério do Trabalho: foram centenas até o ano seguinte, o que abriu caminho para uma política salarial que retirava dos sindicatos a possibilidade de lutar por ganhos reais e impedindo, na prática, a ocorrência de greves.

Com o objetivo de usar a bandeira das reformas, tão em voga no início dos anos 1960, Castello Branco assinou o Estatuto da Terra – que desagradou latifundiários que apoiaram a derrubada

---

[290] Cf. Roberto Campos. *A lanterna na popa*, v. 1. Rio de Janeiro: Topbooks, 1994, p. 612.

[291] Marco Antonio Villa. *Ditadura à brasileira: a democracia golpeada à esquerda e à direita*. São Paulo: LeYa, 2014, p. 68.

de Goulart – e estabeleceu uma nova política de exploração e exportação de minério de ferro – o que agradou setores nacionalistas e encontrou oposição de setores mais ligados aos interesses norte-americanos no Brasil.

Em meio às reformas econômicas, o governo efetuou uma profunda reforma bancária e criou o Banco Central, que substituiu a Superintendência da Moeda e do Crédito (Sumoc), vinculado ao Banco do Brasil. Entre suas atribuições exclusivas estava a de emitir papel-moeda, regular o câmbio, controlar o capital estrangeiro e a política creditícia, funções que durante décadas haviam ficado sob responsabilidade do Banco do Brasil. Também foi instituído o Conselho Monetário Nacional. Como consequência dessas reformas, houve

> crescimento e diversificação do setor. A evolução do número de agências bancárias, o surgimento de bancos de investimento, corretoras, distribuidoras, sociedades de crédito imobiliário, etc., caracterizam uma expansão real desse segmento, confirmada pela evolução real dos haveres financeiros não bancários, indicadores que não podem ser negativamente contrabalançados pela diminuição do número de bancos e financeiras, resultante da concentração bancária promovida pelo governo.[292]

O Itamaraty havia abandonado a política externa independente. O que havia então era o alinhamento automático aos Estados Unidos. Por solicitação do governo norte-americano, o Brasil enviou – com a aprovação do Congresso – 1.300 soldados para compor a Força Interamericana de Paz que interveio na República Dominicana. Lá permaneceram por dezoito meses. Uma tentativa norte-americana para enviar tropas brasileiras para o Vietnã foi negada por Castello Branco.

---

[292] Luiz Aranha Corrêa do Lago. "A retomada do crescimento e as distorções do 'milagre': 1967-1973." *In*: Marcelo de Paiva Abreu (org.). *Op. cit.*, p. 242.

As eleições diretas para governadores, em outubro de 1965 – à época não havia coincidência nas eleições para todos os estados –, foram precedidas por casuísmos, que marcariam os processos eleitorais da ditadura. Receoso de que o marechal Teixeira Lott pudesse vencer a eleição na Guanabara, o governo instituiu o domicílio eleitoral, e, como ele morava em Teresópolis, não foi possível transferir a residência para a antiga capital federal. Mesmo assim, o PSD acabou vencendo o pleito tendo como candidato Negrão de Lima. O mesmo se repetiu em Minas Gerais, onde Israel Pinheiro (PSD) derrotou o candidato de Magalhães Pinto e Castello Branco. O PSD elegeu cinco governadores; a UDN, quatro; o PSP, um e o Partido Trabalhista Nacional (PTN), um.

Três semanas após o pleito, Castello Branco, apesar de várias negativas públicas, decretou o Ato Institucional nº 2. O Ato ampliou para dezesseis o número de ministros do STF,[293] extinguiu os partidos políticos, impôs a eleição indireta do presidente e vice da República pelo Congresso Nacional, e deu ao presidente o poder de decretar o estado de sítio por 180 dias, sem consulta prévia do Congresso. Suspendeu também as garantias constitucionais de vitaliciedade, inamovibilidade e estabilidade, bem como a de exercício em funções por tempo certo.

O presidente poderia colocar o Congresso em recesso, intervir nos estados e emitir atos complementares e decretos-leis. A Justiça Militar poderia julgar processos políticos envolvendo civis. O AI-2 estipulava, como data máxima da sua vigência, o dia 15 de março de 1967, quando terminaria o mandato de Castello Branco.

Dias depois veio a lume o Ato Complementar nº 4. Um partido para ter existência legal teria de ter, no mínimo, 120 deputados e vinte senadores, o que limitava o número de agremiações a não mais que três. O adesismo ao governo foi tão acentuado que para o regime o problema passou a ser evitar o partido único.

---

[293] Os cinco novos ministros indicados foram: Prado Kelly, Aliomar Baleeiro, Carlos Medeiros, Osvaldo Trigueiro e Adalício Nogueira.

Os apoiadores do governo se reuniram na Aliança Renovadora Nacional (Arena) e os oposicionistas na Aliança Democrática Brasileira, que, dias depois, passou a ser chamada de Movimento Democrático Brasileiro (a sigla inicial foi Modebra, logo substituída por MDB). Inicialmente, o MDB conseguiu apenas 83 deputados e dezenove senadores. Acabou contando com o discreto apoio do governo para atingir o número mínimo.

No campo militar veio uma profunda reforma. Castello Branco alterou a carreira. Os militares eleitos para algum cargo político eram obrigados a solicitar a reforma. Foi estabelecido um tempo máximo para a permanência em algum posto da carreira e extinguiu a patente de marechal – o Exército chegou a ter mais de uma centena de marechais. Acabava-se a época dos generais que permaneciam na ativa por duas, três décadas, atuavam na política, retornavam à ativa e influenciavam nas promoções dos oficiais.

Na economia, continuava o processo de adaptação das condições econômicas para um novo ciclo de crescimento. Foi feita uma reforma cambial e ampliada a base tributária. Em 14 de novembro foi anunciada a adoção do cruzeiro novo a partir de 1º de janeiro de 1967. Foi também criado o Fundo de Garantia por Tempo de Serviço (FGTS), que alterava radicalmente o direito à estabilidade no emprego. A criação do FGTS visava modernizar as relações de trabalho. O projeto foi aprovado por decurso de prazo no Congresso Nacional. Posteriormente foi criado o Instituto Nacional de Previdência Social (INPS), resultado da fusão de seis institutos de aposentadoria existentes. O objetivo era, com a unificação, ter maior controle sobre o sistema previdenciário e conferir melhor operacionalidade ao sistema.

Com os poderes concedidos pelos atos institucionais, em fevereiro de 1966, Castello instituiu eleições indiretas para governadores – seriam eleitos por assembleias estaduais. Também foi regulamentada as indicações dos prefeitos das capitais pelos governadores. Semanas depois, o presidente da República apoiou e indicou como seu sucessor Costa e Silva, seu ministro da Guerra.

Para cassar Ademar de Barros, governador de São Paulo, Castello teve, sempre buscando uma saída legal, de editar o Ato Complementar nº 10, pois o AI-2 não previa a cassação de mandatos executivos.

Em 3 de outubro de 1966, com a abstenção de toda bancada do MDB, Costa e Silva foi eleito presidente da República pelo Congresso Nacional, com 295 votos – Pedro Aleixo, político mineiro, foi eleito vice-presidente. Nove dias depois, Castello cassou seis deputados federais. Houve resistência por parte do presidente da Câmara, Adauto Lúcio Cardoso. O governo respondeu com a invasão militar do prédio do Congresso e editou o Ato Complementar nº 23, que decretou o recesso do Legislativo federal até 22 de novembro. Era a primeira vez que o regime militar fechava o Congresso Nacional.

Em 7 de dezembro, como rezava o Ato Institucional nº 4, Castello Branco encaminhou ao Congresso Nacional o projeto de uma nova Constituição. Determinou que entre 12 de dezembro e 24 de janeiro de 1967 deveria ser apreciado e votado o texto. Portanto, em 33 dias corridos e ainda com dez dias de recesso de final de ano. O AI-4, como se fosse um regimento do Congresso Constituinte, definiu a formação de uma comissão mista, seus membros, o calendário de votação, o recebimento de emendas e a aprovação por maioria absoluta do texto final até 21 de janeiro. Três dias depois, deveria ser promulgada a nova Constituição.

O autoritarismo marcava o projeto original. O autor da redação final, Carlos Medeiros Silva, ministro da Justiça, era admirador de Francisco Campos, autor da Constituição de 1937. Teria, inclusive, datilografado a Polaca. No projeto, Medeiros "esqueceu" do capítulo dos direitos e garantias individuais. Considerava que estes não eram matéria constitucional, mas afeitos à legislação ordinária. A inclusão desse capítulo deveu-se a Afonso Arinos.[294]

---

[294] Afonso Arinos relatou que escreveu esse capítulo numa noite, sozinho, no hotel Nacional, em Brasília, "onde só tinha um livro, que era a

Foi eliminada a eleição direta para presidente da República. A escolha foi transferida do eleitor para um Colégio Eleitoral. Manteve-se a eleição direta para os governos estaduais. Mas os prefeitos das capitais, dos municípios considerados de interesse da segurança nacional e das estâncias hidrominerais seriam nomeados pelos governadores dos estados, com a anuência do presidente da República. O estado de sítio poderia ser declarado pelo presidente, que também passou a ter a iniciativa legislativa com a criação do decreto-lei. O projeto original determinava que a cassação dos direitos políticos incluiria até a suspensão dos direitos não políticos, como o exercício profissional, o que era desconhecido no mundo democrático. Acabou sendo retirado após protestos do MDB. Por outro lado, foram automaticamente aprovados e excluídos de apreciação judicial os atos praticados pelo "Comando Superior da Revolução" e pelo governo federal com base nos atos institucionais e complementares.

O parecer final da Constituição foi dado em 72 horas. Como, de acordo com o AI-4, o texto final teria de ser aprovado em 21 de janeiro de 1967, o presidente do Congresso, senador Auro de Moura Andrade, fez de tudo para atender os ditames do governo militar. Chegou a solicitar a um contínuo que atrasasse o relógio do plenário em uma hora, o que foi feito. E concluiu os trabalhos às 23h51.[295]

Apesar de promulgada, a Constituição só entraria em vigência em 15 de março – fato único na história brasileira. Castello Branco

---

coletânea das Constituições brasileiras". Segundo ele, "sobre este livro trabalhei, ou melhor, reproduzi os dispositivos clássicos e luminosos da nossa tradição jurídica, arrumando melhor os artigos e procurando dar mais força a certas passagens. Nada de substancial foi mudado a não ser esse ponto, novo, que introduzi orgulhosamente: 'O preconceito de raça será punido pela lei'". (Afonso Arinos Melo Franco. *Planalto (memórias)*. Rio de Janeiro: José Olympio, 1968, pp. 272-273 e 280.)

[295] Auro de Moura Andrade. *Um Congresso contra o arbítrio: diários e memórias*. Rio de Janeiro: Nova Fronteira, 1985, p. 385.

aproveitou para cassar os direitos políticos de mais 62 cidadãos. E no dia 13 de março decretou a Lei de Segurança Nacional – a primeira do regime, no total foram quatro (1967, 1969, 1978 e 1983). Entre outras disposições, determinava que uma greve poderia levar à reclusão de dois a seis anos; uma reportagem crítica ao governo conduziria a uma condenação de seis meses a dois anos.

Em 15 de março, Castello Branco encerrou seu governo. Deixou como herança política quatro atos institucionais, 37 atos complementares, 312 decretos-leis e milhares de atos punitivos. No campo econômico, a inflação caiu de 92% em 1964 para 39% em 1966. A média do crescimento do PIB entre 1964 e 1967 foi de 4,2% – em 1963 foi de 0,6%. Cresceu a entrada de capital estrangeiro e o balanço de pagamentos ficou superavitário.

Arthur da Costa e Silva fez um entusiasmado discurso de posse. Falou que o governo tinha "profundas origens populares". Falou em "revolução" quatorze vezes. Disse que "era um cidadão de profundas convicções democráticas" e que todo "poder político tem origem popular e essa origem é só a razão que pode legitimá-lo".[296]

O ministério demonstrava que o regime estava se consolidando. Três coronéis foram nomeados para pastas importantes: Trabalho, Transportes e Minas e Energia. Os coronéis – boa parte deles identificados com o que era chamado de "linha dura", militares extremistas – tinham intensa participação política, especialmente aqueles lotados no Rio de Janeiro. Passando por cima das instâncias hierárquicas, chegaram até a sabatinar o futuro ministro da Fazenda Delfim Netto sobre os rumos da economia, em plena sede do SNI, no Rio de Janeiro. O ministro da Guerra anunciou que puniria os militares por essa atitude, mas a ameaça caiu no esquecimento.

No campo político – fortemente influenciada pela Revolução Cubana – começam a surgir organizações de esquerda que apostam na luta armada. A profunda crise e o fracionamento do Partido

---

[296] Para o discurso, ver João Bosco Bezerra Bonfim. *Op. cit.*, pp. 301-305.

Comunista Brasileiro e o fracasso da estratégia de apoiar o que era chamado de burguesia nacional, como primeiro passo rumo ao socialismo, abriram o caminho para o surgimento de várias organizações de luta armada – algumas delas minúsculas. Imaginavam ser possível tomar o poder pelas armas e negando enfaticamente a participação no processo eleitoral, a luta política legal. Em abril, um pequeno grupo guerrilheiro foi preso em Minas Gerais, na serra do Caparaó.[297] A realização em Cuba da primeira Conferência da Organização Latino-Americana de Solidariedade (OLAS), que reuniu grupos de esquerda defensores da luta armada na região, reforçou, no caso brasileiro, as correntes que defendiam o enfrentamento armado.[298] No campo da esquerda, mas distante do PCB, o Partido Comunista do Brasil (PCdoB), enviara o primeiro grupo guerrilheiro para treinamento na China pouco antes da queda de Goulart, mas a eclosão da Guerrilha do Araguaia ocorrerá no governo Médici, em 1972.

Em contrapartida, foi criada, por iniciativa de Carlos Lacerda, a Frente Ampla, uma aliança política entre ele, Juscelino Kubitschek e João Goulart. Era uma tentativa de organizar uma oposição com os principais líderes do pré-1964 e buscar construir uma saída

---

[297] A primeira aventura militar contra o regime, ainda no campo do nacionalismo castrense, foi realizada pelo coronel Jefferson Cardim. Partindo do Uruguai, onde estava asilado, com duas dúzias de combatentes, invadiu o Rio Grande do Sul, em 19 de março de 1965. Logo atingiu Santa Catarina e, posteriormente, o Paraná. Acabou detido em Cascavel, sendo lá mesmo torturado. As sevícias ocorreram numa dependência do exército sob comando de um capitão (ver Elio Gaspari. *A ditadura envergonhada*. São Paulo: Companhia das Letras, 2002, pp. 192-195).

[298] Eram diversas: Ação Libertadora Nacional, Ala Vermelha do PCdoB, a Dissidência Comunista da Guanabara (que se transformou em Movimento Revolucionário 8 de Outubro, em 1966), o Partido Comunista Brasileiro Revolucionário, a Organização (que foi renomeada como Comando de Libertação Nacional, em 1967). Posteriormente, outros grupamentos foram criados, como a Vanguarda Popular Revolucionária.

civil e democrática. Foi extinta no ano seguinte por uma portaria do Ministério da Justiça. O seu fracasso foi o dobre de finados político de João Goulart, Juscelino Kubitschek e Carlos Lacerda.

O ano de 1968 foi o momento de ruptura com o projeto do regime militar. A deflagração, em abril, da greve em Contagem, Minas Gerais, foi um sinal. Era a primeira greve desde abril de 1964, contra o que os sindicatos chamavam de arrocho salarial. A cidade foi ocupada pela polícia. Os trabalhadores acabaram obtendo um aumento inferior ao solicitado, mas superior ao que era determinado pela política salarial do governo. Também eclodiu em Osasco, São Paulo, outra greve fora da estrutura sindical. Fábricas foram ocupadas. O exército foi chamado e usou da força para retirar os operários das fábricas. Dois dias depois, a greve foi encerrada.

Entre artistas e intelectuais a insatisfação era crescente. Nesse caso, a ação da censura era o principal móvel de luta. O Rio de Janeiro foi o palco da Passeata dos Cem Mil com a participação de cantores, compositores, atores, atrizes, cineastas e escritores. Também entre os estudantes o desconforto com o autoritarismo do regime era patente. Envolvia diversas reivindicações que iam da questão das vagas para o acesso às universidades públicas, a questão dos "excedentes", passava pela liberdade de organização estudantil, até o corte de verbas para o ensino. Passeatas ocorreram em várias cidades, mas foi no Rio de Janeiro e em São Paulo que o movimento adquiriu caráter de massa. A realização do XXX Congresso da UNE em Ibiúna, São Paulo, levou à prisão de centenas de estudantes e das principais lideranças nacionais do movimento.

No Congresso, os deputados mais combativos do MDB denunciavam as arbitrariedades do regime. Um deles, Márcio Moreira Alves, fez um discurso considerado ofensivo aos militares.[299] Quando foi pronunciado não teve nenhuma repercussão. Con-

---

[299] O deputado Márcio Moreira Alves não era bem-visto pelos militares desde a época que publicou o livro *Torturas e torturados*, em 1966.

tudo, oficiais ligados à linha dura resgataram o pronunciamento e espalharam nos quartéis. Era um meio de obrigar o governo a processar o parlamentar. Tornava-se necessário solicitar a licença da Câmara dos Deputados. Por 216 votos a 141, o plenário negou.

Em 13 de dezembro se reuniu o ministério no palácio das Laranjeiras, no Rio de Janeiro. Foi apresentado o Ato Institucional nº 5. Todos os ministros aprovaram com a exceção do vice-presidente Pedro Aleixo. O Congresso foi fechado por tempo indeterminado. O presidente da República passava a ter o poder de legislar, de intervir nos estados e municípios sem as limitações estabelecidas na Constituição, de suspender os direitos políticos de qualquer cidadão pelo prazo de dez anos, de cassar mandatos eletivos federais, estaduais e municipais e de suspender a garantia de *habeas corpus* nos casos de crimes políticos contra a segurança nacional. Ficavam suspensas as garantias constitucionais ou legais de vitaliciedade, inamovibilidade e estabilidade, e o presidente poderia demitir, aposentar ou remover quaisquer titulares dessas garantias. Ficavam excluídos de apreciação judicial todos os atos praticados de acordo com o AI-5, bem como seus respectivos efeitos. Mais onze deputados foram cassados, inclusive Moreira Alves. Centenas de opositores foram presos. A censura foi ainda mais intensificada. Começava o momento mais sombrio da ditadura militar.

A repressão aberta do regime atingiu diversas áreas. Se políticos continuaram a ser cassados – e dezenas o foram imediatamente após o AI-5 – o próximo alvo foi o Supremo Tribunal Federal. Três ministros foram aposentados: Hermes Lima, Evandro Lins e Silva e Victor Nunes Leal. Foi editado mais um ato institucional – o sexto – que alterou a composição do STF para novamente onze ministros. Também foi cassado o general Peri Bevilacqua do Superior Tribunal Militar.

Em seguida foi decretado o fechamento de cinco assembleias legislativas (Guanabara, Rio de Janeiro, São Paulo, Pernambuco e Sergipe) e os governadores desses estados assumiram as funções legislativas. Três semanas depois, Costa e Silva assinou o AI-7 e suspendeu todas as eleições parciais para cargos executivos e legislativos nas esferas da União, estados e municípios. Caberia apenas ao presidente, "quando julgar oportuno", a "fixação das datas para as próximas eleições". E no artigo 9º, como já era habitual: "Excluem-se de qualquer apreciação judicial todos os atos praticados de acordo com este Ato Institucional e seus Atos Complementares, bem como os respectivos efeitos".

O movimento estudantil foi o próximo alvo. Pelo decreto nº 477 foram estabelecidas "infrações disciplinares praticadas por professores, alunos, funcionários ou empregados de estabelecimentos de ensino público ou particulares". E dezenas de estudantes foram punidos. Em 13 de março foram cassados os mandatos e os direitos políticos de dois deputados federais, um suplente de deputado federal em exercício, um prefeito e 92 deputados de 21 assembleias legislativas. No mês seguinte foram demitidos do serviço público e suspensos os direitos políticos de mais de uma centena de cidadãos, entre os quais o jornalista e escritor Antonio Callado e o diplomata (e grande poeta) Vinicius de Moraes.

A esquerda armada agia em algumas cidades organizando atos terroristas. O regime ampliava a máquina repressiva. Em São Paulo foi criada a Oban (Operação Bandeirantes) que tinha como objetivo unificar a ação da repressão política das Forças Armadas – em especial, do Exército – e do governo paulista.

Nesse cenário politicamente sombrio, Costa e Silva organizou uma comissão para preparar uma emenda constitucional que acabou se transformando em um anteprojeto de Constituição, tal o número de modificações à Carta de 1967. Tanto o Legislativo como o Judiciário estariam excluídos dos efeitos do AI-5, que estaria incluído nas disposições transitórias como revogação prevista pelo presidente da República, assim como para revogar ou comutar as sanções dos atos institucionais. Os magistrados voltariam a ter a vitaliciedade; assim como os parlamentares, a imunidade (com exceção dos crimes de honra). Assegurava a liberdade de associação e alguns direitos individuais.

Costa e Silva pretendia apresentar o texto em 2 de setembro, assinaria a nova Constituição e reabriria o Congresso Nacional, em 7 de setembro. Contudo, em 27 de agosto, em Brasília, sofreu a primeira manifestação de uma isquemia cerebral. O fato se repetiu no dia seguinte. No dia 29 transportaram-no para o Rio de Janeiro, já enfermo. Ao chegar ao palácio das Laranjeiras, teve mais um derrame. Já não tinha mais condições de governar.

Pedro Aleixo foi impedido de assumir a Presidência da República. Em seu lugar ocupou a chefia do governo uma junta militar composta por um general, um almirante e um brigadeiro. Inicialmente imaginava-se que seria um breve interinato. Contudo, o agravamento da doença de Costa e Silva impossibilitou seu retorno à Presidência. Em meio a um novo ato institucional, ocorreu o sequestro do embaixador norte-americano, Charles Elbrick, por duas organizações da luta armada, que exigiam a libertação de quinze presos políticos, que acabaram enviados ao México, e a divulgação de um manifesto pela imprensa. O embaixador foi libertado no dia 7 de setembro.

A repressão, que já era intensa, aumentou ainda mais. Dezenas de prisões foram realizadas. A tortura se espalhou pelas instalações militares e pelas Delegacias de Ordem Política e Social – os Dops estaduais. Os participantes do sequestro foram presos. Um deles acabou assassinado sob tortura no DOI-Codi do II Exército, em São Paulo.

A junta militar decidiu organizar uma eleição entre os altos comandos das Três Forças para escolher o novo presidente da República, pois Costa e Silva não poderia retornar ao governo. Em meio à anarquia militar, manifestos, ameaças de golpes, acabou sendo escolhido o general Emílio Garrastazu Médici, que, desde 1967, chefiava o Serviço Nacional de Informações, substituindo Golbery do Couto e Silva. Foi referendado pelo Congresso Nacional, em 25 de outubro, reaberto somente para esse ato – contudo, em 7 do mesmo mês, Médici falou em rede nacional de rádio e televisão, já como novo presidente da República. O Congresso

Nacional – que tinha perdido, desde o AI-5, 85 parlamentares: 81 deputados e quatro senadores – chancelou seu nome em um rápido processo: apenas oitenta minutos, entre discursos e apuração.

Antes da transferência formal do poder, a junta emitiu vários atos institucionais e complementares. Um deles, o AI-13, criou a figura do banimento para "o brasileiro que, comprovadamente, se tornar inconveniente, nocivo ou perigoso à segurança nacional". Outro, o AI-14, impunha a pena de morte, a prisão perpétua e o banimento para os "casos de guerra externa psicológica adversa ou revolucionária, ou subversiva nos termos que a lei determinar". E também editou a Emenda Constitucional nº 1 que modificou profundamente a Constituição de 1967.

CAPÍTULO 27

Do milagre econômico à distensão política (1969-1979)

Garrastazu Médici era um desconhecido para os brasileiros. Saiu da chefia do Serviço Nacional de Informações (SNI) direto para a Presidência da República. No final do ano, apesar de todos os atropelos políticos, os resultados econômicos foram muito bons. O PIB cresceu 9,5%, a inflação teve uma queda e ficou em 20,1%, as exportações saltaram de US$ 1,8 bilhão para US$ 2,3 bilhões e as reservas internacionais mais que duplicaram em relação ao ano anterior, chegando a US$ 656 milhões. Esses dados positivos podem explicar a razão de a crise política ter ficado restrita ao aparelho de Estado, sem se espalhar pela sociedade. A economia havia conseguido, em muitos aspectos, se desvencilhar da política, ter uma dinâmica própria.

Seu governo é considerado o ápice do regime militar. A repressão política contra os grupos de luta armada foi intensa. Dezenas de militantes foram detidos ilegalmente, torturados, assassinados e muitos, nem sequer o corpo foi entregue às famílias, entrando no rol dos desaparecidos. O aparelho repressivo militar e civil teve ampla autonomia, transformou-se em política de Estado. Grupos terroristas continuavam assaltando bancos – entre 1968 e 1969 foram 42 –, realizando atentados e sequestrando aviões e diplomatas. Já em 1970, eram mais ações defensivas – para libertar militantes presos – do que ofensivas, que, de alguma forma, colocassem em risco o regime. O isolamento político desses grupos demonstrava que o caminho de resistência à ditadura passaria pela luta política legal, mesmo em condições adversas como a presença da censura e de diversas proibições do arcabouço legal da ditadura, tendo como principal sustentáculo o AI-5.

O otimismo com os resultados econômicos foi impulsionando os grandes projetos governamentais. A Amazônia foi parte importante dessa ação. O regime criou o lema: "Integrar para não entregar". A Transamazônica, estrada que deveria ter 5.296 quilômetros de extensão, passando por oito estados das regiões Nordeste e Norte, tinha dois pontos de partida: Recife, em Pernambuco, e João Pessoa, na Paraíba. O ponto final seria a cidade de Cruzeiro do Sul, no Acre. À margem da estrada seriam criadas agrovilas, base para o nascimento de futuras cidades – reaparecia, quase cem anos depois, a proposta de transferir população, especialmente do sertão nordestino, para a região.

Diferentemente do DIP, a Assessoria de Relações Públicas (AERP) enaltecia o regime.[300] Músicas, campanhas publicitárias, slogans, marcaram o período. Foi a época do "Brasil, ame-o ou deixe-o", do "Ninguém segura este país". A vitória da seleção brasileira na Copa do Mundo do México, em 1970, foi glorificada como mais um êxito do regime. Nas eleições de novembro, a Arena obteve uma grande vitória. Das 46 cadeiras em disputa, o MDB elegeu apenas cinco. Para a Câmara, a Arena elegeu 223 deputados contra apenas 87 do MDB. O partido do governo passou a controlar todas as assembleias legislativas, excetuando a da Guanabara.

---

[300] "O otimismo era a 'ideia-força' de todas as campanhas da Aerp/ARP. Elas sempre visavam a 'reforçar os laços de coesão e do patriotismo' por meio deste sentimento. [...] Tal sentimento era utilizado pragmaticamente, apresentado como resposta para problemas concretos. Se estes problemas o otimismo 'em maré baixa,' cabia reforçá-lo com novas campanhas – ao invés de se discutir e resolver as dificuldades efetivas." (Carlos Fico. *Reinventando o otimismo: ditadura, propaganda e imaginário social no Brasil*. Rio de Janeiro: FGV, 1997, p. 138.)

Com a economia crescendo a dois dígitos, a eficiente propaganda oficial, a censura, a despolitização – acentuada com as medidas repressivas adotadas após o AI-5 –, a indiferença e o conservadorismo político tão tradicional do Brasil, o resultado eleitoral não foi nenhuma surpresa.

Em dezembro de 1971, Médici fez sua primeira viagem internacional. Foi aos Estados Unidos. A visita foi, para o regime, um sucesso. Richard Nixon, durante uma recepção na embaixada brasileira, disse o seguinte: "Para onde se inclinar o Brasil, se inclinará a América Latina". Considerou o Brasil "o país mais importante da América do Sul". Havia um alinhamento entre os governos, inclusive no combate aos governos de esquerda na região. Internamente, por meio da propaganda oficial, o regime valorizava esses ganhos na política externa. Por outro, escondia o mais grave surto de meningite meningocócica ocorrido em São Paulo, entre 1972 e 1974, de que se tem notícia no continente americano.

O rápido crescimento econômico, a expansão do mercado de trabalho, o crescimento da massa salarial, a melhoria das condições de vida dos trabalhadores urbanos – mesmo com uma acentuada concentração de renda – aumentavam a demanda por alimentos, o que pressionava os preços, isto quando o governo queria, a todo custo, diminuir a inflação. O deslocamento do campo para a cidade, além da intensificação da migração Nordeste-Sudeste, foram transformando rapidamente as grandes cidades, que não se organizaram para receber esses contingentes.

Durante a presidência Médici, o Congresso Nacional manteve-se aberto ininterruptamente – diferentemente do que ocorreu com Castello Branco e Costa e Silva. O número de cassações que tinha atingido 314 mandatos eletivos entre dezembro de 1968 e outubro de 1969, caiu para 28 no final de 1973. Mas o AI-5 foi usado por Médici 579 vezes, para a punição de servidores públicos (145), militares (142), policiais (102), funcionários do Judiciário e do Ministério Público (28), professores (34), entre outros. A queda deve ser creditada à escassez de adversários políticos a serem cassados – foram centenas desde abril de 1964.

A eclosão da Guerra do Yom Kippur (outubro de 1973) levou a quadruplicação do preço do barril de petróleo, de US$ 2,90 para US$ 11,65. O Brasil importava 80% do petróleo que consumia. O efeito multiplicador do aumento na economia foi danoso aos planos do governo. Tentativas de baixar o consumo fracassaram. O carro, símbolo do milagre econômico, virou um problema para a classe média, que tinha crescido no período. As mudanças econômicas foram inegáveis:

> A primeira foi a participação das manufaturas no total das exportações que cresceu de 20% (1967) para 31,3% (1973). A segunda modificação histórica ocorreu no declínio definitivo do rei café entre os produtos primários. Ele que, vinte anos antes, ainda chegava a responder por mais de 70% das vendas externas (no final da Guerra da Coreia, 1953), descia de 42% (1967/1968) para 27,8 (1972/1973). Em compensação, fazia sua primeira e ainda tímida aparição a candidata a substituí-lo nas estatísticas, a soja, que iria de 1,9% (1967/1968) para 14,8% (1973).[301]

Para lhe suceder, Médici resolveu indicar o general Ernesto Geisel, que, no seu governo, havia presidido a Petrobras. O MDB lançou o que chamou de anticandidatura (pois não tinha condições de vencer). Formou uma chapa com o deputado – e presidente nacional do partido – Ulysses Guimarães e como vice o presidente da Associação Brasileira de Imprensa, Barbosa Lima Sobrinho. Percorreu o país realizando pequenos eventos. As condições políticas impediam uma campanha eleitoral. O Colégio Eleitoral era formado por 508 eleitores. A Arena controlava 408 votos. E havia a fidelidade partidária, que impedia que parlamentares de um partido pudessem votar no candidato do outro. Em

---

[301] Rubens Ricupero. *Op. cit.*, p. 462.

15 de janeiro, Geisel, como esperado, teve seu nome referendado pelo Colégio Eleitoral.

Logo de início, Geisel deixou claro que os investimentos estatais deveriam servir como principal instrumento de manutenção do crescimento econômico. "Em 1974, o Estado controlava 68,5% das ações de mineração, 72% na siderúrgica, 96,4% na produção de petróleo e 38% na química e petroquímica. O Estado monopolizava o transporte ferroviário, o serviço de telecomunicações, a geração e distribuição de energia elétrica e nuclear, e outros serviços públicos."[302] Vale destacar que no período 1968-1974 foram criadas 231 novas empresas públicas: sendo 175 na área de serviços, 42 na indústria de transformação, doze em mineração e duas na agricultura. E numa perspectiva histórica mais ampla, durante a "ditadura brasileira (1964 a 1985) foram criadas 302 empresas estatais, enquanto que na era Vargas, no governo Kubitschek e no governo Goulart foram criadas, respectivamente, 15, 23 e 33 empresas".[303]

O BNDE foi ainda mais fortalecido e se transformou em sócio de várias empresas brasileiras. Foi assinada a criação da Itaipu Binacional, com o Paraguai, e o II Plano Nacional de Desenvolvimento estabeleceu metas ousadas para a produção de energia (inclusive diversas alternativas ao petróleo, como o etanol e a energia nuclear – esta última após um acordo com a Alemanha Ocidental, que levou à criação da usina de Angra dos Reis – e que encontrou forte oposição do governo norte-americano), bens de capital, alimentos e insumos básicos. Até o reequipamento das Forças Armadas deveria dar preferência às empresas nacionais. Só o plano

---

[302] Paulo J. Krischke (org.). *Brasil do milagre à abertura*. São Paulo: Cortez, 1982, p. 129.

[303] Frederico Lustosa Costa e Vitor Yoshihara Miano. "Estatização e desestatização no Brasil: o papel das empresas estatais nos ciclos de intervenção governamental no domínio econômico", *Revista de Gestión Publica*, v. II, n. 1, jan.-jun. 2013.

de construção naval previa a criação em estaleiros nacionais de 750 navios.

Em abril, um mês após a posse do novo governo, pela voz do chanceler Azeredo da Silveira, na Assembleia Geral da ONU, foi apresentada a nova política externa brasileira: não se alinharia automaticamente a nenhum país, era o pragmatismo responsável.[304] Três meses depois, o Brasil e a República Popular da China estabeleceram relações diplomáticas. No ano seguinte, o Brasil foi o primeiro país a reconhecer como o governo legítimo de Angola o Movimento Popular de Libertação de Angola (MPLA), que, naquele momento, controlava somente a capital, Luanda, e seus arredores.

O processo eleitoral de 1974 decorreu, comparativamente ao de quatro anos antes, em clima de relativa liberdade – era a distensão lenta, gradual e segura, prometida pelo presidente –, sem esquecer que estava em vigência o AI-5. O MDB aproveitou todas as brechas legais da legislação eleitoral para divulgar seu programa e suas candidaturas para o Senado Federal. Estavam em jogo 22 cadeiras – foi também completamente renovada a Câmara dos Deputados e as assembleias legislativas. A oposição venceu as eleições para o Senado. O MDB elegeu 16 senadores e a Arena 6 – um deles foi candidato único, no Maranhão, onde o MDB não teve candidato. Em São Paulo, o MDB venceu a Arena por 4,6 milhões

---

[304] "A diplomacia Geisel-Silveira resgatou o legado conceitual da Política Externa Independente, atualizou e expandiu tal herança, graças ao tempo mais longo e às condições internas favoráveis de que dispôs, e conseguiu traduzir em atos e realizações muitos destes pressupostos conceituais. Não todos, mas muitas das suas intuições se revelaram acertadas e sintonizadas com o sentido da história. A prova mais cabal do valor dessa diplomacia é que sobreviveu à profunda transformação acarretada pelo final do regime militar e se converteu, no essencial, na base que sustenta a política externa do Brasil até nossos dias." (Rubens Ricupero. *Op. cit.*, p. 498.) O "até nossos dias" chega a 2016, de acordo com o escopo do livro.

de votos a 1,6 milhão. Em cinco assembleias estaduais (São Paulo, Rio de Janeiro, Rio Grande do Sul, Amazonas e Acre), o MDB passou a ter maioria, e como as eleições, em 1978, seriam indiretas, elegeria os governadores desses estados. A regra dificilmente seria alterada pelo Congresso, pois o MDB tinha mais de um terço dos parlamentares, impedindo, legalmente, o quórum constitucional para isso. Se a tendência se mantivesse em 1978, o governo perderia a maioria nas duas Casas.

A descoberta de petróleo na bacia de Campos, na plataforma continental, amenizou a derrota eleitoral, isto quando a importação de petróleo, em 1974, representou US$ 3,1 bilhões, valor superior às exportações, naquele ano, de produtos manufaturados. Isto fez com que, no ano seguinte, fossem adotados os contratos de risco, que permitiam a exploração do petróleo por parte de outras empresas, nacionais ou estrangeiras, sob concessão estatal.

Em dez anos de regime militar, o país tinha mudado. E muito. Deixara de ser rural, as cidades cresceram rapidamente, assim como as metrópoles, a expansão da televisão criou novos hábitos e alterou as relações de sociabilidade; cresceu a classe média e também a classe operária. O progresso econômico gerou novas demandas sociais. E o regime teve dificuldade em atendê-las. Além do que, a estrutura de poder transformava em inimigo qualquer manifestação de insatisfação e essa impossibilidade de conviver com a diferença – por menor que fosse – agigantava as contradições e tensionava as relações políticas.

A repressão política continuava. O Partido Comunista Brasileiro, que não aderira à luta armada, passou a ser o alvo prioritário dos órgãos de repressão. Em poucos meses, só em São Paulo, 347 supostos militantes foram presos. Em outubro de 1975 foi assassinado no DOI-Codi paulistano, órgão subordinado ao Exército, o jornalista Vladimir Herzog. Era o segundo caso de "suicídio por enforcamento" em dois meses, na mesma dependência. Em janeiro do ano seguinte, mais um suposto militante comunista foi assassinado no DOI-Codi. Ernesto Geisel afastou o comandante do

II Exército e designou um substituto de sua confiança. Ao mesmo tempo, o presidente da República continuava cassando mandatos de parlamentares: em três meses foram seis. Geisel, anos depois, confessou que as cassações eram necessárias, em alguns momentos, "para dar um pouco de pasto às feras". "Se eu não agisse contra a oposição com determinadas formas de repressão, inclusive com a cassação, eu perderia terreno junto à área militar."[305]

O cenário político foi se transformando também com a morte dos três políticos – dois ex-presidentes – que tentaram organizar a Frente Ampla. Em agosto morreu Juscelino Kubitschek, em um acidente automobilístico na via Dutra, quando viajava de São Paulo ao Rio de Janeiro. O enterro de JK foi uma demonstração indireta de oposição ao regime: 70 mil pessoas acompanharam o corpo do ex-presidente. Em dezembro, na Argentina, João Goulart faleceu de ataque cardíaco em uma de suas fazendas. No ano seguinte, em maio, no Rio de Janeiro, faleceu Carlos Lacerda.

O governo vinha prometendo uma reforma do Judiciário desde 1976. Sabia que dificilmente iria aprová-la sem negociar com a oposição, pois não tinha a maioria constitucional exigida. Geisel não procurou o MDB. Sua estratégia foi buscar o enfrentamento para impor, pela força, uma série de modificações constitucionais. O MDB fechou questão contra a reforma, que acabou não obtendo os dois terços de votos necessários. Geisel respondeu com o fechamento do Congresso Nacional por quatorze dias.

Pela Emenda Constitucional nº 8 foram alterados dezessete artigos da Emenda Constitucional nº 1, de 1969. Pelo Pacote de Abril, denominação dada pela oposição, acabou sendo imposta a reforma do Judiciário, mas o conjunto das modificações era fundamentalmente político. Ampliou-se o mandato presidencial – a se iniciar em 1979 – para seis anos; um terço dos senadores seriam indicados pelas assembleias legislativas – logo receberam

---

[305] Maria Celina D'Araújo e Celso Castro. *Ernesto Geisel*. Rio de Janeiro: Zahar, 1997, p. 390.

o apelido de "biônicos" –, a eleição dos governadores, em 1978, continuaria indireta. Foi alterada a forma de cálculo das bancadas estaduais na Câmara dos Deputados. A referência passaria a ser o total da população e não dos eleitores. Também se limitaria o número de deputados por estado (55) e o mínimo (seis). A Lei Falcão – a referência é ao ministro da Justiça, Armando Falcão; a lei limitava a propaganda eleitoral no rádio e na televisão a somente apresentação de um breve currículo e foi pela primeira vez adotada em 1976, nas eleições municipais – foi mantida para a eleição de 1978.

Alterou-se a composição do Colégio Eleitoral. Além dos deputados federais e senadores, a representação das assembleias estaduais passou a ser fixada em seis parlamentares, eleitos por seus pares. Dessa forma, a Assembleia do Acre tinha o mesmo peso político que a de São Paulo ou de Minas Gerais. Foi mais um instrumento para garantir a maioria para a escolha do sucessor de Geisel, em outubro de 1978.

Para controlar a sucessão, Geisel teve de enfrentar um opositor interno, o general Sylvio Frota. Este tentou um golpe de Estado, em outubro 1977, mas acabou substituído do comando do Ministério do Exército. Era o representante da linha-dura. Segundo ele, Geisel "tinha tendências socialistas" e de "complacência criminosa com a infiltração comunista e propaganda esquerdista". E que, no seu governo, "já implantaram o capitalismo de Estado que é o tirano: a continuarmos assim, virá mais breve do que muitos esperam, o comunismo".[306]

Geisel indicou como sucessor João Baptista Figueiredo, que, no governo Médici, foi responsável pelo Gabinete Militar e no seu governo chefiou o SNI – Aureliano Chaves, um civil, foi indicado para a Vice-Presidência. A chancela do Colégio Eleitoral seria inevitável, pois a Arena tinha a maioria dos votos, graças às ma-

---

[306] Para o manifesto, ver Sylvio Frota. *Ideais traídos*. Rio de Janeiro: Jorge Zahar, 2006, pp. 545-550.

nobras do Pacote de Abril. O MDB decidiu apoiar um militar da reserva, o general Euler Bentes Monteiro. Era mais para marcar posição política do que ter condições reais de vitória, tanto que Figueiredo venceu por 355 votos a 226.

Em maio de 1978, 2 mil metalúrgicos da fábrica Scania, em Diadema, no ABC paulista, entraram em greve. Logo a greve se espalhou. O Ministério do Trabalho decretou a ilegalidade do movimento. De nada adiantou. O movimento logo chegou a São Paulo, duas semanas depois. As greves foram vitoriosas e os acordos obtidos pelos trabalhadores, vantajosos. O reaparecimento do movimento sindical – as greves começaram a se espalhar por todo o país – colocou outro ator na luta política: o trabalhador.

No processo de conclusão da distensão – e abrindo caminho para a abertura democrática – foi promulgada a Emenda Constitucional nº 11. Incorporou as "salvaguardas de Estado", com as medidas emergenciais, o estado de sítio e o estado de emergência e restabeleceu a imunidade parlamentar. Extinguiu a pena de morte, a prisão perpétua e o banimento. Foram revogados os atos institucionais e os complementares. A emenda entraria em vigor em 1º de janeiro de 1979. Três dias antes foi revogado o banimento de 126 brasileiros.

Ernesto Geisel encerrou o seu governo em condições bem distintas do que aquelas que recebeu, em 1974, de Garrastazu Médici. Em 1973, a taxa de crescimento do PIB foi de 14%, já em 1978 tinha decrescido para 5%. A balança comercial de superavitária, em 1973, estava deficitária em 1978 em US$ 1 bilhão (em parte devido às importações de petróleo). A dívida externa, em cinco anos, mais que triplicou chegando a US$ 52 bilhões. A relação entre a dívida externa líquida e a exportação de bens saltara de 1,36, em 1973, para 3,18, em 1978.

A capacidade de investimento do Estado – uma característica do regime militar brasileiro – tinha se exaurido. Foi ela o elemento motor do crescimento econômico do período – e, nesse caso, difere radicalmente das ditaduras do Cone Sul, que desindustrializaram seus países e privatizaram as empresas estatais criadas antes da ascensão dos militares ao poder, como na Argentina:

> Com base nas proposições centrais do liberalismo econômico, Martínez de Hoz [ministro da Fazenda de Jorge Videla] e sua equipe atribuíam as dificuldades [da] economia argentina a duas causas principais: a distorção dos preços relativos internos, produzida pela política de industrialização com substituição de importações, e o sobredimensionamento do Estado.[307]

O papel do Estado na economia passou a estar diretamente vinculado à concepção das Forças Armadas e do governo (a partir de 1930) sobre o entraves ao desenvolvimento e a forma de superá-los. Fortalecer o Executivo federal era, de acordo com essa visão de mundo, uma condição *sine qua non* para edificar o moderno Estado brasileiro. E o positivismo, desde os anos 1880 tão presente no Exército nacional, no castilhismo gaúcho em Getúlio Vargas, deu à ação governamental a justificativa ideológica para as ditaduras modernizadoras, como a do Estado Novo e a militar.

Os exilados começaram a regressar ao país. Figueiredo prometia que o seu governo levaria o Brasil de volta à democracia, mas a sociedade queria mais que promessas. Na antevéspera da posse de Figueiredo, 180 mil metalúrgicos entraram em greve no ABC. O Brasil não era mais o mesmo. A ditadura estava próxima do fim. Mas a plena democracia ainda não havia nascido.

---

[307] Boris Fausto e Fernando J. Devoto. *Op. cit.*, p. 415.

CAPÍTULO 28

Da abertura democrática à democracia (1979-1985)

O governo começa em meio à maior greve desde 1964. Mesmo com a intervenção do Ministério do Trabalho no sindicato de São Bernardo do Campo – que acabou sendo suspensa –, a greve só terminou após a obtenção da maior parte das reivindicações econômicas. Somente nos primeiros sete meses de governo, ocorreram três vezes mais greves – 203 – do que em todo o governo Goulart (66). Era o preço da abertura democrática em marcha.

A anistia aos presos políticos, cassados e exilados entrou na ordem do dia. O governo apresentou ao Congresso Nacional o seu projeto. Os presos políticos do Rio de Janeiro iniciaram greve de fome. Queriam anistia irrestrita. Não aceitavam a fórmula restrita defendida pelo governo, que excluía o que chamavam de "crimes de sangue". O projeto foi aprovado e uma emenda tornando-a ampla, geral e irrestrita, foi derrotada por apenas cinco votos. Era a 48ª anistia da nossa história. Uma questão espinhosa foi a reintegração dos atingidos pelos atos de exceção. Só entre os militares foram 1.261. Professores foram 160, dos quais 22 da Universidade de São Paulo. Outra dizia respeito aos mortos e desaparecidos. No Brasil foram libertados 53 presos políticos e milhares de exilados começaram a regressar ao país – entre os quais Leonel Brizola, Miguel Arraes e Luís Carlos Prestes.

No final de dezembro de 1979 foi sancionada por Figueiredo a lei que conduziu à reorganização partidária e o fim do bipartidarismo, imposto em 1965. Acabaram, depois de algumas tentativas fracassadas, sendo organizados cinco partidos: o Partido do Movimento Democrático Brasileiro (PMDB), que era, basicamente, o sucedâneo do MDB; o Partido Democrático Social (PDS), que teve como base a Arena; o Partido Trabalhista Brasileiro (PTB); o Partido Democrático Trabalhista (PDT), este tendo Leonel Brizola à frente; e o Partido dos Trabalhadores (PT), que reuniu lideranças sindicais, intelectuais, militantes de pequenos grupos de esquerda e movimentos de base.

Surgiu, pela primeira vez na nossa história, a temática do exilado. Livros de ex-militantes da luta armada tornaram-se sucessos editoriais. O ar de liberdade permitiu até que se ironizassem os agentes da repressão. Millôr Fernandes, entre suas frases geniais, abrasileirou o romano Terêncio: "E como dizia o torturador: nada que é desumano, me é estranho".

Mas a situação econômica era o grande desafio para o regime – e será durante todo o sexênio de Figueiredo. Os preços, em 1979, não paravam de subir. Só em um mês – em dezembro – a gasolina subiu 58%. Na mesma semana, a energia elétrica foi reajustada em 55%. O aumento da passagem de ônibus em São Paulo foi de 30%. Houve quebra-quebra nos trens metropolitanos do Rio de Janeiro e de São Paulo após o aumento das tarifas em 50%.

O país estava numa encruzilhada. Tinha deixado de ser uma ditadura, mas não era uma democracia. Havia uma enorme dificuldade, depois de anos de arbítrio, de o governo conviver em ambiente político diverso. A legislação autoritária continuava em vigor e ocorreram diversos conflitos com a Igreja Católica, inclusive com a expulsão de um padre estrangeiro, e com os movimentos sindicais, que lutavam por reajustes salariais em meio à inflação galopante – em 1979, 79%; 1980, 110%; 1981, 95,2%; 1982, 99,7%.

Foi dado um importante passo rumo à democracia quando foram restabelecidas as eleições diretas para os governos estaduais a partir de 1982 e foi abolida a eleição indireta de um terço do Senado, os "senadores biônicos". O processo era complexo, pois grupos de extrema-direita fomentaram atentados terroristas desde o início da abertura. Incendiaram bancas de jornais, enviaram uma bomba à sede da Ordem dos Advogados do Brasil (OAB), no Rio de Janeiro, que causou a morte de uma secretária. E organizaram um atentado no Riocentro, em abril de 1981, no Rio de Janeiro, quando os extremistas pretendiam explodir bombas durante um show em comemoração ao Dia do Trabalho. O plano fracassou quando, em um dos carros envolvidos na ação terrorista, explodiu uma bomba, que acabou vitimando um dos militares extremistas envolvidos na ação e deixou outro seriamente ferido.

O processo eleitoral de novembro de 1982, mesmo sob vigência da Lei Falcão, foi marcado por ampla participação popular. O regime precisava obter uma vitória que consolidasse sua posição no Colégio Eleitoral que, em janeiro de 1985, elegeria o sucessor de Figueiredo. No Nordeste – e aproveitando uma grave seca que atingiu a região – o PDS venceu nos nove estados:

> Durante a campanha foram denunciados casos de favorecimento no alistamento nas frentes de trabalho ou no transporte de água no caminhões-pipas. Votar no PDS, segundo propagavam seus dirigentes, significava votar pela continuidade da ajuda federal, que seria interrompida caso vencesse um dos partidos oposicionistas, especialmente o maior deles, o PMDB.[308]

No triângulo de ferro da política nacional – São Paulo, Minas Gerais e Rio de Janeiro – a oposição venceu. O PMDB ganhou em São Paulo e Minas Gerais e o PDT, de forma surpreendente, no Rio de Janeiro, mesmo com a imposição do voto vinculado, que obrigava o eleitor – sob pena de o voto ser anulado – a preencher a cédula com candidatos do mesmo partido, em alguns casos, para

---

[308] Marco Antonio Villa. *Vida e morte no sertão: história das secas no Nordeste nos séculos XIX e XX*. Op. cit., p. 236.

seis cargos. O PDS venceu a eleição para doze governos estaduais, a oposição saiu vitoriosa em dez estados – nove deles com a vitória do PMDB. Mas o PDS manteve a maioria do Congresso Nacional.

Se a vitória eleitoral foi importante para o governo, o cenário econômico era preocupante. O balanço de transações correntes encerrou o ano com um déficit de US$ 16,2 bilhões, em grande parte devido ao pagamento de juros, amortização da dívida externa, envio de lucros, gastos de fretes e turismo. A dívida externa alcançou US$ 85,4 bilhões, e as reservas internacionais ficaram em US$ 3,9 bilhões, o nível mais baixo dos últimos doze anos. O governo teve de recorrer a um programa de ajuda do Fundo Monetário Internacional (FMI). Não havia como pagar a dívida externa. Em um único ano era preciso desembolsar US$ 13 bilhões. E não havia como fazê-lo sem a ajuda do FMI e a renegociação dos prazos de pagamento da dívida.

Logo se colocou a questão da sucessão de Figueiredo. Uma emenda protocolada no início do ano legislativo de 1983, de apenas quinze linhas, e que alterava os artigos 74 e 148 da Constituição – ficou conhecida como a Emenda Dante de Oliveira –, acabou alterando o processo político quando foi desencadeado o movimento das Diretas Já. O ato público em São Paulo, em 25 de janeiro de 1984, fez com que o movimento se expandisse por todo o país em grandes comícios, os maiores até então da história do Brasil. O último, em São Paulo, em 16 de abril, reuniu as principais lideranças oposicionistas. Em 25 de abril, contudo, faltaram 22 votos na Câmara, recebeu 298 votos e eram necessários 320 – para que a emenda alcançasse o quórum constitucional e pudesse chegar ao Senado.

O esgotamento do regime era inquestionável. E a legitimidade do arbítrio – já minorado pela abertura democrática – tinha como fundamento a prosperidade econômica, que estava sendo duramente atingida na presidência Figueiredo. Entre 1979 e 1983, o PIB teve dois anos com crescimento negativo (1981 e 1983), fato inédito em mais de meio século. A taxa de inflação que, em 1979, estava em 77,2%, triplicou: alcançou 211% em 1983 e 223,8% no ano seguinte.

A dívida externa continuava sua marcha ascendente: US$ 93,7 bilhões (1983) e no ano seguinte alcançou US$ 101,1 bilhões. A recusa do Fundo Monetário Internacional para um novo programa de estabilização deixava no ar um sinal da gravidade da crise estrutural da economia. E os banqueiros internacionais insistiam que o monitoramento do Fundo seria indispensável para o reescalonamento da dívida externa e para obter novos recursos. Deve ser destacado o quadro internacional que se agravou após a quebra do México, em 1982, que acabou obrigando

> a maioria das nações em desenvolvimento a depender do Fundo Monetário Internacional para resolver seus problemas. A consequente solução do FMI para os países devedores (dos quais o Brasil era notável exemplo) foi para que adotassem políticas econômicas recessivas para combater a inflação, equilibrar contas públicas e gerar balanças comerciais positivas, a fim de pagar as obrigações externas. Desse modo, os países em desenvolvimento passaram de importadores a exportadores de capital e, nesse processo, inviabilizaram todas as respectivas chances de crescimento interno.[309]

O Brasil "foi então obrigado a adotar uma política monetária restritiva, que resultou em queda dos salários reais. Todas essas medidas causaram profunda recessão e reduziram muito a demanda interna".[310]

O Colégio Eleitoral seria formado por 686 componentes. O PDS tinha 358; o PMDB, 276; o PDT, trinta; o PTB, catorze e o PT, apenas oito. O PDS detinha a maioria dos votos. Para viabilizar uma candidatura de oposição era indispensável dividir o PDS. Unido, o partido faria o sucessor de Figueiredo. Mas o PDS estava

---

[309] Francisco Vidal Luna e Herbert Klein. *O Brasil desde 1980*. São Paulo: A Girafa, 2007, pp. 295-296.
[310] *Ibidem*, pp. 295-296.

fracionado. A tentativa de impor a candidatura Paulo Maluf utilizando-se de instrumentos pouco republicanos acabou levando à ruptura partidária. Uma ala minoritária criou a Frente Liberal. Por outro lado, o PMDB conseguiu chegar a um nome de consenso, que contou também com o apoio do PDT: Tancredo Neves. A aliança do PMDB com a os dissidentes do PDS, a Frente Liberal, permitiu construir uma maioria de votos no Colégio Eleitoral. Porém, os opositores tiveram de aceitar para vice o nome indicado pelos dissidentes: José Sarney, um político profundamente identificado com a velha ordem.

Depois de superar os boatos de golpe militar, a chapa peemedebista chegou em 15 de janeiro de 1985, quando se reuniria o Colégio Eleitoral, com apoio popular derivado de vários comícios realizados nas principais capitais do país e com um amplo arco de apoio político, empresarial, artístico e também de setores militares. Tancredo recebeu 480 votos; Maluf, 180; e dezessete eleitores se abstiveram. Após a divulgação do resultado, o vencedor discursou: "Reencontramos, depois de ilusões perdidas e pesados sacrifícios, o bom e velho caminho da democracia".

PARTE VI

Da Nova República à vitória de Lula (1985-2002)

CAPÍTULO 29

O governo Sarney (1985-1990)

Após a vitória no Colégio Eleitoral, a tarefa que se impunha a Tancredo Neves era a de organizar o governo, que tomaria posse dois meses depois. Havia enorme euforia nacional. O país aguardava a Nova República. O presidente eleito fez uma longa viagem pela Europa, Estados Unidos e América Latina. Angariou apoio e preparou o caminho para a renegociação da dívida externa. A situação econômica era grave. Em 1984, a inflação havia alcançado 223,8%, quase o dobro do ano anterior (133,5%). Mas o PIB reagira: 5,4% contra o crescimento negativo de 1983 (-2,9%). A dívida externa líquida havia se estabilizado em US$ 90 bilhões, pois as reservas internacionais haviam saltado para US$ 12 bilhões.

Na véspera da posse, Tancredo Neves foi internado às pressas no Hospital de Base de Brasília. Depois de várias operações malsucedidas, acabou transferido para São Paulo, para o Hospital do Coração. Novas cirurgias foram realizadas sem sucesso. O país acompanhou durante trinta e oito dias o martírio do presidente eleito, até 21 de abril, quando veio a óbito.

No interinato de José Sarney já havia dúvidas legais se seria ele o sucessor em caso de o presidente eleito não ter tomado posse.[311]

---

[311] João Figueiredo se recusou a efetuar a transmissão de poder. Era o segundo caso na história da República. Floriano Peixoto, em 15 de novembro de 1894,

A pendência acabou politicamente solucionada. Ninguém supunha que a presidência de Tancredo Neves não se efetivaria. Sarney não era uma liderança expressiva nem sequer na Frente Liberal. A Vice-Presidência parecia representar somente um arranjo para angariar os votos da dissidência pedessista. Tancredo seria o condutor do país para a democracia. Tinha legitimidade pelo passado oposicionista durante os vinte e um anos da ditadura militar, e pelo passado anterior a 1964, quando teve participação em importantes momentos, como ministro da Justiça de Getúlio Vargas (1953-1954) e como primeiro-ministro (1961-1962), durante o breve período parlamentarista.

José Sarney, em seu discurso de posse, deixou claro que assumia o governo em um momento muito difícil:

> Eu, sem o desejar, sem ter tido tempo de preparar-me, tornei-me o responsável pela maior dívida externa sobre a face da Terra,[312] bem como da maior dívida interna. Minha herança inclui a maior recessão da nossa história, a mais alta taxa de desemprego, um clima sem precedentes de violência, desintegração política potencial e a mais alta taxa de inflação da história do nosso país – 250% ao ano, com a perspectiva de 1.000%.[313]

No Congresso, o grande tema era o restabelecimento das eleições diretas. O governo desejava restringir o tema às eleições municipais para as capitais estaduais, estâncias hidrominerais e cidades consideradas de segurança nacional, ainda em 1985. O PT e o PDT desejavam que fosse incluída a eleição para a Presidência da República, em 1986. O Congresso acabou aprovando uma emenda constitucional para as duas eleições: a municipal para 1985 e a presidencial sem data prefixada. Também foi extinta a

---

também se recusou a formalizar a transferência de poder para Prudente de Morais.

[312] Somente em 1985, o país teria de pagar US$ 13 bilhões de juros.
[313] Thomas Skidmore. *Op. cit.*, p. 501.

fidelidade partidária, concedida a legalização dos partidos comunistas e o voto ao analfabeto.

A difícil situação econômica encontrava reflexo direto nos campos da política e do mundo sindical. Em apenas quatro meses ocorreram 203 greves. As reivindicações eram de reajustes trimestrais de salários, garantia do direito de greve, liberdade sindical. Sarney passou a defender um pacto social entre trabalhadores, empresários e governo. A referência era o Pacto de Moncloa, que possibilitou, na Espanha, a transição política da ditadura franquista para a democracia. A inflação anual de três dígitos era um complicador, além do interesse imediato dos partidos políticos de se posicionar ante as eleições. Em sua primeira entrevista coletiva – algo que não ocorria havia mais de duas décadas – apresentou um grave quadro econômico e imputou a responsabilidade ao velho regime: "Herdamos o caos". Disse que não faria um novo acordo com o FMI que implicasse sacrifício que o país não pudesse suportar.

As reivindicações represadas durante anos eram apresentadas, mas em um quadro legal que se mantinha oriundo da ditadura militar. Em julho, o governo formalizou, via decreto, a criação da Comissão Provisória de Estados Constitucionais para a "elaboração de estudos constitucionais que auscultem a vontade popular e que reflitam as tendências dos diversos segmentos da sociedade brasileira, ordenadamente dispostos em trabalhos jurídicos". A comissão tinha o objetivo de desenvolver "pesquisas e estudos fundamentais ao interesse da nação brasileira, para futura colaboração aos trabalhos da Assembleia Nacional Constituinte". Foi indicado para presidi-la o jurista – e ex-deputado federal e ex-senador – Afonso Arinos de Melo Franco.[314]

---

[314] Em 19 de agosto, o governo divulgou os cinquenta nomes que iriam a comissão. A maior parte eram juristas, mas havia até um oftalmologista. Foi indicado também o escritor Jorge Amado, que nem sequer estava no Brasil – retornaria ao Brasil somente em outubro. Havia apenas duas mulheres. Por equívoco

Divergências sobre como deveria ser conduzida a política econômica levou ao pedido de demissão do ministro da Fazenda Francisco Dornelles. Era a primeira mudança importante no ministério herdado de Tancredo Neves. O objetivo era o de buscar um afastamento do receituário ortodoxo do FMI. O governo designou o empresário Dilson Funaro para ministro da Fazenda. A negociação com o FMI continuava ocupando amplo espaço político. Diferentemente de Dornelles, Funaro insistia na politização da negociação da dívida externa. Afirmava que o principal era evitar a recessão e combater o desemprego e a inflação. Havia também preocupação com a fragilidade do sistema financeiro nacional e a liquidação extrajudicial de vários bancos.

O governo conseguiu aprovar a convocação de uma Assembleia Constituinte por meio da Emenda Constitucional nº 26. Derrotou os defensores de uma Constituinte exclusiva. Era mais um Congresso Constituinte. Assim, até os senadores eleitos em 1982 teriam mandato constituinte. A eleição ocorreria em 15 de novembro de 1986. Os trabalhos começariam em 1º de fevereiro de 1987 e não foi estabelecido prazo para o seu término.

No dia 15 de novembro de 1985 foram realizadas eleições municipais. A Aliança Democrática acabou dividida. Sarney procurou se manter distante do pleito. O PMDB foi derrotado em três importantes colégios eleitorais: São Paulo, Rio de Janeiro e Porto Alegre. Era um sinal de que o eleitorado estava descontente com o governo – e identificava o PMDB como o responsável pelo desconforto econômico. Nos centros menos politizados, o PMDB venceu: entre 201 cidades, ganhou em 101. Isto com um crescimento do PIB de 7,8%, mas com inflação anual de 235,1%.

A institucionalidade era frágil. A liderança de José Sarney não se afirmava. O PMDB exigia mudanças na economia. Em 28 de fevereiro foi adotado o Plano Cruzado. A denominação estava

---

foi nomeado um representante das igrejas protestantes que não foi encontrado. Não existia. Outro, o jurista Fábio Konder Comparato, recusou o convite.

relacionada à nova moeda adotada: o cruzado. Foram congelados os preços de todas as mercadorias e os salários. Durante alguns meses, o país viveu um clima de euforia: o congelamento permitiu ampliar o poder de compra dos trabalhadores e o das classes médias, havia tempos corroídos pela inflação[315] galopante – no mês anterior foi de 16,2%. A enorme demanda reprimida por bens de consumo gerou uma grande expansão das vendas.

A popularidade de Sarney aumentou rapidamente. Surgiram os "fiscais do Sarney", populares que voluntariamente ajudavam a fiscalizar o congelamento dos preços. Em julho, veio o Cruzadinho, uma leve alteração no plano original, para desaquecer o consumo, mas que não conseguiu resolver a demanda, especialmente de alimentos – o caso da carne bovina foi um dos mais comentados. O desabastecimento gerou o ágio, o sobrepreço. A importação emergencial de produtos em falta não resolveu o problema.

O governo manteve o congelamento até a eleição de 15 de novembro para os governos estaduais e para a Assembleia Constituinte. A Aliança Democrática obteve uma grande vitória, especialmente o PMDB. Para os governos estaduais, o PMDB elegeu 22 governadores e o Partido da Frente Liberal (PFL), um. Para a

---

[315] Era a inflação inercial: "A inflação torna-se inercial quando os contratos têm cláusula de indexação que restabelecem seu valor real após intervalos fixos de tempo. O ponto central da inflação inercial é o de que o reajuste do valor nominal dos contratos em 100% da inflação verificada no período prévio não garante a meta de um valor real constante. Isto porque, dada a extensão do período decorrido entre dois reajustes, o valor real médio de um determinado contrato depende da taxa de inflação vigente mesmo que o contrato contemple o pleno reajuste das perdas devidas a inflação passada. A menos que a extensão do período seja mínima, cláusulas de indexação de 100% são uma cobertura imperfeita contra a inflação. Para um período de indexação determinado, quanto mais curto for o período entre os reajustes, mais elevado será o valor real do contrato. A taxa de inflação e a extensão do período de indexação são duas dimensões cruciais dos contratos com cláusula de 100% de indexação nos processos de inflação inercial". (Pérsio Arida e André Lara Resende. "Inflação inercial e reforma monetária: Brasil". *In*: Pérsio Arida *et al*. *Inflação zero: Brasil, Argentina e Israel*. Rio de Janeiro: Paz e Terra, 1986, pp. 17-18.)

Constituinte, o PMDB obteve 54,4% dos votos e o PFL, 23,9%. Os dois partidos somados obtiveram 78% do total de votos.

Dias depois da eleição, o governo adotou o Plano Cruzado II:

> Era um novo pacote fiscal, com o objetivo de aumentar a arrecadação em 4% do PIB. O governo anunciou o aumento de impostos indiretos em produtos da "ponta" do consumo (automóveis, cigarros e bebidas). A ideia do governo consistia em aumentar, basicamente, preços de bens finais, com o objetivo de evitar repasses ao longo da cadeia produtiva. Entretanto, além desses, haviam sido autorizadas remarcações nas tarifas de energia elétrica, telefones e tarifas postais. [...] O Cruzado II foi, assim, a válvula de escape para o abandono do congelamento.[316]

A instalação da Assembleia Constituinte[317] – e o fortalecimento do PMDB – agitaram o ambiente político. Nem as correções realizadas após o pleito permitiram ao Plano Cruzado controlar a inflação e permitir o reequilíbrio da economia. Foi decretada a moratória do pagamento dos juros externos, o que criou mais dificuldade para a entrada de dinheiro novo – a medida atingia empréstimos de médio e longo prazo no valor de US$ 68 bilhões. O desgaste do ministro Funaro era cada vez maior, acompanhando o aumento dos preços, que, em abril, seu último mês no ministério, alcançou 20%.

Assumiu a Fazenda o economista Luiz Carlos Bresser-Pereira: era o terceiro ministro da Fazenda em dois anos de Nova República. Em abril, a inflação alcançou 20,9% e em maio, 23,2%. Em junho, o novo ministro adotou mais um plano de estabilização,

---

[316] Lavínia Barros de Castro. "Esperança, frustração e aprendizado: a história da Nova República (1985-1989)". *In*: Fábio Giambiagi *et al. Economia brasileira contemporânea (1945-2010)*. Rio de Janeiro: Campus, 2011, p. 115.

[317] A comissão presidida por Afonso Arinos, depois de uma centena de reuniões, apresentou um longo e detalhado projeto de Constituição com 436 artigos e mais 32 nas disposições transitórias. Sarney acabou encaminhando o trabalho para o Ministério da Justiça.

o Plano Bresser. Também congelou preços e salários. "Os juros reais positivos serviram para contrair o consumo e também evitar a especulação com estoques. Pretendia-se reduzir o déficit público através de aumentos de tarifas, eliminação do subsídio do trigo, corte de gastos e, como posteriormente anunciado, corte de investimentos públicos."[318]

Já o problema da dívida externa deveria ser enfrentado com a securitização da dívida. A dívida de curto prazo seria transformada em títulos de longo prazo de valor menor – haveria um desconto – e com taxas de juros mais baixas.

> O prejuízo do desconto seria assim compensado pela segurança dos novos títulos. Para os países devedores, a redução da transferência de recursos para o exterior permitiria retomar investimentos internos. A proposta se completava com a sugestão de criação de uma nova agência de gerenciamento da dívida. Essa agência, controlada pelas atuais instituições financeiras multilaterais, pelo FMI e pelo Banco Mundial, poderia garantir os novos títulos, isto é, a dívida reestruturada.[319]

Era uma proposta engenhosa, porém acabou sendo recusada pelos credores. Se em junho a inflação foi de 26%, em julho caiu para 3%. Contudo, nos meses seguintes, a inflação retornou em ritmo acelerado – 14% no mês de dezembro de 1987 –, o que levou à saída do ministro.

Maílson da Nóbrega assumiu o Ministério da Fazenda. A princípio tentou adotar medidas ortodoxas para enfrentar a inflação e o déficit público. Pretendia conter os reajustes salariais do funcionalismo público, o que, politicamente, era danoso ao governo. Se, inicialmente, obteve relativo êxito em relação à inflação, logo os preços voltaram a subir: em julho a taxa mensal chegou a 24%.

---

[318] Lavínia Barros de Castro. *Op. cit.*, p. 110.
[319] Carlos Alberto Sardenberg (org.). *Jogo Aberto: entrevistas com Bresser Pereira*. São Paulo: Brasiliense, 1989, p. 70.

O campo político foi dominado pelos trabalhos da Constituinte. O PMDB teve enorme crescimento nas eleições de 1986. Isto fez também com que o partido – que era majoritário na Constituinte – perdesse coerência ideológica. Uma fração à sua esquerda abandonou o partido e fundou o Partido da Social Democracia Brasileira, o PSDB. Outra parte, no decorrer dos trabalhos, estabeleceu forte relação com partidos considerados conservadores e formou o Centrão, um conglomerado de parlamentares, sem ideologia política, mas ávidos, segundo seus opositores, para efetuar transações pouco republicanas. A impopularidade crescente do governo Sarney acabou transformando a Constituinte em espaço de luta política: o conjuntural, o dia a dia da administração, contaminou o permanente, a Constituição.

O texto final da Constituição foi aprovado na sessão de 22 de setembro de 1988. Recebeu 474 votos favoráveis e apenas quinze contrários, todos da bancada do PT – apenas um deputado do partido votou a favor. A Constituição foi produto de vinte meses de trabalho, foram apreciadas 65.809 emendas, foram pronunciados 21 mil discursos e analisados nove projetos até se chegar ao texto final. Foi a Constituição mais longa de todas, desde a primeira, de 1824. Tinha 250 artigos e setenta nas disposições transitórias. É a Constituição mais democrática da nossa história. É detalhista em demasia, mas garante direitos ignorados em Cartas anteriores. Um dos pontos altos foi o artigo 5º, o mais longo. Foram asseguradas as liberdades de manifestação, opinião e organização. O crime de racismo foi considerado inafiançável e imprescritível, foram abolidos o banimento e a pena de morte.

O Parlamento bicameral foi mantido, o mandato do presidente estabelecido em cinco anos – motivo de grande polêmica[320] –, foram criados três estados: Tocantins, Roraima e Amapá. Foi

---

[320] Foi a única votação em que compareceram todos os constituintes. O mandato de cinco anos foi aprovado por 328 votos a favor e 222 contra.

concebida a medida provisória,[321] uma novidade. Os analfabetos poderiam votar, mas não serem votados. As eleições para a Presidência da República seriam em dois turnos, caso um candidato não obtivesse a maioria absoluta dos votos no primeiro turno. Nas disposições transitórias, no artigo 2º ficou estabelecido que em 7 de setembro de 1993 – depois alterado para 21 de abril do mesmo ano – haveria um plebiscito para decidir a forma (republicana ou monárquica) e o sistema de governo (parlamentarismo ou presidencialismo) do país.[322]

Passada a euforia da promulgação da Constituição, os problemas econômicos assumiram o primeiro plano no debate nacional. O PIB apresentou crescimento negativo (-0,1%) e a inflação alcançou quatro dígitos (1.037,6%). Em janeiro de 1989 veio mais um plano de estabilização: o Plano Verão. Foi criada uma nova moeda, o cruzado novo, mais uma vez foi adotado o congelamento de preços e salários, em redução nas despesas de custeio e numa reforma administrativa – esta última, em especial, de difícil realização, tendo em vista o enfraquecimento político do governo Sarney. Se, incialmente, ocorreu uma leve queda da inflação mensal, logo os preços voltaram a disparar. O ano fechou com inflação de 1.782,9%. Como a

---

[321] "Concedeu ao Executivo o direito de 'em caso de relevância e urgência', 'adotar medidas provisórias, com força de lei'. A discussão era antiga. Já durante a República populista (1945-1964) tinham surgido diversas críticas ao funcionamento do Congresso, acusado de dificultar a ação administrativa do Executivo pelo ritmo lento de trabalho. Durante o regime militar, o decurso de prazo foi um instrumento para 'apressar' o ritmo do Legislativo. Agora, com a redemocratização do país, o Congresso teria trinta dias para apreciar, aprovar ou rejeitar a medida provisória. Posteriormente, pela Emenda Constitucional nº 32, de 2001, o prazo foi ampliado para sessenta dias, prorrogável por mais sessenta." (Marco Antonio Villa. *A história das constituições brasileiras: 200 anos de luta contra o arbítrio*. São Paulo: LeYa, 2011, pp. 119-120.)

[322] Na Constituinte, o parlamentarismo foi derrotado, quando se escolheu o sistema de governo. Foram 343 votos para o presidencialismo e 213 para o parlamentarismo.

moeda nacional perdia valor diariamente, o dólar assumiu nas transações, informalmente, a referência monetária.

Em meio aos sucessivos fracassos dos planos econômicos, as denúncias de corrupção – o caso emblemático foi a construção da ferrovia Norte-Sul –, ao enfraquecimento político do presidente Sarney, a eleição presidencial de novembro de 1989, depois de 29 anos sem a possibilidade da eleição direta para a Presidência da República, concentrou as atenções do mundo político. O eleitorado crescera. Em 1960 representava apenas 21% da população (12,5 milhões); em 1989 duplicara: os eleitores correspondiam a 55% da população (70 milhões).

Apresentaram-se à eleição 22 candidatos. Era a primeiro pleito a ser realizado em dois turnos. Os partidos que estavam no governo – PMDB e PFL – sofreram um enorme desgaste político. Ulysses Guimarães, pelo PMDB, não passou de 4,8% dos votos. Mário Covas, do recém-criado PSDB, ficou com 8,9% e Leonel Brizola, 16,5%. Os dois candidatos que foram ao segundo turno representavam o desejo de mudança por parte do eleitorado. Um deles, Luiz Inácio Lula da Silva, do Partido dos Trabalhadores (PT), obteve 17,2% dos votos. O outro, Fernando Collor de Mello, do Partido da Reconstrução Nacional (PRN), ficou em primeiro lugar com 30,5%. No segundo turno, realizado em 16 de dezembro, Collor obteve 42,7% dos votos e Lula, 37,8%, uma diferença de 4 milhões de votos.

A posse do eleito ocorreu quase quatro meses depois, em 15 de março de 1990. A situação econômica, que já era grave, ficou ainda pior. "A taxa de inflação diária atingiu 1,3%, indicando que o nível geral de preços dobrava a cada 54 dias. No último mês da Nova República, a inflação diária quase chegou a 2%, o que significa dobrar os preços a cada 35 dias."[323]

Terminava melancolicamente a Nova República:

---

[323] Alkimar R. Moura. "Rumo à entropia: a política econômica de Geisel a Collor" *In*: Bolivar Lamounier (org.). São Paulo: Idesp, 1990, p. 55.

Ela não rompeu com o passado, remoto ou recente. Não combateu de frente à ditadura. Contornou-a e prolongou-a. Nasceu de seu ventre e foi batizada em sua pia batismal. O Colégio Eleitoral tinha de ser o seu berço e, também, o seu leito de morte. [...] O governo que sucede à ditadura nasce marcado por sua ineficiência e impotência. [...] As ditaduras se constituem e se desintegram de várias maneiras. No caso brasileiro, o "desengajamento" dos militares do comando do governo e da chefia do Estado processou-se da pior maneira possível. Eles não foram derrubados; prepararam uma retirada estratégica.[324]

---

[324] Florestan Fernandes. *Nova República?* Rio de Janeiro: Jorge Zahar, 1986, pp. 20-22.

CAPÍTULO 30

A presidência Fernando Collor – Itamar Franco (1990-1994)

Fernando Collor de Mello fez o discurso mais longo de posse da história republicana: a leitura ocupou 55 minutos. Depois de trinta anos era o primeiro presidente da República eleito diretamente pelo voto popular. Havia muita expectativa, especialmente sobre as medidas econômicas – a inflação dos dois primeiros meses do ano chegou a 169,7%. A conjuntura internacional estava passando por uma transformação radical, após a queda do Muro de Berlim, em 1989, e a desestruturação do que era conhecido como mundo socialista, com dissolução da União Soviética, em 1991.

Em meio à extinção de cargos, extinção do Serviço Nacional de Informações, privatização de estatais, demissão em massa de funcionários públicos, venda de imóveis federais, extinção de autarquias, fundações e empresas públicas, foi divulgado o Plano Collor.[325] Uma nova moeda foi criada – o cruzeiro –, houve o congelamento dos preços e salários e diversas medidas radicais foram adotadas. Uma delas foi o bloqueio por dezoito meses das con-

---

[325] Plano Collor "foi o nome que prevaleceu, mas, em geral, designando apenas o bloqueio das aplicações financeiras. As referências ao plano não incluem o amplo leque de iniciativas em áreas diversas como política de rendas, finanças públicas, reforma do Estado, política cambial e comércio exterior". (Carlos Eduardo Carvalho. "As origens e a gênese do Plano Collor", *Nova Economia*, v. 16, n. 1, jan.-abr. 2006, p. 103.)

tas-correntes e cadernetas de poupança – um valor aproximado de US$ 80 bilhões. Foi permitido um saque de 50 mil cruzados novos, aproximadamente US$ 1.300, segundo o câmbio oficial do dia, mas que no mercado paralelo representava US$ 610. Também foram congelados os ativos investidos no *overnight*, que os bancos realizavam automaticamente, transferindo recursos dos seus correntistas. "O governo pretendia retirar de circulação US$ 57 bilhões, esperava derrubar a inflação – os mais entusiasmados falaram até em deflação – e controlar a oferta do cruzeiro, a nova moeda, evitando o aquecimento da demanda, como ocorrera nos planos de estabilização anteriores."[326]

A repercussão popular foi negativa. O comércio ficou paralisado, correntistas foram aos bancos querendo sacar seus recursos, cenas de desespero se espalharam pelo país. O plano foi aprovado pelo Congresso Nacional e suas disposições mais polêmicas acabaram recebendo, quando provocado, o apoio do Supremo Tribunal Federal – foram 75 medidas provisórias em seis meses. Outra polêmica foi o estabelecimento de uma nova política industrial e de comércio exterior que desagradou setores que havia décadas estavam estabelecidos no mercado nacional.[327]

O retorno da inflação (em outubro, de 14,2%), a alta taxa de desemprego, sinais de crescimento negativo do PIB e os efeitos nocivos do Plano Collor geraram queda vertiginosa da popularidade do presidente. O processo eleitoral de outubro – como

---

[326] Marco Antonio Villa. *Collor Presidente: trinta meses de turbulências, reformas, intrigas e corrupção*. Rio de Janeiro: Record, 2016, p. 37.

[327] "A abertura comercial criou muitos perdedores no curto prazo: nesse sentido, não se tratava de uma política fácil de empreender. Em toda a América Latina, a abertura comercial afetou negativamente poderosos interesses empresariais e sindicais que haviam se desenvolvido ao abrigo da concorrência internacional. Provavelmente a abertura comercial teve um impacto negativo mais imediato em alguns interesses estabelecidos do que a maioria das outras reformas, porque tem a potencialidade de expulsar do mercado os produtores ineficientes." (Scott Mainwaring. *Sistemas partidários em novas democracias: o caso do Brasil*. Rio de Janeiro: FGV, 2001, pp. 364-365.)

determinado pela nova Constituição – confirmou a predominância do PMDB e PFL no Congresso Nacional – mesmo com bancadas inferiores à da eleição de 1986. O Partido da Reconstrução Nacional (PRN) – partido de Fernando Collor – elegeu 41 deputados e um senador, o que o deixava sem base parlamentar segura. Em 1986 eram treze partidos políticos com representação no Congresso Nacional, em 1990 o número saltou para dezenove. A tendência do crescimento da fragmentação política passou a fazer parte das futuras eleições.

O ano fechou com um crescimento negativo do PIB de 4,3%, isto quando o crescimento médio do PIB mundial foi de 2,9%. A recessão não poderia ser imputada a eventuais problemas externos. A taxa anualizada de inflação foi de 1476%, a segunda maior da história. O balanço de transações correntes fechou negativo (US$ 3,78 bilhões). A dívida externa cresceu mais 10% em relação ao ano anterior, chegando a US$ 123 bilhões. O Plano Collor tinha fracassado.

Em 31 de janeiro de 1991, o governo apresentou o Plano Collor II:

> Foram congelados os preços nos níveis de 30 de janeiro. A Sunab [Superintendência Nacional de Abastecimento] elaborou uma lista com 150 produtos e seus respectivos preços [...]. Promoveu-se um tarifaço nos preços administrados pelo governo. A energia elétrica subiu 9,5%; gasolina e álcool, 46%, telefone, 56,6% e o gás de cozinha, 50%. [...] Os salários foram convertidos com base em uma média real dos últimos doze meses. [...] O governo assumiu o compromisso de cortar os gastos públicos em 1,5% do PIB, aproximadamente US$ 5 bilhões.[328]

Em maio, sem os resultados esperados, houve a substituição do ministro da Economia: saiu Zélia Cardoso de Mello e entrou Marcílio Marques Moreira.

---

[328] Marco Antonio. *Op. cit.*, pp. 125-126.

No campo da política externa, uma notícia positiva foi o estabelecimento do acordo – que aguardava aprovação parlamentar – entre Brasil, Argentina, Uruguai e Paraguai, que levou à formação do Mercosul:

> Foi o legado mais importante em matéria de integração e política sul-americana da era Collor, ilustra essa perfeita continuidade. Sarney e Alfonsín haviam resolvido (agosto de 1988) criar um mercado comum no prazo de dez anos, para ser concluído, portanto, em 1998. Collor e Menem assinaram o Tratado de Assunção (março de 1991), pelo qual anteciparam em quatro anos o prazo para completar o mercado comum, que se deveria concluir em 31 de dezembro de 1994.[329]

Em meio à paralisia política e sem resultados econômicos, Fernando Collor passou a ter na Constituição um móvel de luta. Para ele, era necessário reformá-la. Elaborou uma proposta – conhecida como "emendão" – com 44 emendas; posteriormente diminuiu para 22 e seriam modificados dezessete artigos constitucionais; depois restritos a oito. Isto quando, na Carta, já estava estipulado que a reforma ocorreria dois anos depois, em 1993.

A piora sucessiva da situação econômica – uma maxidesvalorização do cruzeiro, em setembro, de 14,5%, a disparada da taxa de juros anual (1.005%), o aumento dos preços da cesta básica – fez com que, pela primeira vez, se falasse em impeachment. No Senado chegou a ser aprovada, em primeira votação, uma emenda parlamentarista – rejeitada, posteriormente, em segunda votação. O ano de 1991 fechou com inflação de 480%. A dívida externa estava em US$ 124 bilhões. O PIB cresceu 1%, isto quando a média da América Latina era de 3,8%.

As negociações com o FMI e com credores privados sobre a dívida externa ocuparam boa parte das atenções políticas. As metas estabelecidas com o FMI foram logo descumpridas. Eram

---

[329] Rubens Ricupero. *Op. cit.*, p. 554.

politicamente inviáveis, especialmente para um governo politicamente frágil, apesar de mudanças no ministério com o objetivo de aproximação do Congresso Nacional. O governo dava sinal de exaustão sem ter cumprido nem sequer metade do mandato. Já se falava na sucessão presidencial de outubro de 1994.

O quadro mudou radicalmente após a entrevista do irmão do presidente da República para uma revista semanal denunciando negócios pouco republicanos entre o ex-tesoureiro da campanha de 1989 de Fernando Collor. Foi constituída uma Comissão Parlamentar Mista de Inquérito (CPMI) para averiguar as denúncias. Em meio à disparada do dólar, quedas sucessivas da Bolsa, aumento da inflação e do desemprego – além de boatos de dolarização da economia –, o país acompanhou a CPMI, os depoimentos e as novas revelações. Em meio à turbulência política foi realizada no Rio de Janeiro a Conferência das Nações Unidas sobre Meio Ambiente e Desenvolvimento (Eco-92), que reuniu representantes de 183 países.

O impeachment estava na ordem do dia. As revelações da CPMI, as acusações de corrupção, o aparecimento de cheques que configuravam correntistas fantasmas – isto é, com registros fiscais inexistentes – e que teriam sido utilizados para gastos pessoais do presidente da República, manifestações de rua em defesa do impeachment e sucessivas pesquisas que demonstravam a desaprovação popular e o apoio ao impedimento de Collor, aceleraram a solução da crise. Em 1º de setembro, os presidentes da Ordem dos Advogados do Brasil e da Associação Brasileira de Imprensa entregaram à Câmara dos Deputados o pedido de impeachment por crime de responsabilidade com base no artigo 85 da Constituição e da lei nº 1.079 de 1950. Foram listadas vantagens indevidas, tráfico de influência, falta de decoro e dignidade para o exercício do cargo e omissões que o presidente teria cometido.

O presidente da Câmara – que tinha arquivado 28 pedidos de impeachment – acabou recebendo a petição. Em 29 de setembro foi autorizado o processo de impeachment: 441 votos favoráveis,

38 contrários e uma abstenção. Assumiu a Presidência da República, de acordo com a Constituição, o vice-presidente Itamar Franco. O processo de julgamento foi realizado no Senado Federal. O relatório sobre a procedência das acusações teve 67 votos a favor e três contrários. Em 29 de dezembro começou o julgamento. Por meio do seu advogado, Fernando Collor renunciou à Presidência da República. Mesmo assim, o Senado continuou o julgamento e o considerou inabilitado para o exercício de função pública por oito anos – 76 votos favoráveis e três contrários. Imediatamente foi dada posse, em sessão conjunta da Câmara dos Deputados e do Senado, a Itamar Franco como Presidente da República.

O novo ocupante do cargo buscou organizar um ministério de união nacional.[330] Tinha experiência política no Executivo – foi prefeito de Juiz de Fora, Minas Gerais, por duas vezes foi eleito senador, teve intensa atuação parlamentar e chegou a formar a chapa com Fernando Collor sem que nenhum deles tivesse algum tipo de relação pessoal ou política. Foi a conveniência do momento.[331]

Em 21 de abril de 1993, seguindo o disposto na Emenda Constitucional nº 2, foi realizado o plebiscito sobre a forma de governo (república ou monarquia constitucional) e o sistema de governo (presidencialismo ou parlamentarismo). Cumpria o disposto no

---

[330] "Seu ministério inicial expressava as forças que lideraram o impeachment, com a ausência conspícua do PT, o principal articulador da deposição de Collor. [...] O objetivo central da coalizão era mitigar os danos decorrentes do trauma do impeachment e administrar seus efeitos colaterais continuados no sistema político e na sociedade." (Sérgio Abranches. *Presidencialismo de coalizão: raízes e evolução do modelo político brasileiro*. São Paulo: Companhia das Letras, 2018, p. 149.)

[331] "Buscou a todo custo um candidato a vice-presidente que tivesse expressão nacional e presença no eleitorado da região Sudeste, especialmente em Minas Gerais. Tentou Hélio Costa, mas fracassou – ele desejava ser governador do estado, e acabaria eleito no ano seguinte. Buscou Márcia Kubitschek, mas, neste caso, foi Collor quem não concordou com suas exigências para aceitar o convite. Por indicação do deputado Hélio Costa, acabou fixando-se no nome do senador Itamar Franco, então sem partido: 'Eu não o conhecia pessoalmente', diria Collor mais tarde." (Marco Antonio Villa. *Op. cit.*, p. 10).

artigo 2º das disposições transitórias da Constituição. A república obteve 66% dos votos e o presidencialismo, 55,4%. A revisão constitucional indicada pelo artigo 3º das disposições transitórias acabou não se realizando, como imaginavam os constituintes originários.

A questão principal a ser enfrentada era a inflação e o caos econômico. O ano de 1992 fechou com 1.157,8% de inflação e com recessão – o PIB teve crescimento negativo de -0,5%. Depois de três ministros da Fazenda, com a média de setenta e cinco dias para cada um no cargo, Itamar chegou ao nome de Fernando Henrique Cardoso, que, à época, era seu ministro das Relações Exteriores. Apesar da recusa inicial, acabou aceitando a designação.[332]

O que marca o governo Itamar Franco é o Plano Real. Com a inflação fora de controle (em 1993 alcançou a maior taxa da história: 2.708,2%), era necessário promover um ajuste fiscal e criar uma nova moeda com lastro e estabilidade. Surgiu a Unidade Real de Valor (URV): "Partiu-se do princípio de que para acabar com a inflação era preciso 'zerar a memória inflacionária'. Mas, em vez da utilização de congelamentos de preços, a desindexação seria feita de forma voluntária por meio de uma quase moeda, que reduziria o período de reajustes de preços". Através da URV "se recuperaria, primeiramente, a função de unidade de conta (já que a URV era apenas um indexador para contratos, permanecendo o cruzeiro real com a função de meio de pagamento), para depois transformar a URV em real, resgatando sua função de reserva de valor, pelo fim da inflação".[333]

---

[332] Cf. Fernando Henrique Cardoso. *O improvável Presidente do Brasil: recordações*. Rio de Janeiro: Civilização Brasileira, 2013, pp. 217-220. Segundo Fernando Henrique, que estava em missão oficial nos Estados Unidos, Itamar teria dito que teria plena liberdade: "Contrate quem quiser e demita quem quiser. Mas, lembre-se de que é preciso que esse problema da inflação seja resolvido. Tenho certeza de que vai se sair bem. Desejo-lhe sorte!" (p. 220).
[333] Lavínia Barros de Castro. *Op. cit.*, pp. 147-148. A URV começou a vigorar a partir de 1º de março de 1994 e foi até 30 de junho, quatro meses.

O Plano Real por fim obteve êxito econômico e popular. Seguiu postulados originais e rompeu com os princípios dos planos anteriores que haviam fracassado. Durante a gestão de três ministros da Fazenda (Fernando Henrique Cardoso, Rubens Ricupero e Ciro Gomes), as diretrizes gerais do plano foram mantidas, assim como a equipe de economistas que o implementou. Deve ser destacado que a conjuntura econômica internacional era favorável, o país tinha reservas razoáveis, houve um alinhamento dos preços, apoio político congressual também colaborou para a aprovação das medidas no Parlamento, a dívida externa foi renegociada.

A repentina queda da inflação e o aumento do poder de compra permitiu que o plano fosse o grande cabo eleitoral da eleição presidencial.[334] Fernando Henrique Cardoso se transformou no candidato do governo. Foi articulada uma aliança com o PFL. Luiz Inácio Lula da Silva que vinha liderando as pesquisas, antes do Plano Real, perdeu apoio popular. Dessa vez, diversamente de 1989, a eleição foi resolvida no primeiro turno: Fernando Henrique recebeu 54,3% dos votos. Itamar Franco "fazia seu sucessor, após haver presidido o encaminhamento de soluções aos problemas que haviam desafiado todos os governos, antes e depois do fim do regime militar. Tudo isso se realizara em menos de dois anos e meio. Quantos presidentes fizeram tanto em tão pouco tempo?".[335]

---

[334] O mandato presidencial foi reduzido de cinco para quatro anos.
[335] Rubens Ricupero. *Op. cit.*, p. 568.

CAPÍTULO 31

O octênio Fernando Henrique Cardoso (1995-2002)

Fernando Henrique Cardoso foi eleito para um mandato de quatro anos. Contudo, em 1997, por emenda constitucional, foi permitida a reeleição,[336] o que possibilitou ao presidente da República governar por oito anos, tendo em vista que venceu a eleição de 1998. Seus oito anos de governo foram marcados por um conjunto de privatizações. A mais conhecida – e polêmica – foi a da Telebras. Segundo o presidente, a venda da empresa "rendeu ao governo 18,9 bilhões de dólares, na maior privatização da história da América Latina, pela venda do bloco de controle das ações, que correspondia a pouco mais de 20% do total delas".[337]

> Já no setor elétrico, a privatização foi problemática. A regulamentação que se fazia necessária (e que fora estabelecida de forma devida para as telecomunicações) não foi fixada nem antes nem depois da privatização das empresas de eletricidade. A vulnerabilidade do país impunha uma venda rápida que, depois, se

---

[336] À época surgiram denúncias de que alguns parlamentares teriam sido subornados para votar favoravelmente à emenda constitucional, que incluía a reeleição também de governadores e prefeitos.
[337] Fernando Henrique Cardoso. *O improvável Presidente do Brasil: recordações.* Op. cit., p. 290.

revelaria problemática pois não se realizaram os investimentos necessários para acompanhar o crescimento da demanda.[338]

A inflação continuou caindo. Foi paulatinamente contida, o que garantiu a popularidade do governo. Por outro lado, diversas instituições financeiras não resistiram e foi necessário criar um programa que garantisse a solidez do sistema bancário: "Foram mais de 190 instituições, a maior parte bancos de todo o tamanho. Nunca houve nada parecido nesse país, mas os prejuízos para depositantes foram muito pequenos".[339] A valorização do real em relação ao dólar levou a um aumento do consumo de produtos importados, a queda das exportações e, consequentemente, a um déficit da balança comercial. Aumentaram-se a dívida externa líquida e o déficit em conta corrente – este último saltou de US$ 2 bilhões, em 1994, para US$ 30 bilhões, em 1997.

Os Estados Unidos tentaram impor um tratado de integração comercial do continente americano, o Acordo de Livre-Comércio das Américas, a Alca. Depois de alguns encontros, acabou fracassando. O Brasil apostava na permanência e ampliação do Mercosul, apesar de encontrar algumas objeções, especialmente por parte da Argentina, e tendo como alvo a tarifa externa comum.

O primeiro quadriênio do governo Fernando Henrique teve êxito no combate à inflação. Em 1995, a taxa foi de 14,8% – isto quando no ano anterior alcançou 1093,9% –, em 1996 de 9,3%, em 1997 de 7,5% e no ano seguinte de 1,7%. Contudo, o crescimento do PIB foi de 4,4% no primeiro ano do governo, caiu em 1996 para 2,2%, teve uma recuperação, ainda que tímida, em 1997 para 3,4% e no último ano do quadriênio ficou em 0%. As crises internacionais do período – e foram três – atingiram duramente a economia brasileira. A primeira começou em 1994, no México; a segunda, em 1997, teve como epicentro a Tailândia e depois se

---

[338] Francisco Luna e Herbert S. Klein. *O Brasil desde 1980. Op. cit.*, p. 99.
[339] Gustavo Franco. *O desafio brasileiro: ensaios sobre o desenvolvimento, globalização e moeda.* São Paulo: Editora 34, 1999, p. 278.

espalhou por outros países da Ásia;[340] e a última, em 1998, teve origem na Rússia.

A situação econômica havia se agravado desde o início do segundo semestre de 1998. Porém, o governo evitava tomar decisões severas, pois estava em plena campanha pela reeleição. O cenário político ainda era favorável. Vivia-se ainda do sucesso do Plano Real, um eficiente cabo eleitoral. Contudo, desde "agosto, o Banco Central gastara 30 bilhões de dólares de suas reservas para sustentar a cotação da moeda, enquanto investidores, brasileiros e estrangeiros, compravam dólares para se proteger de algo que consideravam inevitável. No total, mais de 50 bilhões de dólares tinham deixado o país".[341]

A dificuldade da oposição de construir uma alternativa política oposicionista – apesar da união PT-PDT na chapa Luiz Inácio Lula da Silva-Leonel Brizola – com um programa eleitoral que pudesse confrontar Fernando Henrique, acabou transformando a eleição de outubro de 1998 em uma fácil vitória no primeiro turno, com 53% dos votos ao candidato situacionista. Três meses depois veio a debacle do real:

> No dia 13 de janeiro de 1999, anunciamos o alargamento da estreita faixa de cotação do real, na prática permitindo sua desvalorização. Nesse dia, a moeda perdeu 8 por cento do valor, desvalorização maior que a de todo o ano de 1998. A bolsa despencou 10 por cento, e quase 2 bilhões de dólares deixaram o país. Os preços dos títulos brasileiros caíram tanto que as tran-

---

[340] "A crise começou com o colapso cambial da Tailândia e contagiou as economias vizinhas, principalmente a Coreia do Sul, Japão e a Indonésia. O estopim foi a decisão do governo tailandês de eliminar a paridade entre o *baht* [moeda local] e o dólar, produzindo uma explosão do câmbio. Todas as tentativas de controlar a desvalorização de moedas locais ancoradas no dólar fracassariam e terminariam numa hiperdesvalorização, até os mercados se acomodarem." (Sérgio Abranches. *Op. cit.*, p. 196.)

[341] Fernando Henrique Cardoso. *O improvável Presidente do Brasil: recordações. Op. cit.*, p. 307.

sações foram suspensas em todo o mundo. No dia 15 de janeiro, abandonamos completamente a banda cambial. O real, o maior símbolo do meu governo, âncora de nossa economia, era entregue à própria sorte.[342]

O segundo governo Fernando Henrique ficou marcado pelas dificuldades em relação ao real e, entre outros fatores, pelo apagão elétrico:

> Em 2001, em face de uma intensidade pluviométrica particularmente baixa, no pico sazonal das chuvas os reservatórios na região Sudeste/Centro-Oeste chegaram a apenas 34% de sua capacidade em março, gerando a perspectiva clara de que o país simplesmente ficasse sem energia elétrica em meados do ano, se não houvesse um ajuste forte e rápido da demanda.[343]

Isto se refletiu no baixo crescimento do PIB em 2001: 1,3%.

A situação política refletia o desgaste do governo. Os resultados econômicos, a dificuldade de obter uma base parlamentar segura, enfraqueciam não só o presidente da República, mas também a tentativa de construir uma candidatura situacionista à eleição de outubro de 2002. A instabilidade é tão evidente que, no segundo quadriênio presidencial, seis ministros passaram pelo Ministério da Justiça.

Em 2002 foram apresentadas seis candidaturas. Duas de partidos nanicos, que, somados, não obtiveram 0,5% dos votos. Luiz Inácio Lula da Silva quase venceu no primeiro turno: obteve 46,4% dos votos. O segundo turno foi vencido por Lula que alcançou 52,7 milhões de votos contra 33,3 milhões de votos do seu opositor, José Serra.[344] Em 1º de janeiro de 2003, depois de quarenta

---

[342] *Ibidem*, p. 310.
[343] Fábio Giambiagi. "Estabilização, reformas e desequilíbrios macroeconômicos: os anos FHC (1995-2002)". *In*: Fábio Giambiagi *et al.* (org.). *Op. cit.*, p. 179.
[344] José Serra só venceu em um estado: Alagoas.

e dois anos, foi realizada a transferência de poder de um presidente para o outro, ambos eleitos diretamente pelo voto popular.

* * *

O desafio para o Brasil estava em entrar no século XXI em um mundo radicalmente distinto do século anterior. A queda do Muro de Berlim, o término da Guerra Fria, a desagregação da União Soviética e do "mundo socialista", o processo de globalização, a ampla e livre circulação de capitais, a revolução tecnológica em escala nunca vista na história da humanidade, o fabuloso aumento do comércio mundial, as transformações na produção de mercadorias, a conversão da região Ásia-Pacífico no eixo mais dinâmico do mundo – retirando do Atlântico a primazia de mais de cinco séculos – desenhavam um novo e desafiante cenário para o Brasil.

Se no século anterior o país conseguiu enfrentar e superar diversos obstáculos e obter, especialmente entre os anos 1930 e 1980, altas taxas de crescimento do PIB, aumento da renda per capita, melhorias nos índices sociais e educacionais, o desafio era de se adequar, de forma dinâmica e eficiente, à nova etapa do modo de produção capitalista e de uma formação econômico-social com novos e complexos problemas – e de como a democracia seria o instrumento para encontrar as melhores soluções, isto em um país com longa tradição autoritária.

Bibliografia

ABRANCHES, Sérgio. *Presidencialismo de coalizão*: raízes e evolução do modelo político brasileiro. São Paulo: Companhia das Letras, 2018.

ABREU, Capistrano de. *Capítulos de história colonial*. Rio de Janeiro: Civilização Brasileira, 1976.

ABREU, Marcelo de Paiva. Crise, crescimento e modernização autoritária. *In*: ABREU, Marcelo de Paiva (org.). *A ordem do progresso*: cem anos de política econômica republicana, 1889-1989. Rio de Janeiro: Campus,1990.

ANDRADE, Auro de Moura. *Um Congresso contra o arbítrio*: diários e memórias. Rio de Janeiro: Nova Fronteira, 1985.

ANDREONI, João Antonio (André João Antonil). *Cultura e opulência do Brasil*. São Paulo: Companhia Editora Nacional, s.d.

ARIDA, Pérsio; RESENDE, André Lara. Inflação inercial e reforma monetária: Brasil. *In*: ARIDA, Pérsio *et al*. *Inflação zero*: Brasil, Argentina e Israel. Rio de Janeiro: Paz e Terra, 1986.

AZEVEDO, Débora Bithiah; RABAT, Márcio Nuno. *Parlamento mutilado*: deputados federais cassados pela ditadura de 1964. Brasília: Câmara dos Deputados, 2012.

BARRETO, Lima. *Recordações do escrivão Isaías Caminha*. Rio de Janeiro: Garnier, 1989.

BARTRA, Roger. Tributo e posse da terra na sociedade asteca. *In*: GEBRAN, Philomena (org.). *Conceito de modo de produção*. Rio de Janeiro: Paz e Terra, 1978.

BASILE, Marcello. O laboratório da nação: a era regencial (1831-1840). *In*: GRIMBERG, Keila; SALLES, Ricardo (org.). *O Brasil Imperial, volume II: 1831-1870*. Rio de Janeiro: Civilização Brasileira, 2018.

BENEVIDES, Maria Victoria de Mesquita. *A UDN e o udenismo*: ambiguidades do liberalismo brasileiro (1945-1965). Rio de Janeiro: Paz e Terra, 1981.

BERBEL, Márcia Regina. *A nação como artefato*: deputados do Brasil nas cortes portuguesas, 1821-1822. São Paulo: Hucitec, 1999.

BETHELL, Leslie. *A abolição do tráfico de escravos no Brasil*. Rio de Janeiro: Expressão e Cultura, 1976.

BONFIM, João Bosco Bezerra. *Palavras de presidente*: discursos de posse de Deodoro a Lula. Brasília: LGE, 2004.

BOXER, Charles R. *Salvador de Sá e a luta pelo Brasil e Angola, 1602-1686*. São Paulo: Companhia Editora Nacional, 1973.

BOXER, Charles R. *O império marítimo português,1415-1825*. São Paulo: Companhia das Letras, 2002.

CALNEK, Edward E. El sistema de mercado en Tenochtitlan. *In*: CARRASCO, Pedro; BRODA, Johanna (ed.). *Economía política e ideología en el México Prehispánico*. México: Nueva Imagen, 1985. p. 98.

CALÓGERAS, João Pandiá. *A política exterior do Império. Volume II: o Primeiro Reinado*. Senado Federal, 1989.

CAMARGO, Aspásia *et al*. *O golpe silencioso*. Rio de Janeiro: Rio Fundo, 1989.

CAMPOS, Reynaldo Pompeu. *Repressão judicial no Estado Novo*: esquerda e direita no banco dos réus. Rio de Janeiro: Achiamé, 1982.

CAMPOS, Roberto. *A lanterna na popa*. Rio de Janeiro: Topbooks, 1994. v. 1.

CANABRAVA, Alice Piffer. *O comércio português no Rio da Prata (1580-1640)*. Belo Horizonte; São Paulo: Itatiaia; Edusp, 1984.

CANABRAVA, Alice Piffer. A influência do Brasil na técnica do fabrico de açúcar nas Antilhas francesas e inglesas no meado do século XVII. *In*: CANABRAVA, Alice Piffer. *História econômica*: estudos e pesquisas. São Paulo: Hucitec, 2005.

CANECA, Frei Joaquim do Amor Divino; MELLO, Evaldo Cabral de (org.). *Frei Joaquim do Amor Divino Caneca*. São Paulo: Editora 34, 2001.

CARDOSO, Fernando Henrique. *Capitalismo e escravidão no Brasil Meridional*. Rio de Janeiro: Paz e Terra, 1997.

CARDOSO, Fernando Henrique. *O improvável presidente do Brasil*: recordações. Rio de Janeiro: Civilização Brasileira, 2013.

CARNEIRO, Edison. *O quilombo dos Palmares*. São Paulo: Nacional, 1988.

CARONE, Edgard. *A República Velha (Instituições e classes sociais)*. São Paulo: Difel, 1970.

CARONE, Edgard. *A Segunda República*. São Paulo: Difel, 1974.

CARONE, Edgard. *A República Nova (1930-1937)*. São Paulo: Difel, 1974.

CARONE, Edgard. *O Estado Novo (1937-1945)*. São Paulo: Difel, 1976. p. 336.

CARVALHO, Carlos Eduardo. As origens e a gênese do Plano Collor. *Nova Economia*, v. 16, n. 1, jan.-abr. 2006.

CARVALHO, José Murilo. As Forças Armadas na Primeira República: o poder desestabilizador. *In*: FAUSTO, Boris (dir.). *História geral da civilização brasileira*. São Paulo: Difel, 1977. t. III, v. 2.

CASTRO, Lavínia Barros de. Esperança, frustração e aprendizado: a história da Nova República (1985-1989). *In*: GIAMBIAGI, Fábio *et al*. *Economia brasileira contemporânea (1945-2010)*. Rio de Janeiro: Campus, 2011.

CELSO, Afonso. *Discursos parlamentares*. Brasília: Câmara dos Deputados, 1978.

CLASTRES, Héléne. *Terra sem mal*. São Paulo: Brasiliense, 1978.

COELHO, Antônio Borges. Os argonautas portugueses e o seu velo de ouro (séculos XV-XVI). *In*: TENGARRINHA, José (org.). *História de Portugal*. São Paulo: Editora Unesp, 2000.

COELHO, Edmundo Campos. *Em busca de identidade*: o Exército e a política na sociedade brasileira. Rio de Janeiro: Forense, 1976.

CONRAD, Robert. *Os últimos anos da escravatura no Brasil*: 1850-1888. Rio de Janeiro: Civilização Brasileira, 1978.

CONRAD, Robert. *Tumbeiros*: o tráfico de escravos para o Brasil. São Paulo: Brasiliense, 1985.

CORRÊA DO LAGO, Luiz Aranha. A retomada do crescimento e as distorções do "milagre": 1967-1973. In: ABREU, Marcelo de Paiva (org.). *A ordem do progresso*: cem anos de política econômica republicana, 1889-1989. Rio de Janeiro: Campus, 1990.

CORTESÃO, Jaime. *A carta de Pero Vaz de Caminha*. Rio de Janeiro: Livros de Portugal, 1943.

CORTESÃO, Jaime. *Raposo Tavares e a formação territorial do Brasil*. Rio de Janeiro: MEC, 1958.

COSIO VILLEGAS, Daniel et al. *Historia mínima de México*. México: El Colegio de México, 1977.

COSTA, Emília Viotti da. *Da Monarquia à República*: momentos decisivos. São Paulo: Ciências Humanas, 1979.

COSTA, Emília Viotti da. *Da senzala à colônia*. São Paulo: Ed. Unesp. 2010.

COSTA, Frederico Lustosa; MIANO, Vitor Yoshihara. Estatização e desestatização no Brasil: o papel das empresas estatais nos ciclos de intervenção governamental no domínio econômico. *Revista de Gestión Publica*, v. II, n. 1, jan.-jun. 2013.

COSTA E SILVA, Alberto da. *Francisco Félix de Souza, mercador de escravos*. Rio de Janeiro: Nova Fronteira; Ed. Uerj, 2004.

COSTA E SILVA, Alberto da. *A manilha e o libambo*: a África e a escravidão de 1500 a 1700. Rio de Janeiro: Nova Fronteira, 2011.

CROWLEY, Roger. *Conquistadores*: como Portugal forjou o primeiro império global. São Paulo: Planeta, 2016.

CUNHA, Manuela Carneiro da. *Índios no Brasil*: história, direitos e cidadania. São Paulo: Claro Enigma, 2012.

D'ARAÚJO, Maria Celina Soares. *O segundo governo Vargas, 1951-1954*: democracia, partidos e crise política. Rio de Janeiro: Zahar, 1982.

D'ARAÚJO, Maria Celina; CASTRO, Celso. *Ernesto Geisel*. Rio de Janeiro: Zahar, 1997.

DEAN, Warren. *A industrialização de São Paulo*. São Paulo: Difel, 1971.

DEAN, Warren. *A luta pela borracha no Brasil*. São Paulo: Nobel, 1989.

DELFIM NETTO, Antonio. *O problema do café no Brasil*. São Paulo: Ed. Unesp, 2009.

DENIS, Ferdinand. *Uma festa brasileira celebrada em Ruão em 1550*. Brasília: Senado Federal, 2011.

DI TELLA, Torcuato. *História social da Argentina contemporânea*. Brasília: Funag, 2017.

DIAS, Everardo. *História das lutas sociais no Brasil*. 2. ed. São Paulo: Alfa Omega, 1977.

DIAS, Maria Odila Silva. A interiorização da Metrópole (1808-1853). *In*: MOTA, Carlos Guilherme (org.). *1822*: dimensões. São Paulo: Perspectiva, 1986.

DORATIOTO, Francisco. *Maldita guerra*: nova história da guerra do Paraguai. São Paulo: Companhia das Letras, 2002.

DORATIOTO, Francisco. *General Osório*: a espada liberal do Império. São Paulo: Companhia das Letras, 2008.

ELLIS JÚNIOR, Alfredo. *Feijó e a primeira metade do século XIX*. São Paulo: Companhia Editora Nacional, 1980.

FALAS do Trono. Brasília: INL/MEC, 1977.

FAORO, Raymundo. *Os donos do poder*: formação do patronato político brasileiro. Porto Alegre: Globo, 1979. v. I.

FAUSTO, Boris. *Trabalho urbano e conflito social*. São Paulo: Difel, 1976.

FAUSTO, Boris. A crise dos anos vinte e a Revolução de 1930. *In*: FAUSTO, Boris (dir.). *História geral da civilização brasileira*. São Paulo: Difel, 1977. t. III, v. 2.

FAUSTO, Boris; DEVOTTO, Fernando. *Brasil e Argentina*: um ensaio de história comparada (1850-2002). São Paulo: Editora 34, 2004.

FERLINI, Vera Lúcia. *A civilização do açúcar*. São Paulo: Brasiliense, 1986.

FERNANDES, Florestan. Do escravo ao cidadão. *In*: BASTIDE, Roger; FERNANDES, Florestan. *Brancos e negros em São Paulo*. São Paulo: Companhia Editora Nacional, 1959.

FERNANDES, Florestan. *Nova República?* Rio de Janeiro: Jorge Zahar, 1986.

FICO, Carlos. *Reinventando o otimismo*: ditadura, propaganda e imaginário social no Brasil. Rio de Janeiro: FGV, 1997.

FRANCO, Afonso Arinos de Melo. *O índio brasileiro e a Revolução Francesa*: as origens brasileiras da teoria da bondade natural. Rio de Janeiro: José Olympio, 1976.

FRANCO, Afonso Arinos de Melo. *Rodrigues Alves*: apogeu e declínio do presidencialismo. Brasília: Senado Federal, 2001.

FRANCO, Gustavo. *O desafio brasileiro*: ensaios sobre o desenvolvimento, globalização e moeda. São Paulo: Editora 34, 1999.

FREYRE, Gilberto. *Interpretação do Brasil*. Rio de Janeiro: José Olympio, 1947.

FROTA, Sylvio. *Ideais traídos*. Rio de Janeiro: Jorge Zahar, 2006.

FURTADO, Celso. *Formação econômica do Brasil*. São Paulo: Companhia Editora Nacional, 1979.

GAGLIARDI, José Mauro. *O indígena e a República*. São Paulo: Hucitec; Edusp, 1989.

GASPARI, Elio. *A ditadura envergonhada*. São Paulo: Companhia das Letras, 2002.

GIAMBIAGI, Fábio. Estabilização, reformas e desequilíbrios macroeconômicos: os anos FHC (1995-2002). *In*: GIAMBIAGI, Fábio *et al.* (org.). *Economia brasileira contemporânea*. Rio de Janeiro: Elsevier/ Campus, 2005.

GRAHAM, Richard. *Escravidão, reforma e imperialismo*. São Paulo: Perspectiva, 1979.

HAHNER, June E. *A mulher brasileira e suas lutas sociais e políticas*: 1850-1937. São Paulo: Brasiliense, 1981.

HILTON, Stanley. *O Brasil e a crise internacional (1930-1945)*. Rio de Janeiro: Civilização Brasileira, 1977.

HILTON, Stanley. *Suástica sobre o Brasil*: a história da espionagem alemã no Brasil. Rio de Janeiro: Civilização Brasileira, 1977.
HILTON, Stanley. *A rebelião vermelha*. Rio de Janeiro: Record, 1986.
HOLANDA, Sérgio Buarque de. *Monções*. São Paulo: Brasiliense, 1990.
HOLANDA, Sérgio Buarque de. *Caminhos e fronteiras*. São Paulo: Companhia das Letras, 1994.
HORCADES, Alvim Martins. *Descrição de uma viagem a Canudos*. Salvador: Tipografia Tourinho, 1899.
IANNI, Octávio. *Estado e planejamento econômico no Brasil (1930-1970)*. Rio de Janeiro: Civilização Brasileira, 1977.
JANCSÓ, István. *Na Bahia, contra o Império*: história do ensaio de sedição de 1798. São Paulo: Hucitec, 1996.
KOWARICK, Lúcio. *Trabalho e vadiagem*: a origem do trabalho livre no Brasil. São Paulo: Editora 34, 2019.
KRISCHKE, Paulo J. (org.). *Brasil do milagre à abertura*. São Paulo: Cortez, 1982.
KUBITSCHEK, Juscelino. *Meu caminho para Brasília*: a escalada política. Brasília: Senado Federal, 2020. v. 2.
LARA, Sílvia Hunold. Do singular ao plural – Palmares, capitães do mato e o governo dos escravos. *In*: REIS, João José; GOMES, Flávio dos Santos (org.). *Liberdade por um fio*: história dos quilombos no Brasil. São Paulo: Companhia das Letras, 1996.
LEAL, Victor Nunes. *Coronelismo, enxada e voto*. São Paulo: Alfa Omega, 1975.
LEITMAN, Spencer. *Raízes sócio-econômicas da Guerra dos Farrapos*. Rio de Janeiro: Graal, 1979.
LÉRY, Jean de. *Viagem à terra do Brasil*. Belo Horizonte: Itatiaia, 1980.
LIMA, Lourenço Moreira Lima. *A Coluna Prestes*: marchas e combates. São Paulo: Brasiliense, 1945.
LOPES, Reinaldo José. *1499*: o Brasil antes de Cabral. Rio de Janeiro: Harper Collins, 2017.
LÚCIO DE AZEVEDO, J. *Épocas de Portugal econômico*. Lisboa: Livraria Clássica editora, 1978.
LUGON, Clóvis. *A República "comunista" cristão dos guaranis, 1610-1768*. Rio de Janeiro: Paz e Terra, 1976.
LUNA, Francisco Vidal; COSTA, Iraci Del Nero da. *Minas colonial*: economia & sociedade. São Paulo: Pioneira, 1982.
LUNA, Francisco Vidal; KLEIN, Herbert. *O Brasil desde 1980*. São Paulo: A Girafa, 2007.
LUNA, Francisco Vidal; KLEIN, Herbert. *História econômica e social do estado de São Paulo*. São Paulo: Imprensa Oficial, 2019.
LUZ, Nícia Vilela. *A luta pela industrialização do Brasil*. São Paulo: Alfa Omega, 1975.
LYNCH, John. As repúblicas do Prata da Independência à Guerra do Paraguai. *In*: BETHELL, Leslie (org.). *História da América Latina*. São Paulo; Brasília: Edusp; Fundação Alexandre de Gusmão, 2001.
LYRA, Heitor. *História de D. Pedro II*: declínio (1880-1891). São Paulo; Belo Horizonte: Edusp; Itatiaia, 1977. v. 3.

MAINWARING, Scott. *Sistemas partidários em novas democracias*: o caso do Brasil. Rio de Janeiro: FGV, 2001.

MANCHESTER, Allan K. *Preeminência inglesa no Brasil*. São Paulo: Brasiliense, 1973.

MARCHANT, Alexander. *Do escambo à escravidão*. São Paulo: Companhia Editora Nacional, 1980.

MATTOSO, Kátia de Queirós. *Ser escravo no Brasil*. São Paulo: Brasiliense, 1990.

MAURO, Frédéric. *História econômica mundial*: 1790-1970. Rio de Janeiro: Zahar, 1976.

MAXWELL, Kenneth. *A devassa da devassa*: a Inconfidência Mineira: Brasil e Portugal, 1750-1808. Rio de Janeiro: Paz e Terra, 1977.

MELLO, Celso de. *Notas sobre o Supremo Tribunal (Império e República)*. Brasília: STF, 2014.

MELLO, Evaldo Cabral de. *O Norte agrário e o Império*: 1871-1889. Rio de Janeiro: Nova Fronteira, 1984.

MELLO, Evaldo Cabral de. *A outra Independência*: o federalismo pernambucano de 1817 a 1824. São Paulo: Editora 34, 2004.

MELLO, Evaldo Cabral de. *Olinda restaurada*: guerra e açúcar no Nordeste, 1630-1654. São Paulo: Editora 34, 2007.

MELO FRANCO, Afonso Arinos. *Planalto (memórias)*. Rio de Janeiro: José Olympio, 1968.

MOLINA, Matias M. *História dos jornais no Brasil*: da era colonial à Regência (1500-1840). São Paulo: Companhia das Letras, 2015. v. 1.

MONBEIG, Pierre. *Pioneiros e fazendeiros de São Paulo*. São Paulo: Hucitec-Polis, 1984.

MONTEIRO, Duglas Teixeira. *Os errantes do novo século*: um estudo sobre o surto milenarista do Contestado. São Paulo: Duas Cidades, 1974.

MONTEIRO, Tobias. *História do Império*: o Primeiro Reinado. Belo Horizonte; São Paulo: Itatiaia; Edusp, 1982. v. 2.

MORAES, Evaristo de. *A campanha abolicionista (1879-1888)*. Brasília: Ed. UnB, 1986.

MORAIS, Denis de (org.). *Prestes com a palavra*. Campo Grande: Letra Livre, 1997.

MOREIRA ALVES, Márcio. *Tortura e torturadores*. Rio de Janeiro: Idade Nova, 1966.

MOREL, Edmar. *A revolta da chibata*. Rio de Janeiro: Graal, 1979.

MOSSÉ, Benjamin. *Dom Pedro II, Imperador do Brasil*. São Paulo: Cultura Brasileira, 1935.

MOTA, Carlos Guilherme. *Nordeste 1817*: estruturas e argumentos. São Paulo: Perspectiva, 1972.

MOTTA, Lourenço Dantas (coord.). *A história vivida*. São Paulo: O Estado de S. Paulo, 1981. v. I.

MOURA, Alkimar R. Rumo à entropia: a política econômica de Geisel a Collor. *In*: LAMOUNIER, Bolivar (org.). São Paulo: Idesp, 1990.

NABUCO, Joaquim. *Campanhas de imprensa (1884-1887)*. São Paulo: Instituto Progresso Editorial, 1949. (Obras Completas, 13)

NABUCO, Joaquim. *Um estadista do Império*. Rio de Janeiro: Topbooks, 1997. v. 1.

NOGUEIRA FILHO, Paulo. *Ideais e lutas de um burguês progressista*. São Paulo: Anhembi, 1958. v. 2.

NOVAIS, Fernando. O Brasil nos quadros do Antigo Sistema Colonial. In: MOTA, Carlos Guilherme (org.). *Brasil em perspectiva*. São Paulo: Difel, 1980.

OLIVEIRA, Cecília Helena de Salles. *A astúcia liberal*: relações de mercado e projetos políticos no Rio de Janeiro (1820-1824). São Paulo: Ícone; Bragança Paulista: Editora USF, 1999.

OLIVEIRA LIMA, Manuel de. *O reconhecimento do Império*. Rio de Janeiro: Garnier, 1901.

OLIVEIRA LIMA, Manuel de. *O movimento da Independência (1821-1822)*. São Paulo: Melhoramentos, 1972.

OLIVEIRA LIMA, Manuel de. *D. João VI no Brasil*. Rio de Janeiro: Topbooks, 2006.

PARKER, Phyllis R. *1964*: o papel dos Estados Unidos no golpe de Estado de 31 de março de 1964. Rio de Janeiro: Civilização Brasileira, 1977.

PAZ, Octávio. *O labirinto da solidão*. São Paulo: Cosac Naify, 2014.

PERDIGÃO MALHEIRO, Agostinho Marques. *A escravidão no Brasil*. São Paulo, [s.n.], 1944. v. II.

PEREIRA, Duarte Pacheco. *1924*: o diário da revolução – os 23 dias que abalaram São Paulo. São Paulo: Imprensa Oficial, 2010.

PESAVENTO, Sandra Jatahy. *A Revolução Farroupilha*. São Paulo: Brasiliense, 2003.

PESSOA, Reynaldo Carneiro. *A ideia republicana no Brasil através dos documentos*. São Paulo: Alfa Omega, 1973.

PETRONE, Maria Tereza Schorer. Imigração. In: FAUSTO, Boris (dir.). *O Brasil republicano*: sociedade e instituições (1889-1930). São Paulo: Difel, 1977 (História Geral da Civilização Brasileira, t. III, v. 2).

PINTO, Virgílio Noya. *O ouro brasileiro e o comércio anglo-português*. São Paulo; Brasília: Nacional; INL, 1979.

PORTO, Walter Costa. *O voto no Brasil*. Rio de Janeiro: Topbooks, 2002.

PRADO JÚNIOR, Caio. *História econômica do Brasil*. São Paulo: Brasiliense, 1977.

PRADO JÚNIOR, Caio. *Evolução política do Brasil e outros estudos*. São Paulo: Companhia das Letras, 2012.

PROUS, André. *O Brasil antes dos brasileiros*: a pré-história do nosso país. Rio de Janeiro: Zahar, 2007.

QUEIROZ, Maria Isaura Pereira de. *O messianismo no Brasil e no mundo*. São Paulo: Alfa Omega, 1976.

QUEIROZ, Suely Robles de. *Os radicais da República*. Jacobinismo: ideologia e ação (1893-1897). São Paulo: Brasiliense, 1986.

QUENTAL, Antero de. *Causas da decadência dos povos peninsulares*. Lisboa: Ulmeiro, 1996.

RIBEIRO, Júlio. *Cartas sertanejas*. Lisboa: Clássica Editora, 1908.

RICÚPERO, Rubens. *A diplomacia na construção do Brasil, 1750-2016*. Rio de Janeiro: Versal, 2017.

RODRIGUES, José Honório. *A Assembleia Constituinte de 1823*. Petrópolis: Vozes, 1974.

RUY, Affonso. *A primeira revolução social brasileira*. Rio de Janeiro: Laemmert, 1970.
SAES, Décio. *Classe média e política na Primeira República*. Petrópolis: Vozes, 1975.
SAES, Flávio Azevedo Marques de. *As ferrovias de São Paulo, 1870-1940*. São Paulo: Hucitec, 1981.
SAINT-HILAIRE, Auguste de. *Segunda viagem do Rio de Janeiro a Minas Gerais e a São Paulo, 1822*. Belo Horizonte: Itatiaia, 1974.
SALES, Manuel de Campos. *Da propaganda à presidência*. São Paulo: Tipografia A Editora, 1908.
SARAIVA, José Hermano. *História concisa de Portugal*. Lisboa: Publicações Europa-América, 1983.
SARDENBERG, Carlos Alberto (org.). *Jogo Aberto*: entrevistas com Bresser Pereira. São Paulo: Brasiliense, 1989.
SARETTA, Fausto. O governo Dutra na transição capitalista no Brasil. *In*: SZMRECSANYI, Tamás; SUZIGAN, Wilson (org.). *História econômica do Brasil contemporâneo*. São Paulo: Hucitec, 1997.
SCHWARTZ, Stuart. O Nordeste açucareiro no Brasil colonial. *In*: FRAGOSO, João Luís Ribeiro; GOUVÊA, Maria de Fátima (org.). *O Brasil Colonial*. Rio de Janeiro: Civilização Brasileira, 2018. v. 2, p. 365.
SENADO FEDERAL (BRASIL). *A abolição no Parlamento*: 65 anos de luta (1823-1888). Brasília, 1988. v. 2.
SILVA, Hélio. *1937*: todos os golpes se parecem. Rio de Janeiro: Civilização Brasileira, 1970.
SILVA, Hélio. *1931*: os tenentes no poder. Rio de Janeiro: Civilização Brasileira, 1972.
SILVA, Sérgio. *Expansão cafeeira e origens da indústria no Brasil*. São Paulo: Alfa Omega, 1976.
SINGER, Paul. O Brasil no contexto do capitalismo internacional. *In*: FAUSTO, Boris (org.). *História geral da civilização brasileira*. São Paulo: Difel, 1975. t. III, v. I.
SKIDMORE, Thomas. *Brasil*: de Getúlio a Castelo. Rio de Janeiro: Paz e Terra, 1969.
SOUSA, Bernardino José de. *O pau-brasil na história nacional*. São Paulo: Companhia Editora Nacional, 1978.
SOUZA, Adriana Barreto de. *Duque de Caxias*: o homem por trás do monumento. Rio de Janeiro: Civilização Brasileira, 2008.
SOUZA, Maria do Carmo Campello de. O processo político-partidário na Primeira República. *In*: MOTA, Carlos Guilherme (org.). *Brasil em perspectiva*. São Paulo: Difel, 1980.
SOUZA, Octávio Tarquínio de. *A vida de D. Pedro I*. Rio de Janeiro: José Olympio, 1972 (História dos fundadores do Império do Brasil, v. II, t. I).
SOUZA, Octávio Tarquínio de. *Bernardo Pereira de Vasconcelos.*. Rio de Janeiro: José Olympio, 1972 (História dos fundadores do Império do Brasil, v. V).
SOUZA, Paulo César. *A Sabinada*. São Paulo: Clube do Livro, 1987.
TAUNAY, Afonso de. *Pequena história do café no Brasil*. Rio de Janeiro: Fundação Darcy Ribeiro, 2013.

TOMÁS, Fernando. Brasileiros nas Cortes Constituintes. *In*: MOTA, Carlos Guilherme (org.). *1822*: dimensões. São Paulo: Perspectiva, 1986.
TRINDADE, Hélgio. *Integralismo*: o fascismo brasileiro na década de 30. São Paulo; Porto Alegre: Difel; UFRGS, 1974.
VARGAS, Getúlio. *A nova política do Brasil*. Rio de Janeiro: José Olympio, 1938. v. V.
VARGAS, Getúlio. *A nova política do Brasil*. Rio de Janeiro: José Olympio, 1938. v. VI.
VARGAS, Getúlio. *A nova política do Brasil*. Rio de Janeiro: José Olympio, 1940. v. VII.
VARGAS, Getúlio. *Getúlio Vargas*: diário. São Paulo; Rio de Janeiro: Siciliano; FGV, 1995. v. I.
VIANNA, Hélio. *História da República e História Diplomática do Brasil*. São Paulo: Melhoramentos, s.d.
VICENTE DO SALVADOR, frei. *História do Brasil, 1500-1627*. Belo Horizonte: Itatiaia, 1982.
VILAR, Pierre. *Ouro e moeda na história, 1450-1920*. Rio de Janeiro: Paz e Terra, 1980.
VILAR, Pierre. *História de Espanha*. Lisboa: Livros Horizonte, s.d.
VILLA, Marco Antonio. *Canudos, o povo da terra*. São Paulo: Ática, 1995.
VILLA, Marco Antonio. *Vida e morte no sertão*: história das secas no Nordeste nos séculos XIX e XX. São Paulo: Ática, 2001.
VILLA, Marco Antonio. *Jango, um perfil*. São Paulo: Globo, 2008.
VILLA, Marco Antonio. *Breve história do Estado de São Paulo*. São Paulo: Imprensa Oficial, 2009.
VILLA, Marco Antonio. *A história das constituições brasileiras*: 200 anos de luta contra o arbítrio. São Paulo: LeYa, 2011.
VILLA, Marco Antonio. *Ditadura à brasileira*: a democracia golpeada à esquerda e à direita. São Paulo: LeYa, 2014.
VILLA, Marco Antonio. *Collor Presidente*: trinta meses de turbulências, reformas, intrigas e corrupção. Rio de Janeiro: Record, 2016.
VILLA, Marco Antonio. *Quando eu vim-me embora*: história da migração nordestina para São Paulo. São Paulo: LeYa, 2017.
VILLA, Marco Antonio. *A história em discursos*: 50 discursos que mudaram o Brasil e o mundo. São Paulo: Crítica, 2018.
VOLTAIRE. *Cândido ou o otimismo*. São Paulo: Editora 34, 2016.
WADDELL, D. A. G. A política internacional e a independência da América Latina. *In*: BETHELL, Leslie (org.). *História da América Latina*: da Independência a 1870. São Paulo: Edusp, 2001. v. III.
WEFFORT, Francisco. *O populismo na política brasileira*. Rio de Janeiro: Paz e Terra, 1980.
WERNETT, Augustin. *O período regencial (1831-1840)*. São Paulo: Global, 1982.
WILLIAMS, Eric. *Capitalismo e escravidão*. Rio de Janeiro: CEA, 1975.
WIRTH, John D. O tenentismo na Revolução de 30. *In*: FIGUEIREDO, Eurico de Lima. *Os militares e a revolução de 30*. Rio de Janeiro: Paz e Terra, 1979.

**Acreditamos
nos livros**

Este livro foi composto em Adobe Caslon
Pro e impresso pela Geográfica para a Editora
Planeta do Brasil em dezembro de 2021.